D1665213

Franz P. Redl (Hrsg.)
Die Welt der Fünf Elemente

Franz P. Redl (Hrsg.)

Die Welt der Fünf Elemente

Anwendungsbereiche in Theorie und Praxis

Zhichang Li
Franz P. Redl
Kay Hoffman
Ina Diolosa
Hans-Peter Sibler
Wilhelm Mertens
Gitta Bach
Claude Diolosa
Achim Eckert
Johannes Romuald / Sabrina Mašek

BACOPA VERLAG

© 2000, BACOPA Handels- & Kulturges.m.b.H., BACOPA VERLAG
Zollamtstr. 20, A-4020 Linz/Austria
E-Mail: bookstore@bacopa.at
http://www.bacopa.at

Herausgeber: Franz P. Redl
Lektorat: Ingrid Fischer-Schreiber
Gesamtherstellung: Werbebüro G. Linecker, Ottensheim
Grafik und Layout: Sieglinde Füreder

Druck: MA-TISK
Printed in: Slovenija

ISBN: 3-901618-04-X

INHALT

ALS DIE ELEMENTE LAUFEN LERNTEN

Dank des Booms, den die Traditionelle Chinesische Medizin (TCM) während der letzten Jahre erlebt hat, und des wachsenden Interesses an den Fünf Elementen (die auch als „Fünf Wandlungsphasen" bezeichnet werden) sind etliche Bücher über dieses Thema erschienen. Die darin beschriebenen Inhalte erschöpfen sich oft in allgemeiner TCM-Theorie.

Um einen vollständigen Überblick über die Fünf Elemente zu erhalten, ist es notwendig, sich durch einige Bücher der einschlägigen Literatur durchzukämpfen. Nicht selten widersprechen sich die Zuordnungen, und in der möglichen Zusammenschau und dem Wirken der Fünf Elemente ist man/frau auf die eigene neugierige Natur angewiesen, will man sich einen Überblick über die Wirkweisen der Fünf Elemente verschaffen.

Dieses Buch soll natürlich die eigene Neugier noch mehr aktivieren, gleichzeitig aber die verschiedensten Anwendungsbereiche übersichtlich darlegen.

Die Auswahl der Kapitel ist rein subjektiv und erhebt keinerlei Anspruch auf Vollständigkeit. Die Themen decken jedoch wichtige Bereiche ab, die sowohl für den Profi interessant sind (für TCM-Ärzte genauso wie für Ernährungsberater, Shiatsu-Practitioner oder Qigong-Lehrer), aber auch für den interessierten Schüler bzw. Schnupperer. Alle namhaften Autoren, die hier zu Wort kommen, kennen sich zum Teil durch ihre jahrzehntelange Praxis und viele von ihnen haben in den letzten Jahren in Wien im Taiji-Verein Shambhala unterrichtet. Und aus diesem persönlichen Kontakt ist auch die Idee zu diesem Buch entstanden – nämlich ein Kompendium über die Fünf Elemente herauszubringen.

Alle Autoren beziehen ihr Wissen einerseits aus der Tradition der TCM, haben aber andererseits in den letzten Jahren in ihrer Praxis eigene Ideen weiterentwickelt, ganz im Sinne des fragenden europäischen Geistes, der oft neue, für den europäischen Alltag relevante Zusammenhänge erkennt und umsetzt. Dieses Buch ist daher nicht nur Ausdruck einer gemeinsamen Arbeit an einem bestimmten Thema, sondern auch Ausdruck der Freude, etwas Gemeinsames zu beschreiben, wo für die unterschiedlichen Interpretationen der Fünf Elemente Platz und Respekt bleibt.

Die Theorie der Fünf Elemente versucht, die Wirklichkeit zu beschreiben und im Chaos eine Ordnung zu finden, die aber nicht linear intellektuell bleibt, sondern einem systemischen, zyklischen Denken und Handeln entspricht. Trotz aller Faszination darf nie vergessen werden, das die Fünf Elemente ein Abbild der Wirklichkeit darstellen und nicht die Wirklichkeit an sich. Die verschiedenen Kapitel wollen zu einer fruchtbaren Diskussion anregen und als Ideenbringer fungieren.

Die Anordnung der einzelnen Kapitel ist eher zufällig, wobei natürlich die allgemeine Einführung und das Vorwort von Meister Zhichang Li am Anfang stehen. Und wir haben es uns nicht nehmen lassen, mit dem Kapitel über die Ernährung anzuschließen – ganz im Sinne der „Schule der Mitte", die innerhalb der TCM eine wichtige Stellung einnimmt – ohne gut ernährte Mitte und Nachfüllen unseres Qi ist auch so manch anderes Gebiet unvollständig. Alle Artikel und ihre Inhalte beschäftigen sich manchmal mehr mit dem körperlichen Aspekt, dann wieder mehr mit den energetischen bzw. den geistigen Prinzipien – alle hier beschriebenen Methoden wirken aber in Summe ganzheitlich – im TCM Jargon würde man sagen:

Jing – die Essenz
Qi – die Energie
Shen – der Geist

wirken immer zusammen, ob wir es wahrhaben oder nicht!
Ich lade alle Leser zu einer spannenden Reise mit den Fünf Elementen ein – und zu einem zeitweiligen Innehalten, Atmen und Sich-selbst-Zulächeln.

Franz P. Redl

DER WEG DER FÜNF WANDLUNGSPHASEN

Was sind die Fünf Wandlungsphasen? Zwischen dem Universum und den Zehntausend Dingen besteht ein sehr geheimnisvoller Einklang. Wenn wir von den Naturgesetzen ausgehen, so können wir im Himmel Yin und Yang und in der Erde die Wandlungsphasen unterscheiden, über die wir in Beziehung mit der Natur bzw. dem Universum stehen.

Diese Fünf Wandlungsphasen sind überall wirksam – im Universum, in Himmel und Erde:

• Auf der Ebene der Natur – Blumen, Gräser, Bäume, Nahrungsmittel
• Auf der Ebene der Materie – die Dinge des alltäglichen Lebens
• Auf der Ebene des Geistes – hohe Formen der Energie, die ohne Form und ohne Eigenschaften sind
• Im Inneren des Körpers – die Qi-Dynamik im Inneren des Körpers
• Im Äußeren des Körpers – das Äußere des Körpers von der Haut über die Sehnen bis hin zu den Meridianen, die sich entspannen und durchlässig werden.

Überall sind die Fünf Wandlungsphasen erkennbar. Das bedeutet nichts anderes, als dass die Fünf Wandlungsphasen in unserem Leben wirksam werden, ja, dass das Leben nichts anderes als die Fünf Wandlungsphasen ist.

Warum können also Blumen, Gräser, Bäume, Landschaften, Nahrungsmittel, die der Ebene der Natur angehören, auf geistiger Ebene zu einer Öffnung führen? Weil sie das wahre Qi (*zhengqi*) des Universums erhalten. So können sie regulierend auf Yin und Yang wirken und z. B. ein durch eine unausgewogene Ernährung hervorgerufenes Ungleichgewicht ausgleichen helfen.

Frühling, Sommer, Herbst und Winter mit ihren Blumen, Gräsern und Bäumen können dich in die Stille und Entspannung führen, allerdings nur, wenn du sie genießen kannst, denn erst dann können sie von Bedeutung für dich werden. Auf der Ebene der Natur solltest du mit allen Dingen, mit denen du in Kontakt trittst und die du benutzt, in Harmonie und Einklang stehen, z. B. auch mit der Einrichtung deiner Wohnung. Ob die Gestalt der Dinge deinem Qi entspricht und es fördert, hängt ebenfalls damit zusammen. Auch das Fengshui, von dem heute so viel die Rede ist, ist im alten China ursprünglich unter diesen Voraussetzungen entstanden. Wenn z. B. die Anordnung der Einrichtungsgegenstände bewirkt, dass im Zuhause alles sehr harmonisch verläuft, dann sollten die Möbel und täglichen benutzten Gegenstände nicht leichtfertig umgestellt oder erneuert werden.

Auf geistiger Ebene ist es vor allem das komplexe Umfeld, in dem wir leben, das uns Menschen psychischen Stress bereitet, so dass sich unser Großhirn nicht wirklich entspannen und ausruhen kann. Die komplexen, im Großhirn ablaufenden Prozesse beeinflussen deinen ganzen Körper, deine inneren Organe und natürlich vor allem deinen Geist. (Im Chinesischen bedeutet das Zeichen „xin" sowohl „Herz" als auch „Geist".) Aus diesem Grund müssen wir an uns arbeiten und uns selbst kultivieren, damit in unserem Herzen ein Lächeln entstehen kann. Dieses Lächeln im Herzen entsteht aus der Leere, es zeigt sich spontan; es ist ein Zustand, der aus dem Üben heraus entsteht. Es ist ein natürliches Lächeln, das sich regulierend auf den Körper auswirkt. Die Kraft, die durch diesen Regulierungsprozess im Körper freigesetzt wird, kann unsere alltäglichen Gefühle und Emotionen beeinflussen. Ist der Körper unausgeglichen, können Probleme auftreten – in dieser Hinsicht nähern sich die Auffassungen der chinesischen Philosophie und der westlichen Naturwissenschaften immer mehr an. Auch im Körper gibt es YinYang und die Fünf Elemente, ja, sie wirken auf sehr vielen Ebenen, im Inneren genauso wie im Äußeren. Nur wenn wir durch unsere Praxis uns selbst erkennen, uns selbst suchen, uns üben und die Qi-Dynamik in uns regulieren, wird es uns gelingen, das vielschichtige und komplexe Chaos im Körper, das Ungleichgewicht und die Unausgewogenheit langsam auszugleichen.

Das sind die Fünf Wandlungsphasen im alltäglichen Leben. Eine ganzheitliche Regulierung und Harmonisierung, die auf den Prinzipien der Fünf Wandlungsphasen beruht, kann dein Leben, deine Weisheit, deinen Geist und Körper positiv beeinflussen. Und ganz von selbst wird sich dadurch auch deine Qigong-Praxis entwickeln. So kannst du glücklicher, zufriedener und freier leben.

FRANZ P. REDL

EINFÜHRUNG IN DIE FÜNF ELEMENTE

1. Die Fünf Elemente und die Wandlung – eine Begriffserklärung

Gemeinsam mit der älteren Yin/Yang-Theorie bildet das Fünf-Elemente-Modell die Grundlage der traditionellen chinesischen Medizintheorie.

Der chinesische Begriff *Wuxing* kann als „fünf gehen" oder „fünf bewegen" übersetzt werden, er verweist also auf ein System der Dynamik, der Entsprechungen und Muster. Die Zahl Fünf stellt einen Bezug zu irdischen Dingen her, da in der Numerologie die Zahl Fünf für die Erde und die Zahl Sechs für den Himmel stehen.

In der Literatur hat sich auch der Begriff der „Fünf Wandlungen" eingebürgert, um der obigen Bedeutung klarer Ausdruck zu verleihen. Doch der chinesische Begriff *Xing* bezog sich immer sowohl auf die Grundbausteine der Natur als auch auf ein dynamisches Zusammenspiel aller irdischen Dinge.

Oft wird ein Vergleich zu den griechischen vier Elementen gezogen und behauptet, dass hier die Elemente statisch bestimmte Jahreszeiten oder Himmelsrichtungen beschreiben. Doch schon bei Aristoteles gibt es einen eindeutigen Bezug zu einer dynamischen Bedeutung, in dem Sinne, dass sich die Elemente vermengen, transformieren und ineinander umwandeln. Außerdem gibt es in den europäischen, aber auch indischen Systemen immer das fünfte Element oder Wesen, das alles verändern kann.

Im Folgenden werden wir auch auf die zwei verschiedenen Darstellungsformen der *Wuxing* eingehen, nämlich auf die kosmologische Darstellung mit der Erde in der Mitte und auf die zyklische Darstellung.

Wir können also auch in diesem Buch durchaus den Begriff der „Fünf Elemente" verwenden, ohne den dynamischen, lebendigen und systemischen Ansatz zu leugnen. Ganz im Gegenteil: Die bis heute andauernde Veränderung und Anpassung an die heutigen Anforderungen machen die Fünf Elemente zu einem lebendigen System, in dem auch scheinbare Widersprüche Platz haben.

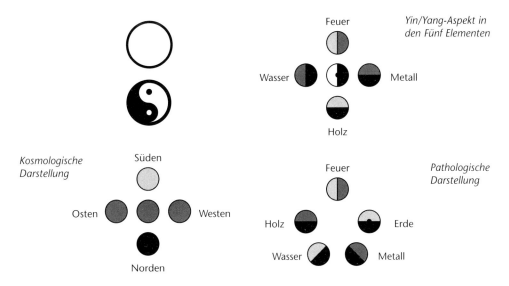

Dao – Yin und Yang – Die Fünf Elemente und die Zehntausend Dinge

● ● ● ● ●

„Aus dem Dao entsteht das Eins;
Aus dem Eins das Zwei;
Aus dem Zwei das Drei;
Aus dem Drei das geschaffene All."

Und: „Da ich das Wort eins aussprechen kann, wie könnte es keine Sprache geben? Wenn es sie gibt, haben wir eins und die Sprache, also zwei; und zwei und eins – ergibt die drei, die fünf, die Zehntausend Dinge der Welt."
(Lin Yutang, *Die Weisheit des Laotse*)

● ● ● ● ●

2. Historische Betrachtungen und der Stellenwert der Fünf Elemente innerhalb der Traditionellen Chinesischen Medizin

Das Konzept von Yin und Yang entstand vor dem System der Fünf Elemente. Erste Hinweise auf Yin und Yang finden wir bereits in der Zhou-Dynastie (ca. 1000–770 v. Chr.).

Die ersten expliziten Erwähnungen der Fünf Elemente finden sich in der Periode der Kämpfenden Staaten (470–220 v. Chr.) Die Akzeptanz der Fünf Elemente änderte sich fortwährend und auf Zeiten der Hochachtung folgten Zeiten, in denen die Elemente-Lehre wieder mehr in den Hintergrund trat.

Das Fünf-Elemente-Modell wurde immer wieder auch heftig kritisiert: Es sei zu starr, widerspräche zum Teil dem flexibleren Yin/Yang-System bzw. der Lehre der Inneren Organe. Doch dieser Prozess der letzten 2000 Jahre spiegelt das Entstehen einer medizinischen Theorie mit all ihren verschiedenen Entwicklungen und Seitenzweigen wider. Diese vermeintlichen Widersprüche sind zum Teil auch durch die Vorliebe der chinesischen Kultur für Zahlen und die Darstellung des Systemischen erklärbar, wo vom Kleinen auf das Allgemeine, aber auch vom Allgemeinen auf das ganz Individuelle geschlossen wird – wodurch sich zwangsläufig unterschiedliche Zuordnungen ergeben.

All diese Kritik übersieht, dass es eben zwei verschiedene Darstellungsformen der Fünf Elemente und dadurch verschiedene Interpretationsmöglichkeiten gibt. Genauso wie Yin und Yang stehen auch die Fünf Elemente in Bezug zueinander und sind nicht einfach nur als absolutes Element Holz, Feuer usw. zu verstehen.

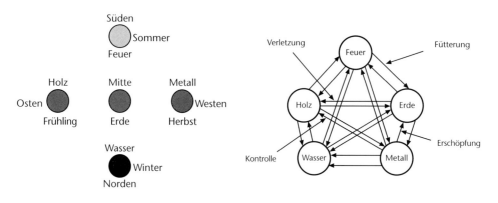

Kosmologische Darstellung der Fünf Elemente

Fütterungs- und Kontrollzyklus Pathologische Darstellung: Verletzungs-/Erschöpfungszyklus

Wenn wir das klassische Werk des Gelben Kaisers untersuchen, gibt es viele Bemerkungen und Erklärungen in Bezug auf die Fünf Elemente:

Hoang Ti fragt:
„Die fünf Organe entsprechen den vier Jahreszeiten.
Stehen sie auch unter ihrem Einfluss?"
Khi Pa antwortet: „Die Energie des Ostens ist grün. Sie dringt in die Leber ein und kommt in den Augen wieder zum Vorschein. Ein Teil dieser Energie bleibt in der Leber. [...] Von den Geschmacksäften entspricht der Leber der saure Geschmack; von den Elementen das Holz; von den Tieren das Huhn; von den Jahreszeiten der Frühling; [...] daher weiß man, dass im Frühling eine Krankheit häufig am Kopf auftrifft, weil die Energie der Leber nach oben fließt; oft kommt es zu Muskelerkrankungen, weil die Leberenergie die Muskeln regiert ..."
(*Hoang Ti Nei King So Ouenn*, 1.Buch, 4. Kapitel)

Ein anderes klassisches Werk, das *Shangshu* (ca. 659–627 v. Chr.), sagt:

Die Fünf Elemente sind Wasser, Feuer, Holz, Metall und Erde. Wasser befeuchtet nach unten, Feuer schlägt nach oben, Holz kann gebogen und geradegerichtet werden, Metall kann geformt werden und erhärten, die Erde erlaubt das Säen, Wachsen und Ernten.
(zitiert nach: *Practical Chinese Medicine*, Beijing Publishing House)

Die Fünf-Elemente-Theorie wird heute in der chinesischen Medizin auf folgenden Gebieten angewandt:
• Physiologie, Pathologie, Diagnose, Behandlung und Diätetik und Kräuterheilkunde.

Zu guter Letzt sei noch auf die gute Zusammenfassung über die Geschichte und Entwicklung der Fünf Elemente in *Das große Buch der chinesischen Medizin* von Ted Kaptchuk und in *Die Grundlagen der chinesischen Medizin* von Giovanni Maciocia hingewiesen.

3. Landkarten und Elemente verschiedener Kulturen

In allen Kontinenten hat der Mensch ab einer gewissen Kulturstufe versucht, sich zu orientieren und seinen Platz im Universum verstehen zu lernen. Sowohl die Frage nach der Herkunft und nach dem Sinn des Lebens als auch Furcht und Angst vor der feindlichen Natur bestimmten diese Suche.

Was lag näher, als den Kreislauf der Jahreszeiten, den Rhythmus von Tag und Nacht, die Planeten- und Sternenkonstellationen und vieles mehr als Ausgangspunkt der Betrachtung zu nehmen? In den indianischen Kulturen sind bis heute die Darstellungen der vier Himmelrichtungen, der Schilde und Kräfte in Räderform überliefert, wobei Himmel und Erde als fünfte und sechste Richtung gelten. Auch hier sind Parallelen zur Entwicklung der chinesischen Lehre von den Fünf Elementen feststellbar, da eine Zeit lang auch ein Modell von sechs Elementen existierte, bis sich schließlich endgültig die Fünferkonstellation durchsetzte.

Die Darstellung mit der Erde in der Mitte stellt den Menschen in den Mittelpunkt allen irdischen Geschehens und ist auch als Landkarte für innere Seelenlandschaften geeignet. Beim indianischen System der vier Schilde stehen die vier Richtungen für bestimmte Lebensabschnitte und Initiationsschritte, die es im Leben zu meistern gilt.

Das ayurvedische System kennt ebenso die vier Elemente und den Raum, den Äther, als Bindeglied, als „Kitt" für die Verbindung innerhalb der Elemente. Durch die Verdichtung der kosmischen Ebene in die materielle Ebene findet der Übergang zu den Fünf Elementen statt. Dieser Übergang kann folgendermaßen dargestellt werden:

KOSMOLOGIE

Die Elemente-Systeme in der Geschichte

Ayurvedische Fünf Elemente	Luft	Feuer	Raum/Äther	Wasser	Erde
Chinesische Fünf Elemente	Holz	Feuer	Erde	Metall	Wasser

Geschichte der Schöpfung der Fünf-Elemente-Lehre

Elemente →	Luft	Feuer	Raum/Äther	Wasser	Erde
Die Himmlische Stufe der Schöpfung nach der ayurvedischen Lehre	Erschütterung des Raumes. Die Willenskraft Gottes kommt zum Ausdruck. Das Wort: OM	Das kalte Licht des Raumes expandiert und zieht sich zusammen – Gleichzeitigkeit	Raum: der Ausgangspunkt allen Geschehens	Die ersten morphologischen Felder des Raumes – die Ur-Signatur. Lehre des Raumes	Das Licht verdichtet sich als Fundament – ein Universum ist entstanden. *Übergangsphase zum chinesischen System →*

Die Übergang geschieht, nachdem sich das Licht verdichtet hat → Erde					
Elemente →	Holz	Feuer	Erde	Metall	Wasser
Die irdische Stufe der Schöpfung nach der chinesischen Lehre	Molekulare Erschütterung Reibung Explosion	Das Licht des Raumes ist Hitze geworden. Übergang von Feuer-Yin zu Feuer-Yang	Die Erde als Übergang zwischen zwei Systemen	Verdampfung Verflüssigung Druck	Kristallisation Verdichtung Sichtbare Form
PHYSIK					
Physikalische Begriffe	Bewegung Erschütterung Reibung Explosion	Zeitliche Beurteilung Entstehung von Yang-Feuer	Scheinbares Gleichgewicht zwischen Expansion (Yang) und Kontraktion (Yin) Schwerkraft	Räumliche Wahrnehmung Abgrenzung Aufteilung des Raumes Der Raum wird in Besitz genommen	Kompression Druck Verdichtung Form Treibkraft

Übergang vom Vier-Elemente-System zum Fünf-Elemente-Modell durch Verdichtung

4. Kosmologische Darstellung der Fünf Elemente

Wenden wir uns nun dem chinesischen System zu, so erkennen wir sehr bald, wie wichtig die kosmologische Darstellung für die klinische Arbeit ist.

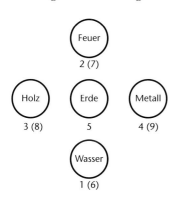

Kosmologische Darstellung und die Zahlenzuordnung

Die ursprüngliche Reihenfolge der Elemente lautet: Wasser (die Zahl 1), Feuer (2), Holz (3), Metall (4), Erde (5). Addiert man zur ursprünglichen Zahl jeweils die Erdzahl 5 hinzu, kommen wir zu jeweils zwei Zahlenzuordnungen pro Element.

Bei dieser Anordnung ist das Wasser der Anfang und die Grundlage allen Seins; es ist das formgebende Element, das den Schatz *Jing*, die Essenz (einer der drei „Schätze" der daoistischen Philosophie), beherbergt. Die Essenz speichert aber auch das Feuer des *Mingmen* – des Tors der Vitalität –, also das Ursprungs-Yin und Ursprungs-Yang. Die Niere ist die materielle Grundlage für das Qi und den Geist. (Vergleiche auch das Kapitel über die Psychologie der Fünf Elemente.)

Niere und Herz, Wasser und Feuer stehen in enger direkter vertikaler Beziehung zueinander. Viele TCM-Rezepturen oder auch Qigong-Übungen versuchen das

Gleichgewicht zwischen Wasser und Feuer wiederherzustellen. Diese Beziehung steht auch für die Interaktion von Körper und Geist (*shen*). Wenn das Nieren-Yin schwach ist, so gelangt nicht genug Yin-Energie zum Herzen und im Herzen wird Leere Hitze entstehen. Anders ausgedrückt: Das Wasser kann das Feuer nicht genug ernähren und festigen.

Die Erde stellt die Verbindung dar und ist als Ort der nachgeburtlichen Qi-Erzeugung von herausragender Bedeutung. Magen und Milz sind die Wurzel des Nach-Himmels-Qi; sie sind die Grundlage für Qi und Blut im menschlichen Körper.

Ein weiterer wichtiger Faktor in Bezug auf die Jahreszeiten ist die Stellung der Erde in der Mitte. In diesem Zusammenhang kommt der Erde die Funktion des Übergangs zu, sodass zwischen den einzelnen Jahreszeiten immer eine Erdphase als Übergangzeit den Menschen beeinflusst. Das unterstreicht die Wichtigkeit der Magen- und Milzfunktion und bedeutet nichts anderes, als dass wir in diesen Übergangszeiten das Erdelement besonders beachten und nähren sollten.

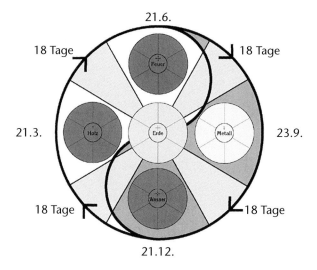

Kosmologische Darstellung – die Jahreszeiten

5. Die zyklische Darstellung der Fünf Elemente und ihre Entsprechungen

Das Entsprechungssystem ist ein wichtiger Bestandteil der Theorie der Fünf Elemente und typisch für das traditionelle chinesische Denken, wo viele Erscheinungsformen im Mikro- und Makrokosmos in Bezug zu bestimmten Elementen gesetzt werden. Es gibt viele Zuordnungslisten und wir werden am Ende der Einleitung eine Übersicht anführen.

Die zyklischen Darstellungen der Fünf Elemente bilden ein Modell für die Beziehungen, die zwischen den Organen und ihren Funktionen vorherrschen.

In der praktischen Arbeit ist es sehr wichtig, sich bewusst zu sein, dass die Beziehungen immer auch in Relation zu den einzelnen Organfunktionen zu sehen sind. So können auftauchende Widersprüche und inkonsistente Zuordnungen korrigiert werden. Auch hier gilt: Ein Modell, das eine bestimmte Ebene der Wirklichkeit abbildet, ist nicht die Wirklichkeit, sondern eben ein Hilfsmittel – eine Hilfe, die sich in der praktischen Arbeit als äußerst nützlich erweist.

Vor allem drei Zyklen haben große Bedeutung für die pathologische Beziehung zwischen den einzelnen Elementen: der Fütterungszyklus (auch Hervorbringungs- oder Ernährungszyklus), der Kontrollzyklus (auch Überwindungszyklus) und der Verletzungszyklus (auch Verachtungszyklus). Das Erdelement ist in diesen Beziehungsmustern zwischen Feuer und Metall eingeordnet, es entspricht der Zeit des Spätsommers, in der das Erdelement seine Funktionen am stärksten wahrnimmt.

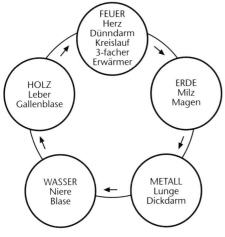

Fütterungszyklus

Holz verbrennt und erzeugt das Feuer.
Das Feuer (die Asche) nährt die Erde.
Die Erde verdichtet und birgt das Metall.
Metall verschmolzen fließt und erzeugt Wasser.
Wasser ernährt das Holz.

In diesem Zyklus werden die benachbarten Elemente oft als Mutter-Kind-Verbindung beschrieben. Bei einem Ungleichgewicht zwischen zwei Elementen kann es zu folgenden prinzipiellen krankhaften Zuständen kommen:

• Die Mutter ernährt das Kind nicht ausreichend.
• Das Kind-Element ist zu dominant und schwächt die Mutter.

Der Fütterungszyklus wird daher vor allem bei der Behandlung von Leerezuständen verwendet.

Beispiele für Unterfunktion: Nieren-Yin-Mangel führt zu Gallenblasen-Yang-Fülle. Nieren-Säfte-Mangel führt zu Gallenblase-Qi-Fülle.

Beispiele für Überfunktion: Gallenblase-Qi-Fülle führt zu Herz-Blut-Mangel. Gallenblase-Yang-Fülle führt zu Herz-Yin-Mangel.

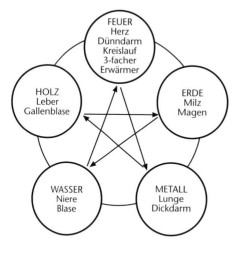

Kontrollzyklus

Holz durchdringt die Erde.
Erde nimmt das Wasser auf.
Wasser löscht das Feuer.
Feuer schmilzt das Metall.
Metall schneidet das Holz.

Mit dem Kontrollzyklus werden vor allem Füllezustände behandelt, besonders akute kurzfristige Erkrankungen. Dieser Zyklus ist wie die Polizei im Körper.

Beispiele: Yang-Organ Gallenblase kontrolliert Yang-Organ Magen: Stagnierendes Leber-Qi greift die Magenfunktion an und behindert die Fermentation und den Transport der Nahrung.

Yin-Organ Niere kontrolliert Yin-Organ Herz: Bei einem Nieren-Yin-Mangel bildet sich Leere Hitze, die sich auf das Herz überträgt.

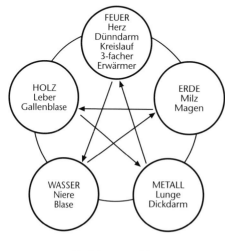

Verletzungszyklus

Holz stumpft Metall ab.
Metall entzieht Feuer die Hitze.
Feuer verdampft Wasser.
Wasser weicht Erde auf.
Erde erstickt Holz.

Der Verletzungszyklus ist die Umkehrung des Kontrollzyklus. Eine Überfunktion in einem Element schlägt sich schädigend auf das entsprechende Element nieder. Die prinzipiellen Zusammenhänge sind: Yang-Organ verletzt Yin-Organ, Yin-Organ verletzt Yang-Organ.

Beispiele: Erde erstickt Holz: Zu süße Speisen, zu viel Feuchtigkeit in der Milz ersticken die Galle und behindern in weiterer Folge den freien Fluss der Leber. Feuer verdampft Wasser – Herz-Feuer kann zu Blasenentzündung führen (Nieren-Yin-Mangel).

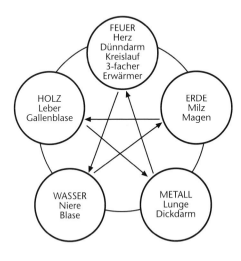

Erschöpfungszyklus

● ● ● ● ●

Holz saugt Wasser auf.
Wasser rostet Metall.
Metall entzieht der Erde Mineralien.
Erde erstickt Feuer.
Feuer verbrennt Holz.

● ● ● ● ●

Der Erschöpfungszyklus ist die Umkehrung des Fütterungszyklus. Das Ungleichgewicht überträgt sich sowohl als Unterfunktion als auch als Überfunktion vom Kind auf die Mutter.

Beispiel für Unterfunktion:
Leber-Blut-Mangel führt zu einem Nieren-Säfte-Mangel.

Beispiel für Überfunktion:
Herz-Feuer geht in Leber-Feuer und schließlich in einen Gallenblasen-Yin-Mangel über.

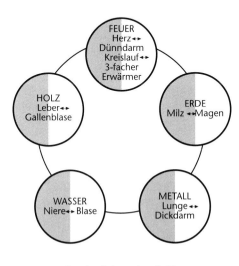

Bruder-Schwester-Zyklus

Der Bruder-Schwester-Zyklus beschreibt die Verbindung zwischen Yin und Yang innerhalb eines Elements.
Jedes Element ist in der Lage, sich kurzfristig selbst zu helfen und ein Ungleichgewicht auszugleichen. Leber-Leere wird zum Beispiel kurzfristig durch sauren Geschmack gebessert, niederer Blutdruck bessert sich kurzfristig durch Kaffee (Geschmack bitter/warm).

Die Regulierung und der Ausgleich bei einem Ungleichgewicht ist aber nachhaltiger über den Fütterungszyklus, bei Fülle-Zuständen über den Kontrollzyklus zu erreichen.

Zusammenfassend können die Zyklen folgendermaßen beschrieben werden:

- Ein Element ist in Leere und ernährt sein Kind nicht (Fütterungzyklus).
- Ein Element ist in Fülle und beeinträchtigt ein anderes Element über den Kontrollzyklus.
- Ein Element ist in Leere und wird von einem anderen Element über den Verletzungszyklus beeinträchtigt.
- Ein Element ist in Fülle und entzieht der Mutter zu viel Energie über den Erschöpfungszyklus.
- Ein Element ist in sich aus dem Gleichgewicht und stellt mit Hilfe des Bruders kurzfristig wieder die Balance her – Schwesterzyklus.

LITERATUR

Kaptchuk Ted J., *Das große Buch der Medizin*, O.W. Barth Verlag, 1988

Lin Yutang, *Die Weisheit des Laotse*, Fischer 1986

Maciocia Giovanni, *Die Grundlagen der Chinesischen Medizin*, Wühr Verlag 1994

Nguyen Van Nghi Dr., *Hoang Ti Nei King So Ouenn*; ML Verlag, 96

Redl Franz; Hoffman Kay, *Tao-Tanz, Die Fünf Wandlungsstufen menschlichen Bewusstseins*, 4. Auflage, Shambhala Verlag 2000

Fünf-Elemente-Plakate

Das Fünf-Elemente-Plakat von Michael Dackau erscheint seit mehr als acht Jahren; Neuauflage und dazugehöriges Skriptum (in fünf Sprachen erhältlich) zu beziehen bei: Michael Dackau, Keplerstraße 19, D - 22763 Hamburg; Tel.: 0049/40/397317

Weitere Fünf-Elemente-Plakate von Dr. Florian Ploberger zu beziehen über den Bacopa Versand, Postfach 477, A-4010 Linz, Tel: 0043/732/770870

*Die folgenden Erläuterungen wurden
von Claude Diolosa erstellt*

Wuxing-Liste – Orientierung als Hilfe

DIE FÜNF WANDLUNGEN

Zuordnung	Holz	Feuer	Erde	Metall	Wasser
KOSMOLOGIE					
Yin/Yang-Zuordnung	Kleines Yang	Großes Yang	Ausgeglichen	Kleines Yin	Großes Yin
Planeten	Jupiter	Mars	Saturn	Venus	Merkur
Himmels-richtungen	Osten	Süden	Mitte	Westen	Norden
Bewegungen	Aufsteigend Hebend	Zerstreuend Verteilend	Ausgleichend Zentrierend	Absteigend Absenkend	Adstringierend Zusammenhalten
Klimatologische Einflüsse	Wind Föhn	Wärme Hitze	Feuchtigkeit Regen Nebel	Trockenheit Dürre	Kälte Frost Schnee
Jahreszeiten	Frühling	Sommer	Die vier Übergänge	Herbst	Winter

YIJING UND KOSMOLOGIE

Holz-Yang	Donner: Zhen/3	Gott tritt hervor im Zeichen des Erregenden.
Holz-Yin	Wind: Sun/4	Gott macht alles völlig im Zeichen der Sanften.
Feuer-Yin	Feuer: Li/9	Gott lässt die Geschöpfe einander erblicken im Zeichen des Haftenden.
Erde-Yin	Erde: Kun/2	Gott lässt sie einander dienen im Zeichen des Empfangenden.
Metall-Yin	See: Dui/7	Gott erfreut sie im Zeichen des Heiteren.
Metall-Yang	Himmel: Qian/6	Gott kämpft im Zeichen des Schöpferischen.
Wasser-Yang	Wasser: Kan/1	Gott müht sich im Zeichen des Abgründigen.
Erde-Yang	Berg: Gen/8	Gott vollendet im Zeichen des Stillhaltens.

TRIGRAMME UND IHRE DEUTUNG

Holz		Feuer	Erde	Metall		Wasser	Erde
Donner/3	Wind/4	Feuer/9	Erde/2	See/7	Himmel/6	Wasser/1	Berg/8
Yangweimai	Daimai	Renmai	Yinqiaomai	Dumai	Chongmai	Yangqiao-mai	Yinweimai

21

Sanjiao 5 Weiguan	Gallenblase 41 Zhulingqi	Lunge 7 Lieque	Nieren 6 Zaihai	Dünndarm 3 Houxi	Milz 4 Gongsun	Blase 62 Shenmai	Kreislauf 6 Neiguan
Bewegung	Auflösung	Erwärmung	Bergung	Erfreuung	Beherrschung	Befeuchtung	Innehaltung
Drachen	Hahn	Fasan	Kuh/Kalb	Schaf	Pferd	Schwein	Hund
Bewegung	Eindringen	Abhängigkeit	Hingebung	Freude	Stark	Gefährlich	Stehenbleiben
Fuß	Schenkel	Auge	Bauchhöhle	Mund	Haupt	Ohr	Hand
Ältester Sohn	Älteste Tochter	Mittlere Tochter	Mutter	Jüngste Tochter	Vater	Mittlerer Sohn	Jüngster Sohn

TRIGRAMME UND IHRE ZUORDNUNG

Yijing	Donner: Zhen Wind: Sun	Feuer: Li	Erde: Kun Berg: Gen	Himmel: Kien See: Dui	Wasser: Kan

DIE HIMMELSRICHTUNGS-HEXAGRAMME

Hexagramm	Hex 13 Gemeinschaft mit Menschen	Hex 1 Das Schöpferische	Hex 2 Das Empfangende Hex 52 Das Stillehalten	Hex 7 Das Heer	Hex 29 Das Abgründige

DAS HIMMLISCHE UND DER IRDISCHE 12-JAHRES-ZYKLUS

Erde-Zyklus	0–12	12–24	24–36	36–48	48–60
Himmels-Zyklus	60–72	72–84	84–96	96–108	108–120

DER JING-ZYKLUS FÜR MANN UND FRAU

Die Jing-Phase des Lebens	Zeugungsfähigkeit nimmt zu	sehr empfangsfähig	Familiengründung	weniger Kinderwünsche	Wechseljahr
Frau	1x7 bis 2x7	3x7 bis 4x7	5x7	6x7	7x7 = 49
Mann	1x8 bis 2x8	3x8 bis 4x8	5x8 bis 6x8	7x8	8x8 = 64

JAHRESZEITLICHE ZUORDNUNG DER ZWÖLF DOPPELSTUNDEN

Tagesabschnitt	Holz-Stunde	Feuer-Stunde	Erde-Stunde	Metall-Stunde	Wasser-Stunde
Uhrzeit	3.00–7.00	9.00–13.00	1.00–3.00 7.00–9.00 13.00–15.00 19.00–21.00	15.00–19.00	21.00–01.00

ASTROLOGISCHE ZUORDNUNG VON ORGANEN UND TIEREN

Astrologische Zuordnung von Tieren und Organen	Le – Stier Gb – Ratte	Hz – Pferd Ks – Hund Sc – Schwein Dü – Ziege	Mb – Schlange Ma – Drachen	Lu – Tiger Di – Hase	Ni – Hahn Bl – Affe

PHYSIOLOGIE

Yin-Organe	Leber	Herz Kreislauf	Milz Pankreas	Lunge	Niere Urogenitalien
Yang-Organe	Gallenblase (Sonderorgan)	Dünndarm Sanjiao	Magen	Dickdarm	Blase

Funktionen der jeweiligen Yin-Organe

Funktionen	Speichert Qi und Blut speichert Hun	Bewegt Blut	Extraktion (Ma) Transport (Mb)	Meister über das Qi	Bewahrt das Jing

DIE FÜNF DAOISTISCHEN SCHÄDIGUNGEN

Die fünf Schädigungen	Zu viel Laufen	Zu viel Lesen	Zu viel Sitzen	Zu viel Liegen	Zu viel Stehen

SINNESORGANE UND SINNESFUNKTIONEN

Sinnesorgane	alle Sinnesorgane, besonders die Augen	Zunge, besonders die Zungenspitze	Lippen und Lippenumrandung	Nase, besonders die Nasenlöcher	Ohren, besonders die Ohrläppchen
Sinnesfunktionen	Sehen allgemein: alle Sinnesempfindungen	Sprechen, wobei Sich-Ausdrücken dem Dünndarm entspricht	Schmecken	Riechen	Hören, wobei Verstehen dem Dünndarm entspricht

DIE KÖRPERFLÜSSIGKEITEN

Flüssigkeiten	Augenfeuchtigkeit Tränen	Schweiß	Speichel vor dem Essen	Lungenflüssigkeit Schleimhäute Flüssigkeiten	Speichel während der Liebe, des Redens und des Qigong

DIE ZUGEHÖRIGEN KÖRPERTEILE

Körperteile	Muskeln Spannkraft der Muskulatur Sehnen Venen und Kapillaren Fuß und Fingernägel Augen: Iris Kopfhaare am Vertex Kopfhaare an der Schläfe	Arterien Gesichtsform Zungenkörper Zungenspitze Innen Kantus von den Augen Glanz der Haare	Muskelgewebe Muskelmenge Fleisch Gewebe Fettgewebe Kräfte der vier Gliedmaßen Augenlider Nebenhöhlen Feuchtigkeit der Haare Mundwinkel Mund Umrandung Außen Miniskus	Haut Poren Nasenlöcher Nasenschleimhäute Kehlkopf Rachen Augapfel Kopfhaut Lymphatisches System	Knochen Knochenmark Zähne Gehirn Dichtheit der Haare Haare am Hinterkopf Haarspitzen Augenbrauen Wimpern Knie, Füße Miniskus Lendenwirbel Zentralnervensystem Pupillen Körperhaare Hormonales System (*jing*)

GESICHTSDIAGNOSTIK

Gesichtsdiagnostik: Die fünf Berge	Rechte Wange	Stirn	Nase	Linke Wange	Kinn

23

Yijing-Gesichts-diagnostik	Rechte Wange = Donner/3	Stirn = Feuer/9	Nase = Mitte/5	Linke Wange = See/7	Kinn = Wasser/1
Die Gerüche					
Gerüche	Säuerlich	Verbrannt Geräuchert	Duftend Wohlriechend Angenehm	Penetrant Beißend	Verwesend Stinkend
DIE VIER SÄULEN/WURZELN DES KÖRPERS					
Die Vier Wurzeln des Körpers	Qi Energie	Yang Wärme	Nachgeburt-liche Quelle des Jing	Jinye, Xue Säfte und Blut	Jing Substanz
JAHRESZEITLICHE PULSDIAGNOSTIK					
Jahreszeitenpuls	Xianmai Gespannt	Hongmai Wellenartig	Huanmai Friedlich	Fumai Oberflächlich	Chenmai Tief
FARBENZUORDNUNG					
Yin-Farben	Dunkelgrün Blau	Violett Lila	Braun	Grau	Schwarz Mitternachtsblau
Yang-Farben	Hellgrün Türkis	Rot Orange	Gold Gelb	Silber Transparent	Purpurrot
TRADITIONELLE BEHANDLUNGSVERFAHREN					
TCM-Therapie	Kräutertherapie	Moxatherapie	Diätetik	Akupunktur	Qigong
DIE SPRACH- UND LERNMETHODE					
Sprachbegriffe	Warum Weshalb	Wann	Das Thema Subjekt Was oder Wer	Wo und Wohin	Wie
Die Denkstruktur	Hypothese Vermutung Annahme Versinnbild-lichtes Denken Anschauliches Denken Bildersprache	Vernetzungs-denken Assoziatives Denken Zeitorientiertes Denken	Analoges Denken Analysierend Ordnend Rationalisierend Strukturierend Zuordnungs-fähigkeit	Symbolisches Denken Optimierend Verbessernd Verfeinernd Körpersprache	Metaphori-sches Denken Methodisch Pragmatisch Sichtbar gemacht
Fragenstellung	Fragen über Motivation, Absicht und Sinn	Fragen über Unterschiede und Gemein-samkeiten	Irrationelle Fragenstellung: Koan	Fragen über Ursache und Wirkungen: Karma	Fragen über die Vergäng-lichkeit und Tod
Beispiele	Warum leben wir? Was ist der Sinn des Lebens?	Wo liegt der Unterschied zwischen Liebe und Leiden-schaft?	Wer bist du? Wer erfährt was? Wer ist der Wahrneh-mende?	Hast du über die Konse-quenzen dei-ner Handlun-gen in Körper, Rede und Geist nachgedacht?	Hast du über die Bedeutung der Vergäng-lichkeit und des Plötzlichen Sterbens nach-gedacht?

SYSTEMISCHES LERNEN MIT DEN FÜNF ELEMENTEN

● ● ● ● ●

Es gibt nichts Beständiges im Universum.
Alles ist Ebbe und Flut, jede Gestalt,
die geboren wird, trägt in ihrem Schoß
den Keim des Wandels.
(Ovid, Metamorphosen)

● ● ● ● ●

Auf eine kurze Formel gebracht: Nix ist fix.
Diese Einsicht, die heute viele Menschen mit der Philosophie des Daoismus in Verbindung bringen, wurde auch schon im Westen gewonnen, wie das Zitat des römischen Dichters Ovid zeigt. Aber sie ging wieder verloren, denn die Naturphilosophie, in die, wie im Osten, die Jahrtausende alte Naturbeobachtungen noch vor jeder sprachlichen Aufzeichnung und abstrakten Begrifflichkeit eingingen, wurde überlagert von Gedankensystemen, die das Universum als Produkt eines Fertigungsprozesses – genannt Schöpfung – ansahen und so den Zugang zu dem ständig erneuernden Prozess der Selbstorganisation in der Natur abriegeln mussten. Erst mit dem Sieg der Wissenschaften über die traditionellen Glaubenssysteme und im Zuge der neuesten Erkenntnisse von Kybernetik, Neurologie, Biologie und Quantenphysik gibt es wieder eine Annäherung

an ein Denken, das sich an dem Diesseits und der Natur orientiert, während Jenseits und Geist in transzendente Ferne rücken.

Nix ist fix. So salopp es sich dahin sagen lässt, so schwer lässt es sich gedanklich nachvollziehen. Alles ist im Fluss und im Wandel. Es gibt keine Zustände, die ewig währen und für immer feststehen. Alles geht ineinander über und ist aufeinander bezogen. Alles hat Auswirkungen und ist durch seine Auswirkungen miteinander verbunden. Nichts ist abgeschlossen, endgültig und fertig, perfekt. Und selbst die altvertraute Verkettung von Ursache und Wirkung, das Fundament der klassischen Wenn-Dann-Logik, ist aufgelöst, denn schließt sich der Kreis, so zeigt sich, das alles Auswirkung einer anderen Auswirkung ist und sich zu einem Wirkungskreislauf verkettet. Ein Netz voller komplexer Zusammenhänge und wechselseitiger Bedingungen zeigt sich als ein Muster chaotischer Vielfalt, wobei die Bezeichnung „Chaos" eine vorläufige ist, denn alles, was sich den Berechnungen entzieht, wird zunächst als etwas, das keine Ordnung hat, eingeschätzt. Nach und nach erweist sich im Laufe weiterer Erforschung, dass sich dieses Fehlen nur auf die schon bekannte Ordnung beziehen kann. Es zeigen sich ständig neue Muster einer neu entdeckten Ordnung, die doch seit Menschengedenken bestehen muss, da sie die grundlegenden Regeln und Gesetze unseres Daseins repräsentiert. Es ist nicht verwunderlich, dass heute im Westen das Symbol des Dao mit seinen ineinander eingeschwungenen Hälften von Schwarz und Weiß und den gegensätzlichen Impulsen, die in dem jeweils Anderen punktuell enthalten sind, wie eine verheißungsvolle Flagge des neuen Denkens gezeigt wird, wenn es darum geht, sich von dem alten abendländischen Schöpfungsgedanken zu verabschieden. Es ist verständlich, das eine Medizin, die sich in der detaillierten Beobachtung, der ganzheitlichen Betrachtung und einem prozessorientierten, systemischen Denken übt, heute als modern gilt, während vorschnelle Diagnosen ebenso wie eine begrifflich fixierte Etikettierung out sind. Die Parole „Nix ist fix" kann so nicht nur zum Auslöser einer allgemeinen Verunsicherung werden, sondern, im Gegenteil, zum individuellen Trost gereichen.

Gesundheit und Krankheit sind keine fixen Zustände, sondern sich ständig verändernde Prozesse. Innerhalb dieser Veränderungen gibt es Muster, Strukturen und Funktionsabläufe, die unser phylogenetisches Erbe regelt. Ohne bewusstes Zutun regeln sich so lebenswichtige Vorgänge wie Körpertemperatur, Flüssigkeitshaushalt, Gasaustausch, Atmung, Kreislauf oder Auf- und Abbau von Körperzellen von selbst. Ein unendlich verzweigtes Netzwerk sensibler Rückkoppelungsmechanismen organisiert biologische Prozesse durch Informationsträger und Impulsgeber. Die neue Wissenschaft von der natürlichen Selbstorganisation lebender Systeme gibt dem Menschen neuen Antrieb zur Selbstverantwortung, denn es zeigt sich, dass jeder menschlicher Organismus über eine große Weisheit und die Kraft zur Selbstheilung verfügt, vorausgesetzt, er benutzt sie. Es bedarf einer neuen Art von Bewusstheit, im Englischen wird diese „Body-Mind" genannt, was wörtlich übersetzt soviel heißt wie „Körperbewusstsein" oder, besser noch, „Körperbewusstheit". Diese Art von Bewusstheit orientiert sich am beständigen Wechselspiel zwischen körperlichen Funktionen, emotionalen Impulsen, Gefühlen, Gedanken und Beziehungsstrukturen. Dazu gehört die ökologische Eingebundenheit und eine Intuition, die die Ratio nicht ausschließt, sondern ergänzt.

In der Fünf-Elemente-Lehre wird jedem Element eine bestimmte Disposition zugeordnet. Dies ist nicht nur auf somatische Syndrome beschränkt, sondern schließt auch Lebensgewohnheiten, emotionale Dispositionen, Gefühle, Gedankengänge, Stimmungen und Reaktionsverhalten ein. Es werden bei der Diagnose eines Patienten auch Ernährungsweise, Berufsbedingungen, Beziehungsmuster und Lebensstil beachtet. Man geht nicht von dem Krankheitsbild allein aus, sondern betrachtet die Dinge „elementar", indem das Geschehen auf dem Hintergrund des jeweiligen Elements gesehen wird. Das Element ist das Feld der Realisation und jedes Element ist mit den anderen verbunden. Nehmen wir das Beispiel die Diagnose einer rheumatischen Herzerkrankung. Sie ist sicher wichtig, aber der TCM-Praktizierende wird sich als Erstes bemühen, den Patienten von diesem Krankheitsetikett zu erlösen, weil es eigentlich nichts über den Menschen selbst aussagt. Und es geht doch um den Menschen. Es ist also nutzbringender, die Aufmerksamkeit auf den ganzen Menschen – und das heißt zunächst auf den ganzen Körper – zu lenken und nicht nur auf den kleinen Teil, der vielleicht nicht mehr funktioniert. Wenn zehn Patienten mit der gleichen Diagnose kommen, dann bedeutet das für die chinesische Medizin nicht, dass der Prozess, der zu dem spezifischen Krankheitssymptom geführt hat, bei allen gleich ist. Ein Patient wird sein Symptom eher verstehen, wenn es ihm anhand der Fünf Elemente (Feuer, Wasser, Erde, Metall, Holz) erklärt wird. Wichtig ist, den Patienten zu motivieren, aktiv an seiner eigenen Gesundung mitzuwirken. Die Nadeln in der Akupunktur können nur den blockierten Energiekreislauf öffnen. Das Nervensystem ist wie eine Schalttafel, in der etwas den Stromfluss blockiert hat. In der TCM spricht man von bestimmte Persönlichkeitsprofilen, so etwa – um bei unserem Beispiel zu bleiben – von dem Profil der Herzerkrankungen. Bei allen kardiovaskulären Erkrankungen geht die TCM davon aus, dass sie etwas mit dem Element Feuer zu tun haben. Feuer ist mit Liebe, Wärme, persönlichen Beziehungen, Kommunikation, Wahrnehmung, Verstehen, Humor, der Art zu sprechen und zu hören, der Fähigkeit der Aufnahme verbunden. Es umfasst den gesamten Bereich der zwischenmenschlichen Beziehungen, ohne die wir nicht leben können. Nach dem chinesischen Modell besteht eine Verbindung zwischen den Organen, die jedoch nicht als anatomische, sondern als funktionelle Einheiten verstanden werden, und den Emotionen, die im Westen in den Bereich der Psychologie verwiesen werden. Emotionen haben aber physische Auswirkungen. Der Mensch „somatisiert", d. h. er entwickelt somatische Symptome, die psychische Ursachen haben. Die Frage ist nur: Was hat keine psychische Ursache und welche Auswirkung zeigt sich letztlich nicht auf physischem Gebiet? Das eine lässt sich vom anderen nicht abtrennen und vereinzelt betrachten. Die Chinesen berücksichtigen im Zusammenhang mit den Elementen auch die Funktion der jeweils zugeordneten Sinnesorgane, darüber hinaus gibt es noch viele andere Zuordnungen und Querverbindungen, die Inhalt dieses Buches sein sollen.

Dem Denken der Fünf-Elemente-Lehre liegt ein systemisches Denken zu Grunde: Alles ist mit allem und mit dem ganzen System verbunden. Jede Veränderung wirkt sich auf das Ganze und auf die einzelnen Teile aus. Für uns westliche Menschen bietet die Fünf-Elemente-Lehre der TCM die Möglichkeit, anschaulich in ein solches System einzusteigen und praktische Erfahrungen zu machen. Das System, um das es hier geht, ist der Mensch. Es ist der ganze Mensch mit seiner Persönlichkeit, seinem Denken, seiner Weltanschauung, seiner Umwelt und seinem Organismus. Die Elemente der Fünf-Elemente-Lehre sind eigentlich keine Elemente im westlichen Sinn von Endzuständen, sicheren Tatsachen oder objektiven Dingen. Die Elemente bedeuten so etwas wie Wandlungsstufen, d. h. jeweilige Zustände und Ausgestaltungen eines Wirkungsbereichs, einer Entwicklungsebene, die sich innerhalb eines Kraftfeldes vollziehen. Diese Auswirkungen und Ausgestaltungen unterliegen einem ständigen Wechsel. Es ist wie mit den Jahreszeiten: Sie sind nicht fest begrenzt, sondern gehen ineinander über. Sie werden verschieden erlebt. Sie werden verschieden erinnert. Sie existieren als innere Bilder in dem Bewusstsein oder im Unbewussten der verschiedenen Personen, der verschiedenen Kollektive und Kulturen.

Was ist systemisches Denken?

Der Begriff „systemisches Denken" ist ziemlich neu – in früheren Veröffentlichungen musste ich immer darauf achten, dass die Korrektoren der Texte nicht ein „systematisch" daraus machten. Systemisches Denken und systematisches Denken sind zwei grundverschiedene Angelegenheiten. „System" heißt zunächst wörtlich „Zusammenstellung" und aus dieser Bedeutung ergibt sich die

Frage nach dem Wie – wie ist etwas zusammengestellt worden? Und da wünscht sich doch jeder, dass die Zusammenstellungen, mit denen er es zu tun hat, nach einem erkennbaren und überzeugenden Prinzip erfolgen, auf dass die Ordnung, die dem Ordnungsprinzip zu Grunde liegt, zu verstehen ist und daher auch übernommen werden kann. Nur eine Ordnung, die Sinn macht, kann als ordnendes Prinzip angewendet werden. Eine Ordnung, die nicht einleuchtet, kann zwar von oben her befohlen und verordnet werden, aber nicht wirklich „beherzigt" werden, sodass auch die ordnenden Kräfte, die jeder Ordnung inne wohnen sollten, nicht zur Verfügung stehen. Sie können also nicht genutzt werden und die Ordnung bleibt nur ein Prinzip, graue Theorie, jede Anwendung erstickt im Keim. Etwas, das System hat, ist also so aufgebaut und organisiert, dass daraus eine Ordnung zu ersehen ist. Es gibt einen Plan, nach dem die Schrittfolge, der Prozess der Verwirklichung eines Projekts oder Unternehmens, abläuft. Der Plan ist ein Muster. Der Ablauf geschieht nach Plan – für die meisten Menschen ein sehr beruhigendes Geschehen. Dieses planmäßige Ablaufen gibt das Gefühl, alles sei in Ordnung oder werde in Ordnung kommen, weil es ein Muster der Ordnung gibt, das wie eine Blaupause vorgezeichnet als Idee schon da ist und es jetzt nur noch darauf ankommt, den Rest des Geschehens oder Unternehmens planmäßig weiter laufen zu lassen. Alles geschieht von selbst – das klingt nach Paradies oder Schlaraffenland. Und in bestimmten Lebensbereichen, besonders was das Ablaufen autoregulativer Vorgänge im menschlichen Organismus betrifft, geschieht tatsächlich alles von selbst bzw. wird von unserem Ich, das keine Kontrolle darüber hat und auch nicht zu haben braucht, als unwillkürliche Automatismen empfunden. Wenn wir uns bewusst machen, wie viel eigentlich von selbst geschieht, und das ständig, Tag für Tag, dann sollten wir doch eigentlich Vertrauen haben in unseren Organismus. Die Frage ist nur, was geschieht, wenn etwas falsch läuft und das System unangemessene Endergebnisse produziert. Erst dann beginnen wir, uns darüber Gedanken zu machen, was mit dem System falsch ist. Wir beginnen mit einer Systemanalyse. Das westliche Denken liebt es, erst einmal alles zu analysieren und darauf zu hoffen, dass durch die Analyse der einzelnen Elemente als Teile eines Systems sich der Rückschluss auf die richtige, die natürliche Ordnung und das, was getan werden kann, um sie wieder zu erlangen, ergibt. Die Systemanalyse, ein Begriff aus der elektronischen Datenverarbeitung, geht an das Problem heran, indem es dieses in Einzelprobleme zerlegt und dann, wenn der Fehler entdeckt und beseitigt worden ist, das System neu programmiert. Wenn man es mit Programmen zu tun hat, ist das auch genau das Richtige. Bis zu einem gewissen Grad können Vorgänge und Abläufe in lebenden Organismen auch als Programme verstanden werden. Aber manche

Programme sind so komplex und sind durch so viele unbekannte Faktoren bestimmt – ähnlich übrigens wie das Wetter –, dass keine genauen Aussagen und Voraussagen zu machen sind. Ein Computer kann nur dann mit einem Programm arbeiten, wenn dieses Programm mit einer bestimmten Menge von Informationen geladen ist. Bei den Programmen der lebenden Organismen haben wir es mit einer Vielfalt und Vielzahl von Informationen und Einflussfaktoren zu tun, sodass das Modell eines Systems, wie es in der elektronischen Informationsverarbeitung besteht, nicht mehr ausreicht. Während in den 60er-Jahren das kybernetische Modell der Steuerungsprozesse von den neu erfundenen Rechenmaschinen auf alle anderen Arten von Systemen übertragen wurde, hat es sich immer mehr erwiesen, dass jedes System, sei es ein Organismus, eine Familie, ein Team oder eine ganze Gesellschaft, anders funktioniert, als wir es berechnen können. Systematisches Denken ist also in der Gesundheitsförderung und im individuellen Körperbewusstsein nur dann nützlich, wenn die ordentliche Gliederung der Informationen, der Daten und Details sich auf die Funktion eines groben Überblicks begrenzt. Das System ist für den Menschen da und nicht der Mensch für das jeweilige System, in das er hineingezwängt wird. Systematisieren, d. h. in ein System bringen, ist nur so lange eine nützliche Vorgehensweise, als das Denken flexibel und offen genug bleibt, alles das, was nicht ins System passt, trotzdem zu beachten. Es empfiehlt sich nicht, das Zimmer aufzuräumen, indem man das halbe Inventar aus dem Fenster wirft. Systemkritiker haben immer schon darauf aufmerksam gemacht, wohin es führen kann, wenn alle Beteiligten eines Systems sich systemkonform, d. h. entsprechend den systemimmanenten Regeln, verhalten. Am Schluss siegt das System und der Mensch bleibt außen vor. Es ist ein Treppenwitz der Zeitgeschichte, dass eben jene Systemkritiker, die damals mit dem Wort „System" die herrschenden Vorstellungen und Vorschriften einer ihnen eher suspekten, nämlich unkritischen Gesellschaft meinten, heute mit verklärtem Blick vom systemischen Ansatz sprechen, wenn es darum geht, sich möglichst fortschrittlich zu geben. Was also ist das Magische an der Geheimformel des systemischen Ansatzes?

Zunächst die Definition von „systemisch": Der Begriff kommt aus den Wissenschaften, die sich mit lebenden Systemen beschäftigen, und bezieht sich auf ein Organsystem oder mehrere Organe, die in gleicher Weise in einen Prozess eingebunden oder von ihm betroffen sind. Alle Veränderungen, die durch den Prozess ausgelöst werden, wirken sich auf das ganze System aus, d. h. auf alle seine Teile und auf das System als Ganzes. Beispiel: Der menschliche Organismus, der von einem Virus befallen wird, verändert sich durch diese Einwirkung als Ganzes. Auch wenn das eine oder andere Organ besonders betroffen ist, unterliegen alle Organe den Auswirkungen und werden erkranken, wenn der krankmachende Prozess nicht unterbunden wird. Systemisches Denken erfordert also, in ganzheitlichen Bezügen und Verhältnissen denken zu lernen. Systemisches Denken ist insofern ein ökologisches Denken, als nicht nur die Auswirkungen bestimmter Einflüsse bedacht werden, sondern diese auch antizipiert, d. h. in die Zukunft verlegt und mit in die Berechnungen einbezogen werden. Die Veränderungen, die sich ergeben, sind nicht partiell, also sind die Veränderungen, die sich ergeben, nicht nur hinzuzufügen wie bei einer simplen Addition, sondern als ein weiterer Einfluss, der auf das Ganze Einfluss nimmt, zu sehen. Wäre das Ganze nur die Summe seiner Teile, dann würden Veränderungen und Entwicklungen linear verlaufen. So aber können unvorhergesehene Entwicklungssprünge stattfinden und exponentielles Wachstum eintreten. Das Phänomen der Eskalation ist gutes Beispiel für die Gefahr der Explosion, durch die bestimmte Zustände eine irreversible Zustandsveränderung, ein Übergehen und Umkippen in etwas völlig Anderes erfahren. Ein Leichnam ist kein Leib mehr, auch wenn es sich um einen Körper handelt – das lebende System hat aufgehört zu funktionieren.

Systemisch denken heißt, das zu beachten und mit einzuberechnen, was das System zusammenhält. Das ist nichts, was sich bei oberflächlicher Betrachtung entdecken lässt. Was als isolierte und unabhängig voneinander funktionierende Einheiten erscheint, könnte aus systemischer Sicht sich als das erweisen, was von entscheidender Bedeutung ist und bestimmt, ob das System als Ganzes funktioniert oder nicht.

Systemisch denken heißt, Verbindungen zwischen Ereignissen herzustellen, die Verbindungen zu verstehen und eventuell zu beeinflussen, wenn es darum geht, das System in seinem Funktionieren zu unterstützen. Das System funktioniert nur als Ganzes und durch die angemessene, d. h. gelungene Interaktion seiner einzelnen Teile, Beteiligten oder Teilnehmer. Teilnahme oder Beteiligung ist ein wichtiger Punkt, der darüber entscheidet, ob ein System überlebt oder nicht – dies vor allem dann, wenn wir es mit Verbindungen von Systemen untereinander und mit Zusammenschließungen zu größeren Systemen zu tun haben wie im Falle von Paaren, Familien, Clans, Teams, Gruppen aller Art.

Allen systemisch geschlossenen Ganzheiten ist gemeinsam, dass es sich um komplexe Muster handelt, deren Zustandekommen und Zusammensetzung nicht einfach zu verstehen ist. Das Komplexe bezieht sich auf die Art der Querverbindungen, die in wechselseitigen Verhältnissen sich gegenseitig beeinflussen. Dabei sind die Inhalte von zweitrangiger Bedeutung – nicht das Was steht im Vordergrund, sondern das Wie. Die spezifische Qualität des Aufeinanderbezogenseins macht das Systemische aus. Man kann sich darin üben, solche Muster zu „sehen". Es erfordert Übung, sich von etwas so Unsichtbarem wie einem systemischen Muster „ein Bild zu machen", aber es ist möglich.

Da Systeme sich in Mustern abbilden, können sie auch dreidimensional dargestellt werden. Die systemischen Aufstellungen, die das Modell des systemischen Muster nachmodellieren und plastisch darstellen, sind Inszenierungen systemischer Vorgänge, wobei der Faktor Zeit hinzu genommen wird. In der klassischen Logik mit ihrem Wenn-Dann-Modell einer linear-kausal erklärten Wirklichkeit wird der Zeitfaktor außer Acht gelassen, da man früher die absoluten und objektiven Tatsachen von dem Einfluss der Zeit befreit glaubte. Seit aber die Erkenntnisse der Relativitätstheorie und der Quantenphysik diesen Glauben zerstört haben, wird dieser Faktor miteinberechnet. Das systemische Denken schließt die Zeit mit ein, denn alle Veränderung vollzieht sich in einem bestimmten Zeitrahmen und alle Regelkreise, alle Kreisläufe unterliegen dem Einfluss der Zeit.

Da wir heute in einer Zeit der Informationsflut leben, ist es immer wichtiger, auf einen Blick das Wesentliche vom Unwesentlichen, das Unerlässliche vom Überflüssigen unterscheiden zu lernen, und nur das systemische Denken kann diese Leistung erbringen, denn das systemische Denken entwickelt „ein Auge" für das Essenzielle, ohne die Existenz vieler Nebensächlichkeiten und Details leugnen oder verdrängen zu müssen. Da wir nicht im Voraus sicher sein können, was sich als das herausstellen wird, was der Schlüssel zum Verständnis eines Systems ist, müssen wir unsere Wahrnehmung weit und offen halten, alles zulassen und für möglich erachten und nichts voreilig ausschließen oder übergehen. Ein Muster wird mit einem Blick erkannt, eine Gestalt ebenso. Und genau diese Wahrnehmung, die auf einen Blick etwas erkennt, brauchen wir, um nicht nur systemisch denken, sondern auch entsprechend handeln zu können.

Das systemische Handeln wurde als ein Handeln aus dem Bauch, als intuitives, spontanes Handeln bezeichnet. Es geschieht instinktiv, mit traumwandlerischer Sicherheit. Es ist keine Naturbegabung, es lässt sich entwickeln. Es ist eine halb bewusstes Reagieren, ein Antworten auf minimale Impulse, die ihrerseits wieder Reaktionen auf andere empfangene Impulse sind. Auf Grund dieser sich blitzschnell vernetzenden Reaktionskette kommt es zu jenen Ergebnissen der Informationsverarbeitung, die durch normales Denken nie erreicht werden könnten. Es sind Einsichten, die „mit einem Schlag" da sind und wie ein Funke zünden.

Was für uns im Westen das Neueste ist, ist im Osten ein uraltes Wissen. Westen und Osten sind zwei Seiten einer Medaille, zwei Weisen, etwas anzugehen, und zwei Hälften in unserem Gehirn. Das rechtshemisphärische Denken in Gestalten, Bildern und Symbolen, in Ganzheiten und Einheiten und Zusammenhängen wird als Erstes ausgebildet. Hier entstehen die wertvollen Querverbindungen zwischen einzelnen Informationen und Repräsentationen des Wahrgenommenen. Das Hirn lernt durch Verbindungen. Erst Verbindungen machen das aus, was als Intelligenz bezeichnet wird. Verbindungen entstehen durch Austausch. Schon das Ungeborene steht im Austausch mit den Impulsen, die es im Mutterleib empfängt und auf die es reagiert. Ein solches Spiel von Geben und Nehmen, von Senden und Empfangen ermöglicht es unserem lebenden System, sich zu verwirklichen und alle Potenziale ins Spiel zu bringen. Ich kenne keinen besseren Einstieg in dieses Spiel als das systemische Lernen anhand der Fünf Elemente.

LITERATUR

Kaptchuk Ted J., *Das große Buch der Medizin*, O.W. Barth Verlag, 1988

Lin Yutang, *Die Weisheit des Laotse*, Fischer 1986

Maciocia Giovanni, *Die Grundlagen der Chinesischen Medizin*, Wühr Verlag 1994

Redl Franz; Hoffman Kay, *Tao-Tanz, Die Fünf Wandlungsstufen menschlichen Bewusstseins*, 4. Auflage, Shambhala Verlag

Fünf-Elemente-Plakate

Das Fünf-Elemente-Plakat von Michael Dackau erscheint seit mehr als acht Jahren; Neuauflage und dazugehöriges Skriptum (in fünf Sprachen erhältlich), zu beziehen über: Michael Dackau, Keplerstr. 19, D - 22763 Hamburg; Tel.: 0049/40/397317

Fünf-Elemente-Plakate von Dr. Florian Ploberger sind in der Buchhandlung Bacopa zu beziehen: Bacopa, Postfach 477, A-4010 Linz, Tel: 0043/732/770870

INA DIOLOSA

DIE FÜNF WANLDUNGSPHASEN IN DER ERNÄHRUNG

● ● ● ● ●

Wahrhaftig, es gibt ein paar echte Köche in dieser Welt.
Könntest du von der Speise essen, die sie zubereitet haben,
dann würdest du alles empfangen, was es braucht,
damit der unerweckte Mensch zu dem Menschen heranreift,
der mit den Augen des Universums sieht,
mit den Ohren des Windes hört
und mit den Händen Gottes tastet.
Reshad Feild

● ● ● ● ●

Einleitung

KOCH ODER ARZT

Schon im *Shangshu*, das vor etwa 3000 Jahren verfasst wurde, wird auf die Bedeutung der fünf Wandlungsphasen in der Ernährung eingegangen. So ist es nicht verwunderlich, dass Ernährung eine ebenso lange Tradition wie Akupunktur und Kräutertherapie hat. Auch heute noch ist die Essenz der Naturheilkunde in China die Diätetik, die individuell auf den Patienten abgestimmte

Ernährung. Was nützt es, dem Patienten komplizierte Kräuterrezepte zu verschreiben oder ihn jeden zweiten Tag zu akupunktieren, wenn er eine Ernährung beibehält, die seine Energie schwächt oder blockiert? Alle chinesischen Meister der TCM (Traditionellen Chinesischen Medizin), egal ob Akupunktur oder Pharmakologie ihre Spezialität ist, können sehr gut kochen, denn sie alle haben fundiertes Diätetik-Wissen.

Gutes Essen ist Medizin! Wenn man die Zusammenhänge zwischen „Input" und „Output" kennt, versteht man, warum manche Menschen immer müde und erschöpft, andere aber frisch und energiegeladen sind. Die chinesische Ernährungslehre kann man durchaus den europäischen Verhältnissen anpassen. Statt Frühlingsrolle oder Pekingente kocht man hier eben Spinatstrudel, Tafelspitz, Gulasch oder auch Pizza. Wir können aus unserer Küche das Beste herausholen, um den Patienten zu helfen.

Nicht nur die TCM weiß um die Einordnung der Nahrungsmittel nach den thermischen und geschmacklichen Eigenschaften – auch Ayurveda basiert darauf und in Europa wussten so berühmte Heilerinnen und Heiler wie Hippokrates, Hildegard von Bingen und Paracelsus darüber Bescheid.

WARUM IST ERNÄHRUNG SO WICHTIG?

Unser Essen versorgt uns – je nach Qualität – mit mehr oder weniger Qi (Energie). Qi ist für alle Lebensprozesse nötig: Für die Aufspaltung und Umwandlung von Nahrung, für den Aufbau und die Versorgung von Knochen und Muskulatur, für die Bildung und den Transport von Blut, für das Immunsystem – für unsere gesamte Vitalität. Von unseren Eltern bekommen wir vorgeburtliches Qi (*jing*), das während der Schwangerschaft durch die energetische Situation der Mutter beeinflusst wird. Nach unserer Geburt haben wir dieses „Energiepaket" zur Verfügung, um davon alle Wachstumsprozesse unseres Lebens zu bestreiten. Das vorgeburtliche Qi ist wie eine Batterie, die wir mehr oder weniger schnell aufbrauchen. Wenn die Batterie leer ist, sterben wir. Eine Möglichkeit, weitere Energie in diese Batterie zu speisen, besteht in Qi-reicher Ernährung, einem guten Lebenswandel mit ausreichenden Erholungsphasen, Übungen, die das Qi vermehren (z. B. Taijiquan, Qigong, Yoga, Meditation etc.) und viel Bewegung an der frischen Luft, denn nicht nur die Nahrung, sondern auch die Atmung versorgen uns mit Qi!

GIBT ES EINE RICHTIGE ERNÄHRUNG?

Generell sollte das Essen aus frischen, zur Saison passenden, nicht chemisch behandelten Zutaten zubereitet werden. Tiefkühlkost, Mikrowellenkost und Fast

Food haben keine oder wenig Energie – wir müssen auf unsere Reserven zurückgreifen, um diese Nahrung aufzuspalten. Abgesehen von der Qualität der Zutaten gibt es kein Allgemeinrezept: Jeder Mensch ist anders und braucht andere Nahrung, um sich entfalten zu können.

Für die Wahl der Ernährung sind fünf Parameter entscheidend:
1. Die Konstitution des Menschen
2. Die Kondition des Menschen
3. Der Beruf des Menschen
4. Die Jahreszeit
5. Der Ort bzw. das Klima

WAS IST KONSTITUTION?

Die Konstitution beschreibt den „Typus" eines Menschen und wird von folgenden Punkten bestimmt:

Vorgeburtlich

Karma – welche früheren Handlungen haben uns zu dieser Wiedergeburt mit diesen Eltern zu dieser Zeit an diesen Ort geführt?

Konstitution der Eltern – in welcher körperlichen und geistigen Verfassung waren die Eltern zum Zeitpunkt der Zeugung?

Schwangerschaft – die emotionale und gesundheitliche Verfassung der Mutter sowie deren Ernährung während der Schwangerschaft.

Nachgeburtlich

Lebensgewohnheiten bisher – Ernährung: Wie wurdest du in deiner Kindheit ernährt? Wie hast du dich seither ernährt?

Langfristiger Lebenswandel: Schlaf, Stress, Drogen, Medikamente. Emotionales Verhalten und Befinden.

Klima – wo lebst du? Im heißen Süden oder im kalten Norden? Ist es windig, feucht, heiß, trocken etc.?

Unsere vorgeburtliche Konstitution wird uns ein Leben lang prägen. Unsere nachgeburtliche Konstitution hingegen lässt sich verändern. Konstitutionelle Beschwerden sind immer chronisch.

WAS IST KONDITION?

Unter Kondition versteht man das aktuelle und wechselnde Gesundheitsbefinden. Hierbei handelt es sich um einen akuten Zustand, der meist durch Klima, Jahreszeiten, Emotionen und Ernährung vorübergehend ausgelöst wurde. Um eine Veränderung der Kondition zu bewirken, bedarf es eines Zeitraumes von maximal drei Monaten.

Obwohl sich Konstitution und Kondition leicht miteinander vermischen und manchmal sogar widersprüchliche Symptome verursachen, sollte man sie immer voneinander trennen.

DU ISST, WAS DU BIST!

So etwas wie spontanen Instinkt in der Ernährung gibt es nicht. Es gibt nur schlechte Essgewohnheiten aus Unwissenheit heraus. Wenn wir einen spontanen Instinkt hätten, würden wir genau das essen, was unseren Körper wieder ins Gleichgewicht bringt. Das tun wir aber nicht. Wir greifen automatisch zu den Nahrungsmitteln, die unseren Typus noch verstärken. Yang-Menschen mit Bluthochdruck und viel innerer Hitze essen gebratenes Fleisch, trinken Rotwein und Schnäpse und rauchen vielleicht auch noch. So jemandem würde es nie einfallen, ein paar Rohkosttage einzulegen oder Pfefferminztee zu trinken. Yin-Menschen, die leicht frieren und kalte Hände und Füße haben, ernähren sich gerne von Joghurt, frischen Früchten und Salat.

Tab. 1: Welche Merkmale lassen auf eine Yang- bzw. Yin-Konstitution schließen?

EIGENSCHAFTEN	YANG-TYP	YIN-TYP
Verhalten	extrovertiert (nach außen gerichtet)	introvertiert (nach innen gewandt)
	Täter	Denker
	schnell, hastig	langsam, bedacht
	selbstsicher	unsicher
Stimme	laut	leise
	tief	hoch
Zunge	rot bis dunkelrot	blass bis lila
		geschwollen
		feucht
		Zahnabdrücke
Belag	gelb, trocken	weiß
Puls	schnell	langsam
	voll	leer
Schlaf	wenig	viel
	Schlafstörung	Langschläfer
	frühes Aufstehen	dick zugedeckt
	ohne Decke	eingerollt
	ausgestreckte Extremitäten	
tagsüber	speedy	müde
		Mittagsschlaf
Schwitzen	viel und rasch	bei Anstrengung
	nach dem Essen	tagsüber
	auf der Nase, Stirn	
	klebrig	
	riechend	Neigung zu kaltem Schweiß

Stuhl	trocken übelriechend brennend Verstopfung	weich breiig mit Unverdautem Durchfall
Menstruation	PMS allgemein kurzer Zyklus heftige Blutung	PMS: speichert Wasser im Gewebe langer Zyklus kurze Blutung wenig Blut
Libido	stark	schwach
Krankheitsneigung	hoher Blutdruck entzündliche Erkrankungen akute Erkrankungen	niederer Blutdruck Rheuma Befindlichkeitsstörungen Neigung zu chronischen Erkrankungen
Fieber	sehr schnell hohe Temperatur	kaum niedrige Temperaturen
Vorlieben bei der Ernährung	scharfe Gewürze Alkohol Fleisch Gebratenes fettige Speisen	Pfefferminztee Käsebrot Vegetarismus Rohkost Milchprodukte
Abneigung	Hitze Ruhe Sonne, Sommer	Kälte Stress Winter
Mangel	Ausdauer	Kraft

WAS SOLLST DU ESSEN?

Das Wichtigste ist, alles genießen zu können. Dein Wissen gibt dir die freie Wahl.

„Du darfst nicht" existiert nicht! Es gibt kein Verbot, alles ist erlaubt! Vorausgesetzt, du weißt genau, was du brauchst, und vorausgesetzt, du kannst kochen! Wenn du die Gerichte so zusammenstellst, dass das Ergebnis thermisch neutral ist, kannst du kaum etwas falsch machen! Wenn du etwas Kaltes zubereitest, z. B. kalte Gurkensuppe im Sommer, dann gib etwas Heißes dazu, z. B. Knoblauch. Wenn du etwas Heißes machst, z. B. ein Steak grillst, dann mach einen Salat dazu. Wenn du etwas Warmes zubereitest, verbinde es mit etwas Kühlem usw. Wenn es draußen kalt ist, koche eher erwärmend, wenn es heiß ist, eher erfrischend. Reine Rohkost ist in Mitteleuropa zu kalt – vor allem im Winter fehlt wichtige Energie! Wenn du Vegetarier bist, musst du lernen zu kochen, damit du dich nicht nur von Käsebroten ernährst. Im Winter musst du dann heiß kochen – im Druckkochtopf oder im Backrohr und heiße Gewürze wie Ingwer, Zimt oder Nelken verwenden. Soja kann tierisches Eiweiß nicht ersetzen, denn es wirkt kalt. Es wird therapeutisch verwendet, um toxische Hitze auszuleiten. Egal, ob du Gemüse, Getreide oder Fleisch zubereitest: Achte darauf, dass mindestens drei Geschmacksrichtungen anwesend sind! Dann wird das Essen befriedigend sein und du musst nicht naschen – ein Blättchen Wurst da, ein Häppchen Käse dort, ein Stückchen Schokolade danach …

Ausgewogenes Essen erfüllt alle Bedürfnisse!

Wenn du beim Kochen deinen Typus ausgleichst, wird das Mittagessen zur Medizin! Nach der ersten Tabelle hast du vielleicht schon eine Idee, ob du eher ein Yin- oder ein Yang-Typ bist. Entsprechend kannst du beim Kochen gegensteuern.

Tab. 2: Welche Nahrungsmittel werden für einen Yang- bzw. Yin-Typ empfohlen?

YANG-TYP	YIN-TYP
kühlende, kalte Nahrungsmittel	erwärmende, heiße Nahrungsmittel
Yin-Kochmethoden	Yang-Kochmethoden
milde Zubereitung	würzige Zubereitung
Rohkost	gekochte Nahrung
Vegetarismus	Fleisch
Nahrungskategorie Yin	Nahrungskategorie Yang
Yin-Nahrungsmittel	Yang-Nahrungsmittel
KEIN Chilli Knoblauch Nelken Muskat Lamm Yogi-Tee Schnaps	**KEIN** Chicorée Endivien Joghurt Dickmilch Getreidekaffee Pfefferminztee Südfrüchte
GUT Sauna viel Sport	**GUT** Bewegung Massage Moxa

WIE SOLLST DU ESSEN?

- Nimm dir morgens immer Zeit für ein gutes, warmes Frühstück, am besten ist ein aus Getreide gekochtes Müsli, das dir den Energiestart in den Tag ermöglicht.
- Iss in Ruhe (kein Familienstreit, keine Arbeitsbesprechungen, keine Zeitung, kein TV)
- Achte und genieße mit allen Sinnen, was auf dem Teller liegt.
- Verzichte auf weißen Zucker, Süßstoff, weißes Mehl, Schweinefleisch, Wurst.
- Verzichte auf Tiefkühlkost, Mikrowellenkost und denaturierte Nahrungsmittel.
- Verwende nur kaltgepresste Öle in der Küche.
- Versuche dich an regelmäßige Mahlzeiten zu gewöhnen.

- Iss abends eher leicht und nicht zu spät vor dem Schlafengehen.
- Trinke zum Essen eher wenig – die Verdauungssäfte können dann besser arbeiten.

WAS SOLLST DU TRINKEN?

Wasser, Wasser, Wasser. Am besten abgekocht und noch warm. Keinesfalls mit Eiswürfeln, denn Kaltes verletzt das Qi des Verdauungstraktes. Keine Kräutertees, außer sie sind verordnet – Kräuter sind Medizin! (Getreide)Kaffee und schwarzen oder grünen Tee nur, wenn du das mit deinem Typus und der Jahreszeit vereinbaren kannst! Ähnliches gilt für Wein, Orangensaft etc.

Die Fünf Wandlungen im Körper

Der fließende Dipol von Yin und Yang, von Materie und Geist, zeigt sich im Körper folgendermaßen:

Tab. 3: Wie werden die vier Bestandteile des Organismus Yin und Yang zugeordnet und wodurch drücken sie sich im Körper aus? (siehe auch Abb., S. 44)

YANG		YIN	
Qi	Yang	Säfte Blut	Yin Jing
Bewegung	Wärme	Flüssigkeiten	Substanz

Qi, die bewegte Energie, entsteht – im Gegensatz zu Jing – hauptsächlich nach der Geburt. Qi wird täglich aufgefüllt. Es findet sich in allen Organen und es erfüllt im Körper unterschiedliche Aufgaben, wofür es unterschiedliche Namen bekommt. So ist z. B. *Weiqi* die Schutzenergie, die direkt unter der Hautoberfläche zirkuliert und das Eindringen von pathogenen Einflüssen wie „Wind" oder „Kälte" verhindert. Yang ist die Wärme, die durch die Bewegung des Qi hervorgebracht wird. Jing ist die vor- und nachgeburtliche Essenz, die für Wachstum, Fortpflanzung und Entwicklung nötig ist. Jing ist die Grundlage der Nieren-Kraft und äußert sich in Vitalität und Stärke. Säfte, Blut und Flüssigkeiten gehören zur Yin-Wurzel des Organismus, sind jedoch nicht so verdichtet wie Jing und die Organe selbst. Die „Allgemeinen Flüssigkeiten" zirkulieren im Körper und befeuchten und ernähren Haut und Muskeln, Gelenke, Hirn und Knochenmark, Ohren, Nase und Mund. Das Blut versorgt die Organe mit Nährstoffen und befeuchtet sie ebenfalls. Es beherbergt unser Unterbewusstsein (*hun*) und kann als „flüssiges Ich" bezeichnet werden.

Yin und Yang, Säfte und Qi können sich bei einer Disharmonie in Fülle oder in Leere befinden.

Ein solches Ungleichgewicht zu erkennen und mit der richtigen Ernährung gegenzusteuern ist unsere Aufgabe.

Die Kunst der Energetischen Ernährungslehre liegt darin, präzise zu unterscheiden, welches Organ von diesem Ungleichgewicht betroffen ist. Letztlich werden nämlich alle Organe – sowohl *Zang* (Yin-Organe) als auch *Fu* (Yang-Organe) von diesen vier Bestandteilen zusammengehalten.

Nahrungsmittel

WIE WERDEN DIE NAHRUNGSMITTEL EINGETEILT?

• Nach der thermischen Wirkung
• Nach dem Geschmack, welcher zugleich eine Botschaft an das zugehörige Element vermittelt
• Nach ihrem individuellen Organbezug
• Nach ihren spezifischen Wirkungsweisen

DIE FÜNF THERMISCHEN QUALITÄTEN VON NAHRUNGSMITTELN SIND

Yang

Yin

• Heiß (z. B. Lammfleisch, Zimt, Pfeffer, Schnaps)
• Erwärmend (z. B. Karotten, Fenchelgemüse)
• Neutral (z. B. Rindfleisch, Kartoffeln, Milch)
• Kühlend (z. B. Joghurt, Tomaten, Gurken)
• Kalt (z. B. Endivien, Chicorée, Bananen, Wassermelone)

Es gibt eigene Tabellen, in denen du auf einen Blick sehen kannst, welche thermische Wirkung ein Nahrungsmittel hat. Am Ende dieses Kapitels sind Bestelladressen angeführt.

YANG	
+	Wurst
↑	Fleisch
	Muscheltiere
	Fisch
	Eier
	Käse
	Butter
	Milch
	Nüsse
	Hülsenfrüchte
NEUTRAL	Getreide
	Gemüse
	Wurzelsalat
↓	Früchte
	Südfrüchte
–	Blattsalat
YIN	

Tab. 4: Die Einteilung der Nahrungsmittel von Yang zu Yin (für eine differenziertere Abstufung innerhalb der Nahrungsmittel siehe Tab. 5)

Die Klassifizierung der Nahrungsmittel von Yin zu Yang ist nur eine allgemeine Richtlinie.

Es ist wichtig zu verstehen, dass ein tierisches Produkt immer yangiger ist als ein pflanzliches – unabhängig von der thermischen Eigenschaft! Eine Kuh hat eindeutig mehr Qi als eine Kartoffel, auch wenn beide thermisch neutral sind. Ein Marmeladebrot ist somit „yiniger" als ein Käsebrot und kann bei einer Feuchte-Kälte-Konstitution schneller negative Feuchtigkeit verursachen. Hülsenfrüchte sind yiniger als Milch, deshalb ist Sojamilch kein Ersatz für Kuhmilch, außerdem ist Soja thermisch kalt und Kuhmilch neutral.

Innerhalb der einzelnen Nahrungsmittelkategorien kann man nochmals verfeinert in Yin und Yang abstufen – diese Unterteilung bezieht sich vor allem auf die thermische Eigenschaft und individuelle Wirkungsweise des jeweiligen Nahrungsmittels, wie du aus folgender Tabelle ersehen kannst:

Tab. 5: Differenzierung: Innerhalb der einzelnen Nahrungsmittelkategorien gibt es eine weitere Abstufung von Yang bis Yin

NAHRUNGSKATEGORIE	YANG	YIN
Salat	Wurzelsalat	Chicorée
Gemüse	Karotten Fenchel	Tomate Gurke Paprika
Käse	Parmesan	Hüttenkäse
Getreide	Grünkern Hafer	Mais
Früchte	Kirsche	Orange
Fleisch	Lamm	Kaninchen Schwein

Da Yin und Yang sich in ständigem Wandel befinden, ist auch jedes Nahrungsmittel, unabhängig von Geschmack und Thermik, durch entsprechende Zubereitungsverfahren und Kombinationen mit anderen Zutaten verwandelbar. Eine im Backrohr oder Lagerfeuer gegarte Kartoffel ist yangiger als Kartoffelpüree. Durch diese Yang-Zubereitung ist die Kartoffel thermisch dann auch erwärmend.

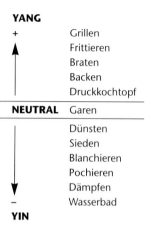

YANG
+
Grillen
Frittieren
Braten
Backen
Druckkochtopf
NEUTRAL Garen
Dünsten
Sieden
Blanchieren
Pochieren
Dämpfen
Wasserbad
–
YIN

Tab. 6: Kochmethoden von Yang zu Yin

DIE FÜNF GESCHMÄCKE

„Wer die Geschmacksrichtungen beherrscht, beherrscht die gesamte Kräutertherapie!"

Allein der Geschmack eines jeden Krautes und Nahrungsmittels kann uns wichtige Informationen über Wirkungsweise und Wirkrichtung vermitteln.

Tab. 7: Die Eigenschaften der fünf Geschmäcke

	sauer	bitter	süß	scharf	salzig
Eigenschaften	zusammen-ziehend einschnürend bewahrend auflösend (nur Essig)	abführend trocknend sanierend absenkend beruhigend entzündungs-hemmend	stärkend harmonisie-rend entspannend befeuchtend verlangsamend	zerstreuend erwärmend bahnbrechend öffnend verteilend schweiß-treibend	aufweichend nährend abführend
Thermische Wirkung	meist kühlend	meist kalt	alle thermischen Eigenschaften	meist heiß	kann sowohl kalt als auch heiß sein
Botschafts-geschmack für	Holz	Feuer	Erde	Metall	Wasser
Therapie-geschmack für	Wasser	Metall	Holz	Feuer	Erde
Wirkrichtung	nach innen	nach unten	nach oben	nach außen	nach unten

Auf Grund der Wirkrichtung zählen der saure, bittere und salzige Geschmack zum Yin und süß und scharf zum Yang. Der Geschmack dient auch als Botschafter und Informationsträger für das ihm zugehörige Element und Organsystem. Leiden wir unter einer Fülle-Problematik in einem Element, haben wir sehr oft eine Abneigung gegen den Botschaftsgeschmack, befindet sich dasselbe Element jedoch in einer Leere, verspüren wir oft ein Verlangen nach diesem Geschmack. Ein Beispiel ist das berühmte Verlangen nach sauren Gurken bei Schwangeren, da das Leberblut (Holz) in Leere ist. Menschen mit einer Fülle an Yang in der Leber verabscheuen hingegen meist den sauren Geschmack und verzichten wegen des Essigs auf Salate. Durch solche Beobachtungen bekommen wir wertvolle diagnostische Hinweise, dies bedeutet aber nicht, dass wir mit Saurem das Leberblut ergänzen können! Wir können jedoch Hühnerleber, welche das Leberblut nährt, kochen und zum Schluss mit etwas Essig abschmecken, damit die Heilwirkung dieses Gerichts auch direkt unsere Leber bzw. das Holzelement erreichen kann.

Wichtig ist die Unterscheidung zwischen Botschafts- und Therapiegeschmack. Das Geheimnis der Therapie ist, die Bewegung der Geschmäcke in der richtigen Weise positiv zu nutzen.

Qi entspricht dem Holz-Element und muss steigen können, Wärme/Yang entspricht dem Feuer-Element und muss sich ausdehnen können, die Säfte entsprechen dem Metall-Element und müssen herabgeführt werden, um sich zu Jing/Yin zu verdichten. Jing/Yin entspricht dem Wasser-Element und muss bewahrt und geschützt werden.

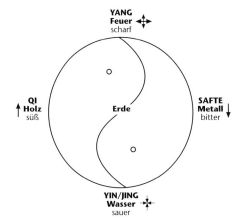

Nachfolgend eine Übersicht über die wichtigsten Eigenschaften der fünf Geschmäcke.

Die vier Bestandteile des Organismus, ihre zugeordneten Elemente und die entsprechenden Therapiegeschmäcke.

1. Süß

Süß ist der wichtigste Geschmack in der Ernährungstherapie, da man nur damit eine Leere-Problematik beheben kann. Mit „süß" sind allerdings keine Süßigkeiten gemeint, sondern die meisten Getreidesorten, Fleischarten, Gemüse, viele Früchte und Hülsenfrüchte süßlicher Natur. In der Palette „süß" sind alle thermischen Qualitäten vertreten. Da der süße Geschmack das Element Erde, unsere Milz, die Mutter aller zwölf Organe und somit unsere Mitte und unser Zentrum repräsentiert, spielt er auch eine zentrale Rolle in der Diätetik. Wir werden immer alle anderen Geschmacksrichtungen mit süßen Nahrungsmitteln kombinieren müssen, da nur mit Süß nachgeburtliches Qi produziert werden kann. So wie die Milz kann auch der süße Geschmack als „See von Qi und Blut" bezeichnet werden.

Süß wirkt befeuchtend im positiven wie im negativen Sinne: „Gutes" Süß wie z. B. Karotten, Kartoffeln, getrocknete Marillen erzeugt Qi und kostbare Säfte,

„schlechtes" Süß wie weißer Zucker, Cola, Limonade, Eis und weißes Mehl bildet zuviel negative Feuchtigkeit, welche den Körper überschwemmt und das Qi erstickt. Dieses Abfallprodukt Feuchtigkeit ist klebrig, von träger Natur und blockiert den freien Fluss des Qi, wodurch Symptome einer Milz-Qi-Leere wie z. B. Müdigkeit hervorgerufen werden. Ist das „Milz-Qi in Leere", haben die Betroffenen starke Gelüste nach Süß. Der Circulus vitiosus beginnt, denn leider greifen die meisten dann schnell zur Schokolade und vermehren dadurch die Ursache des Ungleichgewichts, anstatt sich einen Rindfleisch-Karotten-Eintopf zu kochen, welcher direkt die Ursache beheben könnte. Am schnellsten produziert man Feuchtigkeit mit einer Kombination aus Süß und Sauer: Süß befeuchtet und das Saure sorgt dafür, dass die Feuchtigkeit auch bleibt, wo sie ist. Bei einer Säfte- und Yin-Leere-Konstitution oder in heißen Ländern, wo man durch das viele Schwitzen viel Säfte verliert, ist die bewusste Kombination süß/sauer ideal zur positiven Ergänzung der Feuchtigkeit. Wenn Feuchtigkeit im Übermaß produziert wird, führt sie zu Verschleimungen und anderen negativen Folgeerscheinungen: Bei uns werden vor allem Kinder mit einer Mischung aus Milchprodukten, Zucker und Bananen gefüttert oder bekommen zum Frühstück Marmeladebrot (süß) mit Orangensaft (sauer) oder Früchtetee (sauer) mit Honig (süß). Vegetarier essen ihr Müsli (süß) mit Joghurt (sauer) und frischen Früchten (süß/sauer).

Dann wundern und beklagen wir uns über Übelkeit, Konzentrationsmangel und können überhaupt nicht verstehen, weshalb die Nase ständig läuft, die Polypen wuchern, die Lunge verschleimt ist, wir zu Candida albicans und Immunitätsschwäche neigen und trotz vielen Schlafens ständig müde sind. Schon Kinder neigen zu einer derartigen Feuchtigkeits-Ansammlung, da bis zum dritten Lebensjahr das Feuer der Nieren, welches unentbehrlich für Verdampfung und Verdauung ist, den Verdauungstrakt noch nicht ausreichend wärmen kann. Auch laut Ayurveda sind die ersten Lebensjahre die „Schleimphase" des Lebens.

2. Bitter

Fast alle bitteren Kräuter sind thermisch kalt! Der bittere Geschmack löst eine schnelle absenkende Bewegung im Körper aus. Enzian, Tausendguldenkraut, Löwenzahn, Chicoree, Endivien und grüner Tee wirken auch sehr stark energieabsenkend.

Bittere Kräuter leiten die Hitze über eine vermehrte Harnausscheidung aus dem Körper. Bitter ist der am stärksten entgiftende, ausleitende Geschmack. Für entzündliche Erkrankungen ist dieser Geschmack unentbehrlich, denn Kräuter mit antibiotischen Eigenschaften sind bitter/kalt. Man sollte einen bitter/kalten Kräutertee niemals zu lange verordnen, da er sehr schnell das Milz-Qi verletzen kann. Verliert ein Patient auf Grund des Tees seinen Appetit oder bekommt er Durchfall, muss die Kräuterzusammensetzung oder die Dosierung sofort geändert werden. Traditionell fügt man einem Rezept mit viel bitteren Kräutern Fenchel bei, um das Qi der Milz vorbeugend zu schützen.

Da man im Winter mehr Fleisch, Eintöpfe, würzig gebratene Speisen isst und nicht so gut schwitzen kann, sammelt sich über diese Monate Feuchte Hitze im Körper an. Eine Frühjahrskur mit bitteren Kräutern, z. B. mit Löwenzahn, oder eine Salatkur ergänzend zu milder Kost reinigt den Körper von dieser Feuchten Hitze. Eine Therapie mit bitteren Kräutern ist nur bei Menschen angezeigt, die eine rote Zunge mit dickem gelbem, fettigen Zungenbelag aufweisen, viel Fleisch essen oder Bluthochdruck haben. Der bittere Geschmack schützt auch auf natürliche Weise vor Gicht und erhöhten Cholesterinwerten. Da der bittere Geschmack die Lebenskraft absenkt, eignet sich dieser Geschmack niemals für Patienten mit niedrigem Blutdruck, Vegetarier, erschöpfte Konstitutionen, bei Inkontinenz, Organsenkung und Durchfall. Hiermit sind auch Kaffee, Grüntee und Schwarztee gemeint! In China floriert die Teekultur vor allem deshalb, weil die Chinesen sich überwiegend von Fleisch und Gebratenem ernähren.

Energetisch sehr extrem und völlig kalt wirkt eine Kombination aus bitter und salzig, wie zum Beispiel Glaubersalz. Vor allem junge Frauen, die zu Verstopfung neigen oder abnehmen wollen, ruinieren sich ihre Konstitution mit solchen Abführpräparaten.

3. Scharf

Scharfe Kräuter und Nahrungsmittel sind thermisch meist heiß. Sie bringen die Schutzenergie an die Oberfläche und vertreiben pathogene Einflüsse. Wer im Winter beim Schifahren viel Wind und Kälte abbekommt, tut gut daran, anschließend eine Tasse Glühwein zu trinken. Der scharfe Geschmack von Zimt gemeinsam mit Alkohol öffnet und macht durchgängig. Der anschließende Schweißausbruch befreit die Oberfläche des Körpers, putscht die innere Wärme und erhöht die Durchblutung. Ähnliches passiert beim Kochen mit Wein etc. Die Schattenseite: „Scharf" lebt von dem, was du hast, und verbrennt, was du ihm zur Verfügung stellst. Es kann deinen Körper nicht nähren, sondern verbrennt den Flüssigkeitsanteil und verbraucht die Energie. Scharf ist sehr gut geeignet, um zu bewegen und zu befreien, aber im Übermaß kann scharfe Ernährung durch das Verbrennen von Substanz und Flüssigkeit zu Ermüdung führen. Im Alter erschöpfen sich die Säfte von alleine – alte Patienten dürfen nicht zu viel schwitzen, sonst gehen Energie und Säfte verloren. Der scharfe Geschmack (Metall-Yang) greift das Holz-Yin der Leber an. Da die Leber für Augen und

° = Unvermögen, Harn oder Stuhl willkürlich zurückzuhalten.

46

Muskulatur zuständig ist, sollten Menschen mit Sehstörungen (Grüner Star, Bindehautentzündung) oder Muskelkrämpfen, aber auch Patienten mit Epilepsie oder hohem Blutdruck auf den scharfen Geschmack verzichten.

Für Vegetarier ist ein bisschen scharf/aromatisch wichtig beim Kochen, da man das durch den Verzicht auf tierisches Protein fehlende Yang mit der Wärme von scharfen Gewürzen (frischer Ingwer, Kardamom, Zimt, Nelken, Koriander, Kümmel, Sternanis etc.) kompensieren muss.

Ayurvedische Teemischungen wie der berühmte Yogitee bestehen ausschließlich aus scharf-heißen Kräutern und sollten unbedingt mit „Brennstoff" wie Honig, Malz oder Milch getrunken werden, um Yin und Säfte zu schützen. Solche Mischungen sind jedoch sehr einseitig und können schnell die kostbaren Körpersäfte, Blut und Yin, verletzen.

4. Sauer/zusammenziehend

Dieser Geschmack wirkt thermisch meist kühlend. Sauer in Kombination mit süß, z. B. bei Fruchtsäften und Fruchtkompotten, vermehren Yin und Körpersäfte. Das ist gut für ältere Patienten, wenn die Säfte beginnen auszutrocknen. Sauer ist nicht geeignet, wenn die Feuchtigkeit im Körper blockiert ist: bei dicker Zunge mit dickem, hellem Belag, Übelkeit, Schleimproblematik. Wenn man dann etwas Saures isst oder trinkt, verschlechtert sich der Zustand. Auch Vitamin-C-Präparate sind sauer und thermisch kalt! Mit Vitamin C kann man niemals die Immunität stärken – vor allem nicht bei einer Yang- und Qi-Leere oder im Falle einer Feuchte-Kälte-Konstitution (siehe auch Seite 42, Kombination sauer/süß).

Wer viel Joghurt isst, bekommt leicht kalte Extremitäten. In heißen Ländern wird Joghurt besser vertragen, vor allem in Kombination mit etwas Scharfem (Knoblauch – Tsatsiki) oder Salz (Ayran, Lassi). Vermeide saure Früchte, Tees oder Zitronensaft, wenn du Milchprodukte isst!

Eine Ausnahme innerhalb des sauren Geschmacks ist Essig. Essig ist thermisch erwärmend und unterstützt die Blutzirkulation.

Der saure Geschmack ist absolut kontraindiziert bei atrophischen Erkrankungen der Muskulatur wie zum Beispiel Multipler Sklerose. Interessanterweise ernährten sich alle MS-Patienten, die ich kennen gelernt habe, über Jahre hinweg vor allem von Südfrüchten, täglich frisch gepresstem Zitronensaft und Essiggurken.

5. Salzig

Viele salzige Nahrungsmittel und Kräuter bzw. Mineralienpräparate sind thermisch kalt. Ausgenommen sind vielerlei Fischarten und Meeresfrüchte.

Salzig ist der komplizierteste Geschmack, da er sowohl trocknen (Yang) als auch befeuchten (Yin) kann, je nach Kombination und Thermik. Diese zwei Gesichter des salzigen Geschmacks entsprechen auch seinem Bezug zum Magen als Quelle der Trockenheit und zur Milz als Quelle der Feuchtigkeit. Die Flüssigkeit, welche von Salz in einer Stelle des Körpers gebunden wird, wird einer anderen Stelle des Körpers entzogen.

Sehr oft haben ständige Gelüste nach Süßigkeiten ihren Ursprung in einer Überdosierung von Kochsalz – ganz zu schweigen von Würzmitteln wie Maggi und Fondor. Letztendlich sind wir fast alle versalzen! Wenn du schon einmal über einen Zeitraum von drei Wochen oder länger vollkommen auf Salz und gesalzene Lebensmittel verzichtet hast, z. B. bei einer Fastenkur, konntest du bestimmt danach feststellen, wie salzig Mineralwasser oder eine ganz gewöhnliche Semmel schmeckt. Wenn man täglich salzige Nahrungsmittel isst, verliert man jegliche Sensibilität für diesen Geschmack.

Ernährungsweisen, welche den salzigen Geschmack überdosieren – zum Beispiel die Makrobiotik mit ihrem Zuviel an Tamari, Sojasauce und Miso oder der übermäßige Konsum von Wurst – führen oft zu einem Füllezustand in der Gallenblase, der sich z. B. durch Reizbarkeit, Ischias- oder Rückenschmerzen äußert. In kleinen Mengen nährt Salz, trocknet aber auf lange Sicht aus und verletzt die Substanz des Körpers! Zum salzigen Geschmack zählen auch alle Mineralien wie Magnesium- und Kalziumpräparate.

Tab. 8: Kontraindikationen: Wann sollen bestimmte Geschmäcke vermieden werden?

sauer	bitter	süß	scharf	salzig
Stagnation	Säftemangel	Übergewicht	Krämpfe	Arteriosklerose
Völlegefühl	Anämie	Schleim	Schwindel	Hypertonie
Muskelschwund	Prolaps	Ödeme	Hypertonie	
Gastritis	Hypotonie		Epilepsie	
			Augenentzündung	
		Nur gültig für		
		Süßigkeiten		

DIE EINTEILUNG DER NAHRUNGSMITTEL NACH DEN FÜNF WANDLUNGSPHASEN

Neben der thermischen Wirksamkeit und dem Geschmack besitzt jedes Nahrungsmittel einen Organbezug und eine spezifische Wirkungsweise. Im Anhang sind Adressen angeführt, wo man farbige Übersichtstabellen, welche den Geschmack und die thermische Wirksamkeit zeigen, bestellen kann. Auf diesen Listen sind alle Nahrungsmittel anhand ihres Botschaftsgeschmacks einem bestimmten Element zugeordnet. Einzige Ausnahme bilden Fleisch, Getreide und

Hülsenfrüchte, welche geschmacklich alle süß sind, aber auf Grund anderer Kriterien den Elementen zugeteilt sind. Diese Tabellen eignen sich sehr gut dazu, in der Küche aufgehängt zu werden.

KOCHEN NACH DEN FÜNF WANDLUNGSPHASEN

Wir ahmen anhand des Kochens nach den fünf Wandlungsphasen natürliche Energieverläufe im Körper nach. Der Botschaftsgeschmack repräsentiert das entsprechende Element. Dadurch sind auf diese Weise zubereitete Gerichte viel bekömmlicher und sehr vitalisierend.

Holz füttert Feuer füttert Erde füttert Metall füttert Wasser füttert Holz …

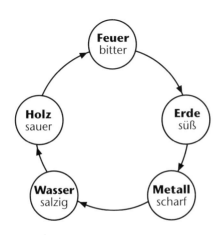

Fütterungszyklus der Elemente mit dem jeweiligen Botschaftsgeschmack

Wichtig ist, sich an diese Reihenfolge des Fütterungszyklus zu halten und keines der Elemente zu überspringen. Man kann an jeder beliebigen Stelle im Zyklus beginnen und von dort ausgehend der Sukzession folgen. Wird ein Element übersprungen, bewegt man sich im Kontrollzyklus. Das Beispiel von Milch (süß/ Erde), die man mit Zitronensaft (sauer/ Holz) mischt, zeigt am deutlichsten, wie unverträglich dieser Zyklus ist. Bei jedem Gericht sollten mindestens drei Geschmäcke bzw. Elemente anwesend sein. Die Überbetonung eines Geschmacks führt meist zu unnötigen Gelüsten und Unausgewogenheit im Körper.

TIPPS & TRICKS

- Kaltes Wasser wird dem Element Wasser, heißes Wasser dem Element Feuer zugeordnet.
- Lauch und Zwiebeln (scharf) werden durch das Dünsten süß, dadurch landet man wieder bei Erde.
- Gekochte Tomaten und Äpfel werden meist säuerlich, selbst wenn sie anfangs süß sind.
- Beilagen und Getränke müssen auf die Hauptnahrungsmittel abgestimmt sein.
- Fisch und Fleisch erhalten immer eine kaiserliche Position innerhalb eines Gerichts: Alle anderen Zutaten müssen auf sie abgestimmt werden.

Ein heißer Trick: Markiere die Vorratsdosen und Gewürze mit farbigen Punkten, die denen auf der Tabelle entsprechen – dann hast du es mit der Auswahl leichter und es geht viel schneller!

Beispiel: Heiße Schokolade

Feuer: Etwas Wasser zum Kochen bringen
Feuer/bitter: Kakaopulver darin auflösen
Erde/süß: Gewünschte Menge Milch zufügen
Erde/süß: Wenn alles erhitzt ist, mit Honig süßen
Metall/scharf: Ein paar Nelken und/oder etwas Zimt dazu und fertig ist der „Fünf-Elemente-Kakao"!

Beispiel: Einfacher Salat

Erde/süß: Öl
Metall/scharf: Pfeffer, Senf
Wasser/salzig: Salz oder Tamari
Holz/sauer: Essig
Feuer/bitter: grüner Blattsalat
Erde/süß: geröstete Sonnenblumenkerne darunter heben
Metall/scharf: gehackte Petersilie darüber streuen

ORGANBEZUG UND SPEZIFISCHE WIRKUNGSWEISE VON NAHRUNGSMITTELN

Geschmack und Thermik eines Nahrungsmittels verraten uns zwar die Wirkrichtung und lassen uns bereits vermuten, wie das Nahrungsmittel wirkt, aber das ist längst nicht ausreichend. Nächste und wichtigste Ebene in der Ernährungstherapie ist eine präzise Kenntnis über den Organbezug und die spezifische Heileigenschaft aller Lebensmittel.

Ein guter Kräutertherapeut oder Ernährungsberater kennt die exakte Organzuordnung und Wirksamkeit aller Kräuter oder Nahrungsmittel so genau, dass er sie wie Akupunkturnadeln ganz gezielt einsetzen kann. Bei einem Qi-Mangel wird er Fleisch empfehlen. Handelt es sich um einen Milz-Qi-Mangel, ist Rindfleisch am besten.

RINDFLEISCH

Element: Erde
Thermik: neutral
Geschmack: süß
Organbezug: Milz, Magen

Wirkung:
- tonisiert das Qi des Mittleren Erwärmers
- stärkt Knochen und Sehnen
- fördert die Produktion von nachgeburtlichem Jing
- reguliert das Wasser, unterstützt die Flüssigkeitszirkulation
- hemmt Durchfall

Indikation:
- Müdigkeit, Erschöpfung
- breiiger Stuhl, Durchfall (verursacht durch Qi- und Yang-Mangel)
- Ödeme, Aufgedunsenheit
- Appetitlosigkeit
- Gewichtsverlust

HAFER

Element: Metall
Thermik: erwärmend
Geschmack: süß
Organbezug: Milz, Magen, Nieren

Wirkung:
- tonisiert und kräftigt das Milz- und Nieren-Qi
- wärmt das Nieren-Yang
- nährt Blut und Yin
- schweißlindernd durch Stärkung des Weiqi
- durchfallhemmend durch Tonisierung der Milz
- leitet Feuchte Kälte durch Tonisierung des Qi aus

Indikation:
- Erschöpfung
- kalte Extremitäten
- Impotenz
- Unterfunktion der Schilddrüse
- spontane Schweißausbrüche
- Antriebslosigkeit
- Trauer
- Blutungen auf Grund von Qi-Mangel

Interpretation von Gerichten

SCHNELLES HAFERFLOCKEN-MÜSLI

Erde: Olivenöl in einer Pfanne leicht erhitzen
Erde: Rosinen darin wenden
Metall: Zimtpulver einstreuen
Metall: Haferflocken untermischen
So lange rühren, bis die Haferflocken leicht knusprig werden.
Das Müsli wird so – ohne Zusatz von Milch, Wasser oder Joghurt – noch warm
gegessen.

Thermik: erwärmend
Geschmack: süß-aromatisch
Wirkung:
- Tonisiert das Qi des Mittleren Erwärmers
- Immunstärkend, stützt das Weiqi
- Stärkt das Nieren-Qi und wärmt das Nieren-Yang
- Nährt das Blut
- Leitet Feuchte Kälte aus

Indikation:
- Müdigkeit, Antriebslosigkeit
- breiiger Stuhl, Durchfall (verursacht durch Qi- und Yang-Mangel)
- Erkältungsanfälligkeit
- Appetitlosigkeit
- kalte Extremitäten
- Unverträglichkeit von Weizen
- Allergie gegen Milchprodukte
- Darmpilze, Candida
- Inkontinenz
- weißer Ausfluss

KÜRBISSUPPE

Feuer: Wasser zum Kochen bringen
Erde: Kürbis (in kleinere Stücke geschnitten) hineingeben
Metall: Mit etwas Pfeffer und Korianderpulver abschmecken
Wasser: Gekörnte Gemüsebrühe und/oder Salz zufügen
Wenn der Kürbis weich genug ist, alles pürieren.
Thermik: wärmend
Geschmack: süß

Wirkung:
- tonisiert das Qi des Mittleren Erwärmers
- nährt das Blut
- vertreibt Feuchtigkeit (verursacht durch Qi-Mangel)

Indikation:
- Müdigkeit
- breiiger Stuhl
- Aufgedunsenheit
- Appetitlosigkeit

FASCHIERTES RINDFLEISCH MIT GERSTENGRAUPEN

Erde: Öl in einem Topf erhitzen
Erde: das faschierte Rindfleisch darin anbraten
Metall: mit Pfeffer, Kümmelpulver, frischem Ingwer würzen
Wasser: Salz oder gekörnte Gemüsebrühe zufügen
Holz: eine kleine Tomate dazugeben
Feuer: etwas trockenen Rotwein dazugießen, evtl. mit heißem Wasser aufgießen
Erde: geröstete Gerstengraupen und kleingeschnittene Karotten dazugeben
Das Gericht ist fertig, sobald die Gerstengraupen gar sind.

Thermik: erwärmend
Geschmack: süß

Wirkung:
- tonisiert das Qi des Mittleren Erwärmers
- fördert die Produktion von nachgeburtlichem Jing
- nährt das Blut
- reguliert Wasser, unterstützt die Flüssigkeitszirkulation
- Durchfallhemmend

Indikation:
- Müdigkeit
- Trägheitsgefühl
- Übelkeit, Völlegefühl
- breiiger Stuhl, Durchfall (verursacht durch Qi- und Yang-Mangel oder Feuchte Kälte)
- Ödeme, Aufgedunsenheit
- geschwollene Extremitäten
- Pilzproblematik
- weißer Ausfluss

PETERSILIENSALAT

Erde: Sonnenblumenkerne anrösten
Erde: in einer Schüssel mit Olivenöl mischen
Metall: mit Pfeffer, Senf und
Metall: ganz fein gehacktem Ingwer würzen
Metall: die fein geschnittene Petersilie unterheben
Wasser: salzen
Holz: eine klein gehackte Tomate dazugeben
Holz: mit Himbeeressig abschmecken

Thermik: erwärmend
Geschmack: aromatisch
Wirkung:
- stärkt das Nieren-Yang
- unterstützt das Nieren-Qi
- vertreibt Blasen-Feuchte-Kälte
- reguliert Wasser, unterstützt die Flüssigkeitszirkulation
- bewegt das Blut

Indikation:
- Oligurie (wenig Harn)
- Nykturie (häufiges nächtliches Harnlassen)
- Ödeme, Aufgedunsenheit
- Nierensteine, Blasensteine
- Rückenschmerzen mit Verschlechterung im Liegen
- kalte Füße

WALNUSSKUCHEN

Erde: 125 g weiche Butter mit dem Mixer schlagen
Erde: 2 Eier
Erde: und 100 g Rohzucker oder Honig darunterheben und schaumig schlagen
Erde: etwas Vanillepulver
Metall: ein kleine Prise Zimtpulver und
Wasser: eine kleine Prise Salz hinzufügen
Holz: 1 gestrichenen TL Backpulver mit 175 g Weizenvollkornmehl mischen und einrühren
Feuer: 1 gestrichenen TL Kakaopulver und
Erde: 2 EL Milch unterrühren
Erde: 200g gehackte Walnüsse unterheben

Den Teig in eine gefettete Gugelhupfform füllen und im vorgeheizten Backofen bei ca.175° 35–40 Minuten backen.

Thermik: neutral-erwärmend
Geschmack: süß
Wirkung:
- tonisiert das Qi des Mittleren Erwärmers
- fördert die Produktion von nachgeburtlichem Jing
- stärkt den Lumbalbereich (Lendenwirbelbereich)
- nährt das Dickdarm-Yin
- nährt das Nieren-Yin und unterstützt das Nieren-Yang
- Nährt das Herz-Yin und Blut
- unterstützt die Lunge
- beruhigt

Indikation:
- Wechseljahrproblematik
- Rückenschmerzen
- trockener Stuhlgang, Verstopfung
- Unruhe
- Nachtschweiß
- Herzklopfen
- inneres Hitzegefühl
- Panikattacken
- trockener Husten
- Belastungskurzatmigkeit
- Zittrigkeit

HANS-PETER SIBLER

DER TANZ DER FÜNF ELEMENTE

Grundsätzliches

Der „Tanz der Fünf Elemente" von Chungliang Al Huang ist eine Perle unter allen Taiji-Formen. Er ist besonders für den Menschen im Westen geeignet, da er eine Brücke zum chinesisch-daoistischen Verständnis von Natur, Gesundheit und Lebensqualität, von Bewegung und Meditation bilden kann. Er eröffnet einen tiefen Zugang zu Taiji als schöpferischen Prozess, als „Tanz des Lebens". Freude zu wecken und Offenheit zu entwickeln für die Erfahrung von inneren Lebenszusammenhängen ist im Tanz der Fünf Elemente wichtiger als das mühsame Einüben von komplizierten Formen. Deshalb ist der kurze Bewegungsablauf in seiner Grundstruktur leicht zu erlernen. In der Wiederholung erschließt sich dann der innere Reichtum mit Bildern und Metaphern aus den Fünf Elementen.

Durch das Zusammenspiel von innerer und äußerer Bewegung, spielerischem und bildhaftem Erleben nimmt unsere Achtsamkeit und Lebendigkeit zu. Wir lernen unseren Körper, unsere Sinne und unsere Stärken besser kennen und tauchen ein in den Fluss der großen Lebensenergie Qi. Wenn wir uns auf den Tanz der Fünf Elemente einlassen, stellt sich bald ein Gefühl von Wohlbefinden, Entspannung und Klarheit ein.

Der einfachste Weg, sich dieser Form von Taiji zu nähern, ist die Einsicht, dass wir schon immer damit zu tun hatten. Beim Aufwachen am Morgen integrieren sich Körper, Geist und Seele. Wir ordnen unsere Gedanken und Gefühle und sind beschäftigt mit Gleichgewicht und Konzentration. Im Alltag gelassen in unserer Mitte zu bleiben und die Balance zu bewahren in ständig sich verändernden Situationen, Herausforderungen und Begegnungen, ist eine Kunst; ebenso unsere Energien und Kräfte wahrzunehmen und sinnvoll einzusetzen. Uns dieser Kunst bewusst zu werden und uns mit Leib und Seele darin zu entwickeln, ist der Sinn des Tanzes der Fünf Elemente.

Persönliche Erfahrungen und Gedanken

Ich habe diese schöne Bewegungsfolge 1981 bei einem Seminar mit Chungliang Al Huang zum ersten Mal kennen gelernt. Ich hatte schon einige Jahren eine klassische Taijiquan-Form geübt und dementsprechend meine Vorstellungen davon, was Taiji ist.

So war ich zu Beginn verwirrt, denn mein Verstand konnte sich nicht erklären, wieso diese einfachen Bewegungen mich in einer ungeahnten Tiefe berührten. Ich war es gewohnt, dass Taiji mit viel Geduld, Ausdauer und Disziplin erarbeitet werden muss. Meine Aufmerksamkeit richtete sich vor allem auf die exakte Ausführung und das Auswendiglernen der Bewegungsfolgen. Ein Gefühl von Fließen und Harmonie stellte sich erst nach viel Arbeit ein – ich hatte es mir zu verdienen!

Mit dem Tanz der Fünf Elemente erging es mir anders. Ich empfand diese mühelosen Bewegungen gleich von Anfang an als wohl tuend und schön. Ich hatte Freude daran, und diese nahm im Laufe der Zeit noch zu. Deswegen übe ich gerne weiter und entwickle mich darin. Auch nach Jahren ist der Fünf-Elemente-Tanz für mich keine Pflichtübung, sondern ein Füllhorn von Entdeckungen und Überraschungen.

Ich bin überzeugt, dass neu Beginnende sich nicht mit millimetergenauen Bewegungsfolgen abquälen sollten, nur weil ihnen jemand sagt, dies sei gut oder gesund oder das „wahre Taiji". Der Funke, die Neugierde für diese Kunst könnte dann schnell erlöschen und übrig bleibt die Frustration, solch komplizierte und fremde Bewegungen nie beherrschen zu können. Die Motivation zum Lernen und Üben wird durch die Freude am leichtesten geweckt und lebendig erhalten. Taiji ist nichts Fremdes, das nur die Chinesen verstehen. Es hat mit uns zu tun und macht vom ersten Moment an „Sinn".

Chungliang Al Huang formuliert es so: „Macht es mir Freude? Das ist die Frage, die du dir immer stellen musst. Frage niemals: Ist das gut für mich? Übe Taiji so, dass dir die Freude daran erhalten bleibt. Nimm die Zeit, die du übst, als etwas, das du dir selbst schenkst, als Oase der Ruhe."

Der Bewegungsablauf

Der Tanz der Fünf Elemente gliedert sich in drei Teile: Eröffnung – Mittelteil – Abschluss.

In der linken Spalte ist der Bewegungsablauf beschrieben, in der mittleren Spalte stehen die entsprechenden Fotos.

Die rechte Spalte enthält Anregungen zu Bildern und Metaphern.

BEWEGUNGSHINWEISE

Die Bewegungen sind langsam und fließen kontinuierlich ineinander über. Auch der Atem fließt.

Die äußeren Bewegungen werden von inneren Bewegungen, Körperempfindungen, Gefühlen, Bildern und Gedanken begleitet. Wir sind achtsam und voller Bewusstheit und dennoch entspannt und locker. Wir sind über die Beine und Füße im Boden verwurzelt, durch den „goldenen Faden" am Scheitel mit dem Himmel verbunden und in unserer Mitte, im Dantian, zentriert.

DIE BILDER

Die Bilder und Metaphern im Taiji erleichtern und bereichern deine Bewegungen. Sie enthalten eine Poesie, die dich anregt und weiterbringt. Lass die Vorstellungen und Assoziationen zu, die in dir aufsteigen und sich im Taiji ausdrücken. Halte dich aber nicht an ihnen fest und sei offen und empfänglich für Neues. So bleibt dein Taiji über Jahre lebendig und sinnvoll, in der Form getragen von der Struktur des Bewegungsablaufs und sich im Inhalt stets erneuernd.

Die Eröffnung

1. Stelle deine Füße schulterbreit und parallel auf den Boden, biege leicht die Knie, entspanne Rücken (v. a. im Kreuz), Oberkörper und Schulter, die Arme hängen seitlich herunter, der Kopf schwimmt über der Wirbelsäule, an einem imaginären goldenen Faden mit dem Himmel verbunden. Du schaust nach vorn.

1. *Zuerst nehme ich Kontakt zum Boden auf, verwurzle und zentriere mich. Ich nehme den weiten Himmel über mir und den Raum um mich herum wahr. Ich bin in meiner Mitte gesammelt und nach außen offen und wach.*

2. Hebe die Arme zur Seite.

2. Ich öffne meine Flügel.
Ich weite mich horizontal aus,
nach links und nach rechts.

3. Führe die Hände in einem Bogen vor der Brust zusammen, die Handgelenke kreuzen sich.

3. Die beiden Seiten (Arme, Yin/Yang) kommen zusammen.
Ein Kreis schließt sich vor meiner Mittelachse.
Ich habe eine klare Ausrichtung.

4. Entspanne Schultern und Ellbogen, die Hände senken sich vor der Brust. Sinke in den rechten Fuß, setze den linken Fuß einen Schritt zurück auf die Spitze.

4. Ich sammle mich im Dantian.
Ich bleibe aufrecht und zentriert.
Ich finde mein Gleichgewicht in einem Fuß.
Der erste Schritt ist nach hinten.

5. Verlagere jetzt das Gewicht in den linken Fuß und öffne die Arme, bis sie seitlich ausgebreitet sind.

5. Ich öffne mein Herz, meinen Geist und alle meine Sinne.
Ich lasse die Energie durch mich hindurch – über Schultern, Arme, Hände, Finger – herein und hinaus strömen.
Ich spüre meine Mitte in dieser neuen, weit geöffneten Stellung.

6. Führe den linken Arm nach oben über den Kopf – er zeigt zum Himmel – und gleichzeitig den rechten Arm nach unten – die rechte Hand liegt in der Leiste und zeigt zur Erde. Das Gewicht kommt zur Mitte.

6. Von der Horizontalen in die Vertikale.
Ich wachse über mich hinaus – höher und tiefer.
Ich verbinde mich mit Himmel und Erde, den Urquellen.

7. Wechsle die Position der Hände, indem du die obere vor dem Körper nach unten führst und die untere gleichzeitig nach oben. Es entstehen kreisförmige Armbewegungen, die immer kleiner werden, bis die Hände auf das Dantian unterhalb des Nabels zu liegen kommen. Das Gewicht kommt dabei allmählich nach hinten in den linken Fuß.

7. Ich hole das Qi des Himmels und der Erde in mich herein.
Ich nähre mich, ich tanke auf.
Yin und Yang vereinen sich in meiner Mitte.

Der Mittelteil

FEUER

8. Ziehe die Hände seitlich zu den Hüften und hebe gleichzeitig den rechten Fuß leicht vom Boden ab.

8. Ich öffne meine Mitte.

9. Setze den rechten Fuß nach vorn auf den Boden, mit der Ferse zuerst.

9. Die Lebenskraft in meinem Zentrum will nun ausgedrückt werden.

10. Verlagere nun das Gewicht etwa 2/3 in den rechten Fuß, und führe dabei beide Hände von den Hüften nach unten, dann in einem Bogen nach vorn und nach oben. Die linke hintere Ferse haftet am Boden. Der Körper bleibt aufrecht.

10. Ich äußere mich, lasse los, gebe ab, kommuniziere, drücke mich aus, leere mich.
Feuer erwärmt, belebt, klärt, läutert, trocknet, verbrennt.
Feuer ist Glut, Kerzenlicht, Kaminfeuer, Waldbrand, Vulkan.
Feuer ist Geben, Ausdruck von Lebenskraft.
Flammen steigen zum Himmel, meine Energie hat sich voll ausgedehnt – Yang.

WASSER

11. Verlagere das Gewicht zurück zur Mitte. Die Arme, Hände und Finger zeigen über dem Kopf nach oben.

11. Die Feuerkraft verwandelt sich in die sanftere und doch mächtige Kraft des Wassers.
Ich öffne mich für das Fließende.

12. Sinke ein wenig, lass Schultern und Ellbogen los, die Hände streichen sanft über Gesicht, Hals, Schultern und Körper, bis sie wieder unten im Schoß sind.

12. Das Wasser fließt an mir herunter bis zu den Füßen und in die Erde.
Wasser reinigt, kühlt, erfrischt, klärt, beruhigt.
Ich bin empfänglich für Neues.
Ich nehme diese sanfte Energie in mich auf – Yin.
Ich lasse mich durchdringen vom verjüngenden Qi des Wassers.
Wasser ist empfangen.

HOLZ/WIND

13. Drehe den ganzen Körper einen halben Kreis nach links. Verlagere dabei das Gewicht allmählich auf den rechten Fuß. Du schaust nach hinten und die Arme hängen locker herunter.

13. Das Wasser versickert in der Erde.
Bäume keimen in der Erde, schlagen Wurzeln und wachsen dann in die Höhe.
Ich verwurzle mich.

14. Ziehe die Hände vor dem Körper nach oben auf Schulterhöhe und hebe gleichzeitig den linken Fuß leicht vom Boden an.

14. Der Saft steigt aus der Erde durch die Wurzeln in den Stamm.

15. Setze ihn wieder leicht mit der Ferse auf den Boden, das Gewicht bleibt noch im rechten Fuß.

15. Ich sauge das Qi aus der Erde in mich auf wie ein Baum.

16. Drehe dich zurück nach rechts und breite die Arme langsam auf Schulterhöhe aus. Dabei führst du eineinhalb Drehungen rechts he-

16. Äste breiten sich aus, Blätter entfalten sich und nehmen Sonne und Licht auf. Blüten und Früchte wachsen hervor.
Ein Duft breitet sich aus. Der Wind streicht durch die Äste und Blätter. Das Holz-Qi dehnt sich rund um mich herum aus – es wächst. Die Wirbelsäule und meine Beine sind stark und verwurzelt, wie ein Baumstamm. Meine Schultern,

rum aus mit beliebig vielen Schritten. Bleibe zentriert im Gleichgewicht.

Arme, Hände und Finger wachsen – Ästen gleich. Ich nehme alles um mich herum wahr und bin doch zentriert in meiner Mitte. Ich öffne mich nach außen und berühre die Welt. Mein Blick ist weich und offen; die Augen nehmen wahr, was gerade ist, ohne anzuhalten, auszuwählen, zu werten. Holz ist Wachstum.

METALL

17. Du schaust wieder nach vorn, die Füße stehen parallel, das Gewicht ist in der Mitte, die rechte Hand ist zum Dantian gesunken, die linken Hand ist vor der Brust. Die Handflächen schauen zueinander, als ob sie einen Ball hielten.

17. Ich sammle die Energie, die ich um mich herum gefühlt habe, wieder ein.

18. Verlagere das Gewicht in den linken Fuß und drehe die Hüfte und das rechte Bein nach rechts zur Seite. Führe die rechte Hand in einem Kreisbogen dem Oberschenkel entlang nach außen, dann nach oben.

18/19/20. Von außen nach innen.
Ich öffne mich für das, was ich im Moment gerade brauche.
Ich hole alle Teile, Aspekte, Substanzen, die mir zur Verfügung stehen, herein.
Ich lasse alles zu mir kommen, was wichtig ist für mich.
Ich sammle das Qi im Dantian.

19. Drehe dich zurück nach vorn, führe die rechte Hand oben zur Mitte und wieder hinunter vor den Bauch, wo schon die linke Hand liegt. Die Füße sind wieder parallel, das Gewicht ist in der Mitte.

63

20. Führe nun dieselbe Bewegung nach links aus: Der linke Arm holt aus, das linke Bein dreht aus und wieder zurück nach vorn, bis die Füße wieder parallel stehen und die linke Hand zum Dantian und zur rechten Hand zurückgekehrt ist.

21. Drehe nun Hüfte und Oberkörper einige Male leicht nach rechts und links, die Füße bleiben am Boden stehen. Die Arme und Hände bewegen sich dabei kreisförmig vor dem Bauch, als ob sie etwas durchmischen würden.

21. Ich unterscheide, mische, verarbeite, verdaue, integriere.
Die Substanzen verwandeln sich in Gold.
Ich finde die Struktur, die Essenz.

22. Weiter kreisend, ziehe Schultern und Arme etwas hoch, die Hände kommen vor die Brust.

22. Die Energie kristallisiert sich.
Metall ist Umwandlung und Konzentration.

ERDE

23. Lass die Hände vor Brust und Bauch fallen, indem du Schultern und Arme locker lässt. Entspanne Kreuz und Anus.

23. Ich entspanne und öffne mich.
Verdautes, Überflüssiges und Ballast lasse ich los und scheide ich aus.
Ich verbinde mich mit der Erde – sie nimmt auf und neutralisiert.
Mutter Erde trägt und nährt mich.

24. Durch den Schwung schweben die Arme wieder seitlich in die Höhe.

24/25. Ich spüre die Energie über mir – den Himmel – und die Energie unter mir – die Erde.
Ich bin eingemittet zwischen Himmel und Erde.

25. Nun drehen sich die Handflächen nach innen. Die Arme und Hände bilden ein Gefäß.

26. Die Arme sinken seitlich nieder, bis die Hände ganz unten sind.

26. Erde ist heimkehren.

Der Abschluss

27. Du ziehst die Hände vor dem Körper nach oben über den Kopf und Scheitel hinaus.

27. Ich hole das Qi tief aus der Erde.
Die Erdkraft dringt durch die Füße ein und strömt durch Beine, Becken, Oberkörper, Kopf, über den Scheitel hinaus nach oben – wie ein Springbrunnen.

28. Oben gehen die Arme seitlich auseinander und sinken, bis sie horizontal sind.

28. Ich öffne mich für die Himmelskräfte – wie eine Blume.
Ich lasse die Himmelsenergie – das Qi des Kosmos –- in mich hinein.
Erde und Himmel verbinden sich in einem ewigen Zyklus.

29. Führe die Arme in einem Bogen nach vorn, wo sie sich kreuzen, die Handflächen schauen zu dir.

29/30. „Den Tiger umarmen."
Ich umarme mich, meine Sonnen- und Schattenseiten.
Ich akzeptiere mich, wie ich bin.
Ich umarme das Leben, ich nehme es an.

30. Die gekreuzten Hände nähern sich der Brust, so als ob du etwas umarmen würdest.

Ich sehe dem Neuen, Unbekannten, den Veränderungen und Gefahren ins Auge.
Ich verarbeite meine Erlebnisse bewusst.
Ich bejahe die Kraft (des Tigers) in mir, ich lebe sie.

31. Ziehe die Ellbogen sanft zur Seite, die Hände gleiten voneinander weg.

31/32. „Auf den Berggipfel zurückkehren"
Am Ende kehre ich zum Anfang zurück.
Die Füße fest auf dem Boden, genieße ich auf der Bergspitze den Überblick über meinen Weg, mein Leben.
Ich bin verbunden mit dem

32. Senke Ellbogen, Unterarme und Hände, bis die Arme wieder seitlich am Körper herunterhängen.

Äußersten und Innersten und ruhe lebendig in meiner Mitte.
Ich bin angekommen an dem Platz, wo ich im Leben stehe.
Still – zentriert – heiter – gelassen.

33. Ein neuer Zyklus kann beginnen …

33. Ein neuer Zyklus kann beginnen …

LITERATUR

Delakova, K.: *Das Geheimnis der Katze. Eine Tänzerin weist Wege zum schöpferischen Üben*. Brandes und Apsel Verlag, Frankfurt/Main 1991

Dürckheim, K: *Der Alltag als Übung*, Hans Huber Verlag, Bern 1983

Huang, C.L: *Lebensschwung durch T'ai Chi*, Scherz Verlag, Bern 1979

Huang, C.L.: *Tai Ji*, Gräfe und Unzer Verlag, München 1988

Huang, C.L: *Tao der Freude*, Hugendubel, Sphinx Verlag, München 1997

Huang, C.L: *TaoSport*, Bauer Verlag, Freiburg/Breisgau 1995

Huang, C.L: *Mentoring. Das Tao vom Lehren und Lernen*, Ariston Verlag, Kreuzlingen/München 1999

Kaiser, A: *T'ai Ji und die Weisheit des Herzens*, Ch. Falk Verlag, Seeon 1998

Lao Tse: *Tao Te King*. Bearbeitung von Gia-Fu Feng & Jane English, Hugendubel/Irisiana Verlag, München 1991

Rilke, R.M: *Das Stundenbuch* (z. B. „ich lebe mein Leben in wachsenden Ringen …"), Insel Taschenbuch Verlag, Frankfurt/Main 1972

Sibler, H.P: *Yi Jin Jing: Gesundsein lernen – Stärke entwickeln*, Bauer Verlag, Freiburg/Breisgau 1994

Thich Nhat Hanh: *Ich pflanze ein Lächeln. Der Weg der Achtsamkeit*, Goldmann Verlag, München 1991

Thich Nhat Hanh: *Das Wunder der Achtsamkeit*, Theseus Verlag, Zürich 1992

Tschuang Tse: *Glückliche Wanderung*. Bearbeitung von Gia-Fu Feng & Jane English, Hugendubel/Irisiana Verlag, München 1991

WILHELM MERTENS

QIGONG – DIE HEILENDEN LAUTE
EIN GESPRÄCH

Ich werde oft gefragt: „Was ist Qigong?" Mit all meinen Antworten auf diese Frage war ich nie wirklich zufrieden, denn ich kann nur sagen, was ich mit Qigong erfahren habe und was es für mich bedeutet. So habe ich hier ein Gespräch gewählt, bei dem die persönliche Betrachtungsweise zum Qigong zu Wort kommt, denn darin liegt die „Wahrheit" und nicht in der Richtigkeit der genauen Zuordnungen in der Fünf-Elemente-Lehre.

Worin liegt der Nutzen von Qigong aus der Sicht der Fünf-Elemente-Lehre?

Die Fünf-Elemente-Lehre ist nicht die Welt oder ein Teil von ihr, sondern eine Theorie, die zu etwas nütze sein soll. Sie ist besonders nützlich, wenn es darum geht, Prozesse zu beschreiben, um die darin komplex wirkenden Energien und Kräfte besser zu verstehen. Und genau hierauf zielt das hier Angesprochene ab. Wir sind als Menschen in der Lage, dem Lauf der Dinge zu folgen. Aus chinesischer Sicht liegt das daran, dass die außen wirkenden Energien ein Pendant in uns haben. Diese Betrachtungsweise der Fünf-Elemente-Lehre, Verläufe und Wirkmechanismen zu sehen, kann mir helfen, mich mit all den in mir wirkenden Kräften besser zu verstehen; denn ich rufe diese Kräfte und Energien wach, um den wechselnden Anforderungen einer Situation oder Begebenheit gerecht zu werden.

Beim Qigong wirke ich also auf die Kräfte in mir ein, wohl wissend, dass dies Außenwirkung hat?

Ja, so ist mein Verständnis. Leider ist allzu häufig die innere Abstimmung von unseren Energien nicht so ausgewogen, dass sich alles rund anfühlt. Dies ist Grund genug, unsere individuelle Ausgewogenheit zu verbessern. Hierbei helfen uns die Übungen und Laute, die hier besprochen sind. Sie wirken als ein Medium, das mir helfen kann, spezifische Qualitäten zu kultivieren, die mir in meinen Lebenszusammenhängen nützlich sind.

Kann man beschreiben, in welche Bereiche des Körpers hinein die Laute und die Übungen wirken und wie sie in Zusammenhang mit den Funktionskreisen stehen?

Ja, ich habe solche Erfahrungen gemacht. Ich möchte hierfür Beispiele wählen.

Funktionskreis Leber

Stell dir vor, du bist ein Langstreckenläufer in Vorbereitung auf den Start. (Das Beispiel des Langstreckenläufers ist deshalb gewählt, weil dieser aufrecht aus dem Stand heraus startet.)
Fühl dich in ihn hinein, alles in deinem Körper versammelt und strafft sich. Aufrecht, die Augen weit geöffnet, die Arme leicht abgewinkelt und die Fäuste geballt. Dein Brustkorb setzt sich auf dem Bauch ab. Die Lippen werden schmaler, als würden sie mit einer Schnur wie eine Sacköffnung leicht zugezogen. Jetzt bekommt dein Atem eine leicht druckvolle Qualität. Der Laut, solltest du einen von dir geben, um deine Spannung nicht in einer Blockade enden zu lassen, zischt behutsam Druck ablassend zwischen deinen schmalen Lippen hindurch: *Schüüüüüüüüü*.
Der Laut hilft dir auch dabei, eine gute Verbindung zwischen dem Brustkorb und deinem Bauch herzustellen.

Ist diese Region spezifisch für den Funktionskreis Leber?

Ja, ich fühle das so. In dieser Region, so empfinde ich, hat das Drängende und Druckvolle im Menschen besonders seinen Platz. Auf dieser Höhe befinden sich auf dem Blasenmeridian im Rücken interessanterweise auch die Leber-Zustimmungspunkte.

Was hat nun ein Läufer mit Qigong-Übungen zu tun?

Wenn wir in einer vorbereitenden, sammelnden Phase sind, die von Erwartung geprägt ist, so treten das Gemüt und der Körper in eine Wechselwirkung ein, die typische Erscheinungsformen hervorbringt. Diese erzeugen ihrerseits eine Verstärkung.

Wirkmechanismen zwischen Gemüt und Körper sind auch bei den anderen Funktionskreisen zu beobachten und doch sind sie bei jedem spezifisch. Durch ein Hineinversetzen in die Laufvorbereitung lässt sich viel erfahren und fühlen, was dem Funktionskreis Leber eigen ist, daher dieses Beispiel.

Die Übung
Schulterbreiter Stand.

Einatmend: Die Hände in einem Kreis von hinten nach vorne führen, während sie Fäuste bilden. Die Ellenbogen sind gesunken, die Arme abgewinkelt. Die Fäuste sind nach vorne gerichtet. Der Brustkorb setzt sich auf dem Bauch ab. Die Augen sind weit geöffnet, um Druckvolles abzugeben bzw. ihm Ausdruck zu verleihen.

Ausatmend: Der Laut *Schüüü*
Die Arme und Hände drängen nach vorne oben, während sich die Fäuste öffnen. Mit der tragfähigen und treibenden Qualität des Druckvollen im Körper korrespondieren; fühlbar wird dies im Zusammenwirken von Brust- und Bauchraum. Die Handflächen drehen bodenwärts, die Arme sinken einatmend. Die Übung wiederholen, ohne den Bewegungsfluss zu unterbrechen.

In der Übung tauchen viele Erscheinungsformen aus dem Läufer-Beispiel wieder auf und spiegeln vieles wider. Ist dies gewollt?

Unbedingt ja. Wir treten durch Vorstellung, Übung und Laut in körperliche und gemütstypische Korrespondenz mit der Energie des Funktionskreises.

Wie geht es nun weiter? Starten wir als Läufer?

Ja, nach dem Startschuss benötigt der Läufer die energetische Qualität, um aus sich herauszukommen: das Feuer. Am Läufer-Beispiel lässt sich diese Qualität auch beobachten, dennoch möchte ich ein anderes Beispiel wählen, bei dem das Feuer des Funktionskreises Herz besonders ausgeprägt ist und der Energie der Schnellkraft noch mehr entspricht.

Funktionskreis Herz

Stell dir diesmal vor, du bist ein Trampolinspringer. Du bist bereits angelaufen und mit Schwung weit in das Trampolin eingefedert. Fühl dich nun in die folgende Phase hinein.

Die Aufladungsenergie kommt frei durch dich hindurch. Druck und Schnellkraft wandern durch deinen aufmerksamen Körper und du fühlst, wie Aktion daraus entsteht. Durch Aufrichtung folgt dein Körper der aufsteigenden Energie. Die Arme steigen aktionsbegleitend seitlich, der Brustkorb öffnet sich, Fröhlichkeit entsteht. In die öffnende Aktion nach außen macht sich ein majestätisches Gefühl der Erleichterung breit, was sich ausdrucksvoll im erleichternden Laut *Haaaaa* manifestiert.

Beim Leberlaut sprachst du von den Zustimmungspunkten. Trifft das hier auch zu?

Auf Höhe der sich öffnenden Brust liegen im Rücken auf dem Blasenmeridian auch wieder die zugehörigen Zustimmungspunkte des Herzens.

Die Übung
Schulterbreiter Stand.

Einatmend: Die Arme ruhig seitlich bis etwa Schulterhöhe heben, sodass sich der Brustkorb öffnet. Die Arme in einem sanften Kreis bis vor die Brust führen. Die Handflächen sind bodenwärts gerichtet. Im Körper ein Gefühl von Erhabenheit wachsen lassen.

Ausatmend: Der Laut *Haaaa*
Die Arme sinken vor der Körpermittellinie. Erleichterung bis hin zur Heiterkeit steigen auf. Die Übung wiederholen, ohne den Bewegungsfluss zu unterbrechen.

Aus der beim Start des Läufers entstandenen Erwartung, der Holzphase oder auch Leberenergie, folgte nun die Zweite, die Feuerphase mit der Herzenergie, in der sich die Aktivität manifestiert. Wie geht's nun weiter?

Funktionskreis Milz

Der Läufer hat den Start vollzogen und sieht nun zu, dass er seine ganze Schnellkraft wohl koordiniert in die Vorwärtsbewegung umwandelt. Die geballte Kraft und Energie, die er produziert, will schließlich koordiniert werden. Hier ist die umwandelnde Qualität der Erdenergie gefragt: Funktionskreis Milz.

Wie kann ich mir im Körper diese energetische Qualität vorstellen und wo finde ich diese?

Ich möchte nun wieder ein Beispiel wählen, das die Milzqualität besonders kennzeichnet.
Stell dir vor, du steigst in ein schmales Ruderboot. Das Schaukeln des Bootes fordert dich heraus, deine Mitte zu wahren. Die Bewegung des Wassers fordert dir ein hohes Maß an Koordination ab. Du nimmst die Arme halb hoch und durch gegenläufige feine Ausgleichsbewegungen, aus der Rumpfmitte heraus, bewahrst du dein Zentrum. Du musst, wie man sagt, „alles auf der Reihe haben". Hier in der Rumpfmitte findest du ein wichtiges Koordinationszentrum: die Diagonalmotorik.

Was heißt Diagonalmotorik?

Wenn wir gehen oder laufen, nutzen wir Arm und Bein wechselweise über Kreuz. Wir setzen also beim rechten Schritt das rechte Bein nach vorn und bewegen den linken Arm nach vorn, links entsprechend umgekehrt. Im Kreuzungsbereich dieser beiden Diagonalen koordinieren und balancieren wir die Bewegung und dies ist maßgebend für unseren Rhythmus. Im Rücken finden wir hier wieder die Zustimmungspunkte des Funktionskreises Milz.

Steht der zugehörige Laut hiermit im Zusammenhang?

Ein Laut, „satt" aus der Mitte, alles einbeziehend und umschließend. Wie man sagt, „aus dem Bauch heraus": *Hooooo.*
So wie ich mir in Kindheitstagen die Bestätigung eines Indianers zum Beschluss des Ältestenrates vorstellte: ein Laut der Integrität und Stimmigkeit.

So wie du die Laute jeweils beschreibst, scheint der körperliche Bereich nicht nur mit dem Laut, sondern auch mit einem Gemütsausdruck verbunden zu sein. Dies wird nun immer deutlicher. Ist der Ort im Körper fest mit dem Gemütsausdruck verknüpft?

Der ganze Körper trägt zu unserem Gemüt bei. Jedoch wirken in uns entsprechend unserer Stimmung und Befindlichkeit jeweils unterschiedliche Bereiche des Körpers als Schwerpunkte bzw. bilden Dominanzen aus. Sie erzeugen eine Art Kontakthof für vieles, was mit unserer Gemütsverfassung in Verbindung steht und sie ausmacht. Die energetische Qualität im Zusammenwirken mit dem Gemüt müssten wir jedoch in einem weiteren Gespräch erörtern.

Wie geht nun die Übung für den Funktionskreis Milz?

Die Übung
Schulterbreiter Stand.

Einatmend: Der rechte Arm steigt bis über den Kopf, der linke Arm sinkt. Beide Hände sind tastend, fühlend. Die Diagonalmotorik im Körper wird deutlich angesprochen. Die Zentrierung bewahren. Die untere Hand wendet sich aufnehmend nach oben.

Ausatmend: Der Laut *Hooooo*
Den oberen Arm mit dem Ellbogen voran in die langsam steigende untere linke Hand sinken lassen. Die Arme wechseln vor der Rumpfmitte. Während der linke Arm steigt und der rechte sinkt, beginnt wieder die Einatmung, ohne den Bewegungsfluss zu unterbrechen.

Bleiben wir also beim körperlichen Ausdruck und den Lauten, denn diese finden sich ja auch bei den Übungen wieder. Wie geht es weiter?

Funktionskreis Lunge

Nun könnte man meinen, dies sei es gewesen, aber was ist eine Bewegung ohne Timing? Eine Bewegung findet ihre Erfüllung nur, wenn sich alles im Ablösemoment manifestiert; dies ist der entscheidende Übertritt der Energie. Dazu gehört sowohl die Fähigkeit loszulassen als auch der Instinkt, genau zu spüren, was wann und wie einfließen muss, damit sich die Aufgabe erfüllt.

All dies ist der Metallenergie des Funktionskreises Lunge eigen. Der Übertritt von treibender Qualität zu der Sich-Überlassenden, dem Gehenlassen. Im Körper ist dies überall und dennoch ausgeprägt im Übergang vom Rumpf in die Arme beziehungsweise vom Rumpf zum Kopf zu finden, also zwischen Schultergürtel und Halsansatz. Genau hier befinden sich die Lungen-Zustimmungspunkte auf dem Blasenmeridian.

Aber kehren wir zu unserem Läufer zurück. Das Timing all seiner Kräfte und Fähigkeiten auf den Zieleinlauf hin schafft die Erfüllung und wandelt im Zieldurchlauf die treibende Energie in eine loslassende Energie um. Eine nickende Bewegung von Hals und Kopf kennzeichnet diese Phase.

Betrachten wir einen Bogenschützen, um noch ein anschauliches Beispiel zu geben. Das Ziel in aller Klarheit vor Augen, öffnet sich der Schultergürtel des Schützen. Er stimmt Spannung, Öffnung und Koordination auf den Moment des Abschusses hin ab, auf den Moment, in dem der Schuss sich löst. Und auch hier wiegt im Abschuss die öffnende Bewegung im Schultergürtel in die Entspannung zurück.

Das findet ja nicht alles gleichzeitig statt. Du beschreibst das Zusammenwirken jedoch, als wäre es unmittelbar. Wie kann ich das verstehen?

Jede energetische Phase hat sicherlich ihre Zeit. Sie steht aber nicht nur für sich, sondern im Zusammenspiel mit dem Ganzen. Insofern ist ihre Ausprägung und Art bestimmt durch das Ganze. Alle Phasen schaffen somit etwas, was mit dem vorherrschenden Funktionskreis eine Synergie bildet. Darin liegt das Unmittelbare, von dem du eben sprachst. Diese Komplexität genauer zu durchleuchten, sprengt den Rahmen dieses Gesprächs und wird – um Nachsicht sei gebeten – auf eine andere Gelegenheit vertagt.

Nun kenne ich zwar den Körperbereich, aber welcher Laut ist geeignet, die energetische Qualität des Funktionskreises Lunge anzusprechen?

Der Laut wandelt eine von innen heraus treibende Energie in loslassende Energie um. Er hat das Drängende des *Sssss* und das Gelöste des *Sssssssaaaaaah*.
Es ist erstaunlich, dass es im Körper solche Wirkung hat.
Um die Struktur des Körpers zu wahren, aber auch um Energie durch ihn zu transportieren, benutzen wir muskuläre Bahnen. Eine wesentliche Bahn beginnt bei den Füßen und endet am Kiefer. Wie bei einer Schnur kann ich die

Bahn straffen, wenn ich am Ende ein bisschen ziehe. Dies geschieht durch das Schließen des Mundes beim *Sssss*. Durch das Öffnen des Mundes beim *Aaaah* lockert sich die Bahn wieder. Aber auch der Druck im Körper wird beim *Sssss* erhöht und sinkt beim *Aaaah* wieder.

Die Übung
Schulterbreiter Stand.

Einatmend: Die Arme bis auf fast Schulterhöhe heben, die Hände zum Brustbein gerichtet. Nun wenden sich die Hände nach außen.

Ausatmend: Der Laut *Sssssssaaaaaah*
Mit dem Laut eine öffnende Bewegung vor dem Schultergürtel stattfinden lassen, als wollte man eine Schiebetür öffnen. Der Übergang von *Ssssss* auf *Aaaah* sucht eine ablösende Qualität: das Timing finden.
Einatmend kehren die Hände wieder bis vor das Brustbein zurück. Die Übung wiederholen, ohne den Bewegungsfluss zu unterbrechen.

Nun schließt das fünfte Element an. Was passiert hier?

Funktionskreis Niere

Die Wasser-Phase kennzeichnet ein Zurückkehren in die entspannte Ausgangslage. Unser Läufer läuft aus; Entspannung tritt ein. Ein Nachspüren: Was hat die Aktion mit mir gemacht? Wo bin ich jetzt? Es bedeutet wieder, Bezug und Ruhe im eigenen Standpunkt zu finden. Sich seiner Substanz bewusst werden, die eine tragende Qualität hat. Sie ist durch das Sein und nicht durch das Tun gekennzeichnet.

Kannst du konkreter etwas in Bezug auf den Körper sagen?

Stell dir vor, du möchtest eine Wanderung machen. Dein Rucksack ist gepackt und du nimmst ihn hoch. Solange du ihn hältst, kostet es dich so viel Kraft, dass du kaum einen Schritt machen kannst. Kaum gibst du ihn an den Rücken ab, stützt er sich im Becken und du kannst im Körper loslassen. Das Gefühl, das entsteht, wenn ich vom Halten ins Tragen wechsle, ist typisch für diesen Funktionskreis: Sich nicht halten, sondern getragen sein.

Ist ein Körperbereich besonders angesprochen?

Wenn wir uns die Zustimmungspunkte des Funktionskreises Niere anschauen, so finden wir sie in der Lendenwirbelsäule. Dieser Bereich ist auch zentral für unseren Bezug in die Füße. Hier wird die Entscheidung für das rechte oder linke Bein als Standpunkt umgesetzt. Blockiert dieser Bereich, so „geht" nichts mehr. Auch die Substanz und Basis hat etwas Belebendes. Durchlässigkeit ist gerade hier wichtig. Sich in den Standpunkt hinunter zu entspannen, lässt Selbstbewusstsein aufsteigen. Diese Qualität lässt sich auch im Laut wieder finden: *Schuuuiiii*. Das *Schuuu* schafft Bezug hinunter zum Becken und Lendenwirbelsäulenbereich. Das *Uiiiiii* steigt im Körper auf.

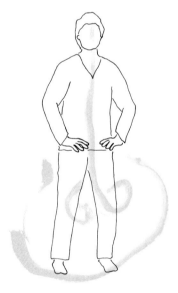

Die Übung
Schulterbreiter Stand.

Einatmend: Die Hände steigen vor der Körpermittellinie langsam auf, als wollten sie etwas vom Boden Aufsteigendes behütend begleiten. Vor dem Bauch wenden sich die Hände bodenwärts.

Ausatmend: Der Laut *Schuuuuiiii*
Die Hände drängen nach unten. Während des Lautes die Erdverbundenheit bewahren. Durch die Wahrnehmung des Standpunktes steigt mit dem Laut aufrichtend Selbstbewusstsein auf. Die Übung wiederholen, ohne den Bewegungsfluss zu unterbrechen.

Ich fasse noch einmal zusammen:
Es beginnt mit der sammelnden, elastischen Holz-Qualität. Das ist die Fähigkeit, Energie in eine Aktion zu legen. In unserem Beispiel ist das die Startvorbereitung des Läufers, der aufgeladene Zustand, die Spannkraft. Dann folgt das Feuer, die Aktion selbst, der eigentliche Start, die Fähigkeit, Energie aus sich herauszuholen – wie bei

unserem Trampolinspringer. Dann muss alles in die richtigen Kanäle fließen, koordi-
niert werden, dafür sorgt die umwandelnde Erdqualität. Dinge auf den Punkt zu brin-
gen, ihnen das richtige Timing zu geben, ist Aufgabe der Metallphase und die Ent-
spannung findet dann in der Wasserphase statt.

Ja, so passt es zusammen. So lassen sich die Fünf Elemente auf die verschiedensten Prozesse anwenden. Sie lauten, auf eine Bewegung übertragen:

Spannkraft	Schnellkraft	Koordination	Timing	Entspannung
Holz	Feuer	Erde	Metall	Wasser

Nun habe ich noch Fragen zu den Übungen. Kann ich einzelne Übungen unabhängig
von den anderen machen oder sollte ich immer alle Übungen machen?

Die hier beschriebenen Übungen sind als Set noch nicht komplett. Die bis jetzt
genannten Funktionskreise sind alle Yin-Funktionskreise. Und daher sollte
ihnen ein Yang gegenübergestellt werden. Als Yang-Funktionskreis dient der
Dreifache Erwärmer, da er harmonisierend und ausgleichend wirkt. Die Übung
geht wie folgt:

Der Dreifache Erwärmer

Die Übung
Schulterbreiter Stand.

Einatmend die Hände körperzugewandt bis
vor die Brust heben. Dann wenden sich die
Hände nach außen.

Ausatmend: der Laut Chiii
Die Hände wandern in einem Halbkreis nach
vorne oben. Die Arme wollen nach außen.
Oben wenden sich die Hände wieder dem
Körper zu und sinken einatmend vor der Körpermittellinie. Die Übung wiederholen, ohne
den Bewegungsfluss zu unterbrechen.

So lässt sich die ganze Übungsreihe mit dem Dreifachen Erwärmer abschließen. Aber auch einzelne Übungen machen Sinn. Sie sollten allerdings auch mit dieser Übung abgeschlossen werden.

Wie genau muss man sich an die Übungsanweisungen halten?

Diese Übungen sprechen auf mehreren Ebenen die entsprechenden energetischen Qualitäten an. Auf der Vorstellungsebene, auf der Bewegungsebene und auf der stimmlichen Ebene. Man braucht nicht alle Ebenen einzubeziehen, aber man kann. Es gibt Situationen, in denen ich nicht in der Lage bin, die ganze Komplexität und Feinsinnigkeit, die möglich ist, in mein Üben einzubeziehen. Dann wähle ich vielleicht nur die stimmliche Ebene.

Über das hier Vorgestellte hinaus könnten noch weitere Aspekte einbezogen werden. Ich möchte mich jedoch beschränken und mit dem hier Gesagten schließen.

Grafiken: François Huguenin

UND TIEFSTE STILLE GEBIERT BEWEGUNG

DAS SPONATNE SPIEL DER FÜNF TIERE
(ZIFA WUQINXI)

* * * * *

Im Wuqinxi wachsen uns Krallen, Schnäbel, Fühler, Schwänze und Flossen.
Wir spüren unser Energiefeld und schwimmen darin wie in Fruchtwasser.
Wir wachsen und schrumpfen wie Flaschengeister.
Wir flicken Löcher in unserer Aura, spinnen sie neu, erschaffen uns neu …
(Aus dem Übungstagebuch einer Praktizierenden)

* * * * *

Das spontane Spiel der Fünf Tiere – ein Randgebiet des Qigong und ein Randgebiet der Lehre der Fünf Wandlungsphasen, aber spannend und heilsam genug, einen großen Aufmerksamkeitsrahmen zu kreieren.
Wuqinxi ist Leibarbeit[1], Arbeit, in der sich der beseelte Leib, wie das Zitat andeutet, aus den eigenen Ressourcen heraus neu ordnet und damit erneuert.
Die Methode entwickelt ihre Wirkkraft auf drei Ebenen: Auf einer oberen Ebene lösen sich aktuelle Fehlbelastungen des Alltags, etwas tiefer gelegen rückt das Wuqinxi biografischen Blockaden zu Leibe und auf der tiefsten und eigentlichen Wirkebene geht es in den Bereich der transpersonalen Erfahrungen. Hier ist die Bühne, auf der das spontane Spiel der Fünf Tiere stattfindet, auf der die Regelkreise der Fünf Elemente erfahrbar werden, und vieles mehr geschieht, das den rationalen Geist in Staunen versetzt. Um das, was im Wuqinxi passiert,

auch nur annähernd begreiflich machen zu können, gehe ich von zwei Grund-tatsachen aus:

• Das Unbewusste macht 90 bis 99 Prozent unseres Seins aus.

• Im kleinsten Teil ist das Ganze enthalten, sowohl räumlich als auch zeitlich. Demnach haben wir die gesamte Evolution unserer Spezies vom Einzeller bis zum Homo Sapiens in uns gespeichert, und wir können über den Zugang zu unserem Unterbewussten Teile davon im Spontanen Fünf-Tiere-Qigong erfahr-bar machen.

Aber nun langsam und von Anfang an!

Spontanes Fünf-Tiere-Qigong – ein Exot im weiten Feld des Qigong

Wie viele tausend Formen des Qigong es auch geben mag – die Angaben chi-nesischer Meister variieren zwischen tausend und siebentausend –, sie lassen sich auf drei Hauptstile reduzieren: Das weit verbreitete bewegte Qigong (*dong-gong*), wozu z. B. die Acht Brokatübungen und die 18 Bewegungen des Taiji-Qi-gong gehören; das stille Qigong (*jinggong*) mit seiner wohl bekanntesten Übung, dem Kleinen Energiekreislauf, und als Drittes das hier thematisierte und kaum bekannte Qigong der spontanen Eigenbewegungen (*zifagong*).

Eines haben alle Stile des Qigong gemeinsam: das Ziel, einen Geisteszustand der Versenkung und der Leere zu erreichen (*ru jing*), aus dem heraus Regenera-tion und Heilung stattfinden kann. Wie tief der Geist sich nun aber versenken soll, daran scheiden sich die Geister.

„So viel wie nötig, so wenig wie möglich" solle der Geist in die Zentrierung und Vertiefung gehen, sagte einer meiner chinesischen Lehrer mir immer wieder. Also die berühmte Gratwanderung zwischen Zentrierung und Gelassenheit. Aber: Der Bewusstseinszustand des Qigong sei keinesfalls eine Trance.[2]

Heute, mehr als zehn Jahre später, weiß ich, wie irreführend der Begriff „Zu-stand" ist. Qigong ist kein fester Bewusstseinszustand, sondern ein Bewusst-seinskontinuum, auf dem wir über eine zunehmende Beruhigung des Geistes tiefer und tiefer gleiten können in das große Feld der Trancen. Hier sind die heilsamen Bewusstseinsphasen (*fagong*) der Qigongmeister angesiedelt, die ihren Klienten in leichter Trance aus therapeutischen Gründen Qi übertragen, und hier liegen auch die Selbstheilungskräfte der nicht-induzierten Eigenbewe-gungen des Spontanen Fünf-Tiere-Qigong (*zifagong*).[3]

Bewusstseins-Phasen im Qigong

Phasen der Versenkung/Leere — **Ru Jing**

Fagong — Tranceartige Qigong-Phasen

Phasen mit spontanen Eigenbewegungen — **Zifagong**

Das spontane Spiel und die Fünf Elemente

Verwundert nehme ich das Stampfen meiner Fersen wahr, meinen gekrümmten Rücken, die geballten Fäuste, ich erlebe, wie mich eine Kraft rückwärts durch den Raum zieht, in immer größeren Schleifen, immer runder wird mein Rücken, immer heftiger das Stampfen. Aber dann plötzlich löst sich das Gefühl des Zusammengezogenseins, mein Körper richtet sich auf, beginnt sich um die eigene Achse zu drehen, meine Arme bewegen sich auf und ab wie Flügel und meine Finger flattern. Ich lache, lache, lache, bis mir die Tränen kommen …

In der spontanen Form werden die Tierbewegungen nicht nachgeahmt, sondern bestimmte, von selbst entstehende Körper- und Handhaltungen werden den fünf Tieren zugeordnet und im Rahmen der Theorie der Fünf Wandlungsphasen interpretiert.

Tiger	**Bär**	**Hirsch**	**Vogel**	**Affe**
Metall	Wasser	Holz	Feuer	Erde
Lunge	Niere	Leber	Herz	Milz
Dickdarm	Blase	Galle	Dünndarm	Magen
Haut	Skelett	Sehnen	Gefäße	Bindegewebe

Tritt eine dieser Tierbewegungen und Handhaltungen auf, dann arbeitet – so die Theorie – das Qi an Blockaden im dazugehörigen Organfunktionskreis.

Fauchen, Springen oder Kreiseln, Stampfen und Grunzen, all das und noch viel mehr sind mögliche Ausdrucksformen, wenn sich das Qi seinen Weg durch die Energiebahnen sucht.

Wer wie ein Affe hüpft und sich am ganzen Körper kratzt, dessen Milz/Magen-Qi ist aktiv und reinigt den Meridian. Bewegt man sich dagegen wie ein Tiger, faucht und spreizt man die Finger zu Krallen, dann ist das Qi in den Lunge/Dickdarm-Meridian übergegangen.[4]

Das Auftreten der Tierausdrücke – möglichst in den Zyklen der gegenseitigen Erschaffung oder Kontrolle – wird als Zeichen von Gesundheit oder zumindest eines gesundheitsfördernden Harmonisierungsprozesses gewertet. Bei den meisten Übenden kommen die Tiere anfangs jedoch nur sporadisch und vereinzelt an die Oberfläche.

Im Laufe der Übungspraxis kann das Auftreten der Tierbewegungen wertvolle diagnostische Hinweise auf die bekannten pathologischen Muster der Fünf Elemente liefern. Aber auch darüber hinaus lässt das Wie und Wann interessante Schlüsse zu. Es dauert unterschiedlich lange, bis ein oder mehrere Tiercharakteristika sichtbar werden: Bei einigen treten schon beim ersten Üben deutliche Zeichen zu Tage, bei anderen kann es Monate dauern. Liang Shefeng, der Begründer des *Zifa Wuqinxi*, hat beobachtet, dass bei leicht erregbarem Reizleitungssystem die Tiere sehr bald auftreten und das erste sich zeigende Tier die konstitutionell schwierige Wandlungsphase anzeigt. Bei langsam reagierenden Menschen dagegen sagt nach seiner Ansicht das Tier, das auch nach langem Üben immer noch nicht aktiviert worden ist, etwas über die konstitutionelle Schwäche aus.

Manchmal ist es mit schmerzhaften Gesichts- oder Körperspasmen verbunden, wenn ein Tiercharakteristikum sich seinen Weg bahnt. Wird der Lauf der Energie zugelassen, lösen sich in der Regel spürbar Blockaden und ein Glücks- und Wohlgefühl folgt.

Die fünf Tiere

DER TIGER (DAS POTENZIELLE YIN)

Der Körper will in eine Hab-Acht-Stellung, zieht sich zusammen, ist gespannt wie ein Pflitzbogen, oft auch in geduckter, lauernder Haltung. Die Hände werden zu Tigerkrallen, die das Energiefeld zusammenkratzen, auch das Gesicht verzieht sich und meistens wird die körperliche Spannung noch durch wildes Fauchen oder scharfe SSSSSSS-Töne unterstützt.

DER BÄR (DAS AKTUALISIERTE YIN)

Langsame, behäbige Bewegungen, gerundeter Rücken mit vornüber hängendem Kopf, hängende schwere Arme mit Fäusten, schwere, stampfende Schritte, oft auch rückwärts, ein tiefes Grunzen und Brummen von ganz unten, manchmal ein Sich-Zusammenrollen auf dem Fußboden, dort rekeln und strecken sich alle Gelenke, besonders aber die kleinen Gelenke der Wirbelsäule.

DER HIRSCH (DAS POTENZIELLE YANG)

Der Körper will nach oben, manchmal stößt er sich aus der Hocke heraus förmlich von der Erde ab, ein Springen ohne Ende; es ist, als hätte man eingebaute Sprungfedern. Die Hände gehen in einen Spasmus, in dem Mittel- und Zeige-

finger zur Handfläche hin gezogen sind, die Hand sieht aus wie ein Hirschge-weih, die Hände stoßen noch vorn und oben. Die sehr dynamischen Sprünge werden häufig von Zischlauten begleitet.

DER VOGEL (DAS AKTUALISIERTE YANG)

Die Vogelbewegung entwickelt sich mal aus einer vorhergegangenen Gesamtvibration des Körpers, mal aus einer Pump-Bewegung in den Achseln. Die Arme beginnen zu flattern, besonders die Finger flattern, die Füße wollen vom Boden weg; manchmal wird es als frustrierend erlebt, dass man nicht ganz abhebt. Im Fliegen beginnt der Körper sich nicht selten um die eigene Achse zu drehen, minutenlang, wie im Derwischtanz, und abrupt geht es dann manches Mal in die Gegenrichtung. Oft wird die Vogelbewegung von einem befreienden Lachen begleitet. Auch im Ausklang einer Vogelphase verfällt der Organismus manchmal in eine Vibration oder Schüt-telbewegung, an der jede Zelle des Körpers beteiligt zu sein scheint.

DER AFFE (YIN UND YANG)

Das Kommunikationstier, das zwischen innen und außen, oben und unten, vorn und hinten, rechts und links vermittelt. Neugierig, überall und nirgends, die Hände in Pfötchenstellung, alle fünf Finger berühren sich; kratzend, pickend, prüfend bewegen die Hände sich über den Körper und im Energiefeld. Die Lippen schmatzen, schmecken, pfeifen, produzieren alle möglichen Urwaldgeräusche. Aber der Affe ist auch extrem sensibel und reagiert völlig panisch, wenn er in seinem vertieften, verspielten Kommunikationstanz aufgeschreckt wird.

Die alte Darstellung der Fünf Elemente

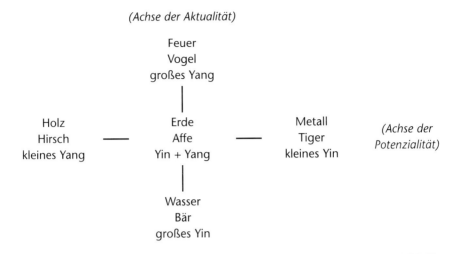

(Achse der Aktualität)

Feuer
Vogel
großes Yang

Holz   Erde   Metall   *(Achse der*
Hirsch ——— Affe ——— Tiger   *Potenzialität)*
kleines Yang Yin + Yang   kleines Yin

Wasser
Bär
großes Yin

Der Ablauf

Wer *Zifa Wuqinxi* lernen will, übt erst einmal einige Stunden, sich im Stehen zu entspannen und sich dabei auf bestimmte Akupunkturpunkte zu konzentrieren. Anstrengend ist das nur beim ersten Mal, aber dann wird man jedes Mal ruhiger und ruhiger … und aus völliger Ruhe (*yin*) entsteht Bewegung (*yang*). Da gerät man vielleicht in ein Vibrieren oder in leichte Schwingungen und man nimmt erstaunt wahr, dass der eigene Körper sich ungefragt selbstständig macht. Wie von unsichtbaren Fäden gezogen, wie von einer aus dem Zentrum kommenden Kraft in den Raum geschleudert, kann man sich fühlen. Oft passieren Bewegungen, die einem völlig neu sind, Körperhaltungen, zu denen man im Alltagsbewusstsein nie in der Lage wäre; vielleicht ziehen sich die Hände in ganz merkwürdigen Haltungen zusammen.

Der Geist ist währenddessen fest auf das Dantian im Körperzentrum fixiert – was übrigens die nötige Balance auch in den aberwitzigsten Körperhaltungen und Bewegungen sichert.

Aber nicht nur bewegungsdynamisch, sondern auch laut kann es während des Übens im Gruppenraum werden. Vom Urwald-Soundtrack über nervige Pekingopern-Arien bis zu sphärisch anmutenden harmonischen Klängen ist alles schon da gewesen. Das Wundern habe ich mir im Laufe meiner Lehrpraxis noch immer nicht abgewöhnt.

Die freie Phase des Spontanen Spiels, in der das alles möglich wird, ist wie in einem Sandwich sicher zwischen der Anfangs- und Schlusssequenz, zwei unerlässlichen Phasen der hochgradigen geistigen Konzentration auf bestimmte

Akupunkturpunkte, eingebettet. Die geistige Disziplinierung am Anfang und am Ende gibt den Eigenbewegungen im *Wuqinxi* einen klar definierten Rahmen und garantiert die reibungslose und sichere Rückkehr ins Alltagsbewusstsein.

Aber auch während der Phase des freien Spiels sind Bewusstheit und Kontrolle des Geistes nicht völlig ausgeschaltet, sondern nur reduziert. Es gibt eine Möglichkeit zum Bremsen und Stoppen der Eigenbewegungen sowie eine zum „Gasgeben", sodass niemand in Erfahrungen hineingehen muss, die vielleicht im Moment zu beängstigend sind.

Da im Spontanen Spiel (Wahrnehmungs-)Grenzen erweitert werden, findet immer wieder ein Tanz zwischen Lust und Angst statt. Aus dem Grund ist es sehr, sehr wichtig, liebevoll und achtsam mit sich umzugehen, sich nicht zu pushen und sich viel Zeit zum Integrieren des Erlebten zu nehmen. Das Gruppengespräch nach dem Üben ist wichtiger Teil der Integrationsarbeit. Da wird nicht geurteilt, sondern lediglich beschrieben, was erlebt wurde.

Wesentlich ist, beim *Zifa Wuqinxi* nichts zu „machen", sondern dem Qi absichtslos freien Lauf zu lassen, denn sonst verhindert man nicht nur die heilsamen Effekte, sondern es können sogar gesundheitsschädigende Wirkungen auftreten.

Absichtslos zu sein ist natürlich leichter gesagt als getan, besonders in unserem Kulturkreis, in dem Kontrolle und zielgerichtetes Handeln ein so wesentlicher Teil sind. Hier im *Zifa Wuqinxi* wird das für manche Übenden zum großen Hindernis, und in den ersten Wochen des Übens bleibt oft bestenfalls eine Unsicherheit bestehen, ob die Bewegungen willentlich gemacht oder authentisch entstanden sind. LeserInnen, die mit dem Pendel arbeiten, werden sich an ihre ersten Pendelversuche erinnern. Irgendwann kann man dann über diese Anfangsschwierigkeiten, die man sich selbst macht, herzlich lachen.

Geschichte des Spontanen Qigong in China

Liang Shefeng war ein noch relativ junger Kampfkunst- und Qigong-Lehrer am Kantoner Sportinstitut, als er in den sechziger Jahren mit Qi-Übertragungen begann und damit beachtliche Heilerfolge hatte. Er musste jedoch, wie so viele Qigong-Meister, nach längerer Zeit die schmerzliche Erfahrung machen, dass sein eigenes Qi dadurch geschwächt wurde.

Das brachte ihn dazu, wieder mehr auf die Selbstheilungskräfte der Übenden zu setzen, und er entwickelte das Spontane Spiel der Fünf Tiere unter Zuhilfenahme schamanischer Techniken, die in Südchina eine reiche Tradition hatten.[5]

Sein so entstandenes *Zifa Wuqingxi* basiert auf der sehr alten, geleiteten Form des Spiels der Fünf Tiere, in der man lernt, die Bewegungen von Tiger, Bär, Hirsch, Vogel und Affe zu imitieren.[6] Der berühmte Arzt Hua Tuo (141–203 n. Chr.) hatte diese damals schon lange bestehenden Techniken der Lebenspflege zu einem Übungssystem vereint, mit dem man Krankheiten verhindern und heilen konnte.

Nach Beendigung der Kulturrevolution war in China ein unermesslich großes Bedürfnis entstanden, den jahrelang aufgebauten inneren Druck loszuwerden. Diesem Bedürfnis kamen besonders die zwei Formen des Spontanen Qigong nach, die unabhängig voneinander, aber zeitgleich in Nord- und Südchina entwickelt wurden. In Nordchina war es die sechste Form des Kranich-Qigong von Zhao Jixiang, die so genannte Stehende Säule (*hexiang zhuang*), in Südchina das von Liang Shefeng entwickelte Spontane Spiel der Fünf Tiere. Beide Formen zogen innerhalb kurzer Zeit mehrere Millionen Übende an, Parks und Sportstadien waren voller Menschen, die in scheinbar chaotischen Bewegungen eine offenbare Katharsis erlebten.

Endlich konnten die so lange unterdrückten Gefühle sich Bahn brechen, sich über die Qi-Bahnen ausbreiten. Der körperliche Ausdruck wurde als große Befreiung erlebt und triumphierte über das kulturelle Ideal eines kontrollierten Körpers mit verhaltenen Emotionen.

Gefährliche Wirkungen durch Spontanes Qigong?

Um mögliche Nebenwirkungen hat es in China heftige Kontroversen gegeben. Schon bald nach Ausbruch des Qigong-Booms waren die ersten Kritiken zu hören: Wer seinen Körper nicht „im Griff" hat, der sei krank, hieß es, und die spontanen Bewegungen selbst galten als Beweis der krankhaften Nebenwirkungen. Die Debatte zwischen Befürwortern und Gegnern ist nie in eine Richtung entschieden worden, aber das Spontane Qigong verschwand fast völlig wieder aus dem chinesischen Alltag.

Passt das Bild des „lauten Leibes" nicht in das kulturelle Idealbild des „stillen Körpers"? Der Arzt und Ethnologe Thomas Ots verneint diese Frage in seiner Untersuchung über Spontanes Qigong in China.[7] Nicht medizinische Gründe, sondern kulturpolitische hält er für ausschlaggebend für die Verdrängung der sechsten Form des Kranich-Qigong und des *Zifa Wuqinxi*. Sich frei entfaltende, spontane, „leibhaftige" Menschen sind schwer zu regieren und zu kontrollieren und so bevorzugte man von offiziellen Stellen vehement die Formen des stillen Qigong.

Jiao Guorui, in den achtziger Jahren großer Kritiker des Spontanen Qigong, brachte es auf die Formel: „Große Bewegungen sind nicht so gut wie kleine Bewegungen, kleine Bewegungen sind nicht so gut wie keine Bewegungen."[8]

Je geografisch dichter an Peking, desto lauter die Kritik am Spontanen Qigong. Im südchinesischen Kanton hat sich das Spontane Spiel der Fünf Tiere aber auch in den neunziger Jahren gehalten. Es wird in den Parks in Gruppen und unter Anleitung eines Lehrers praktiziert und an Kantoner Krankenhäusern in seinen Wirkungen erforscht.

Tatsächlich gab es aber während der anfänglichen, rasanten Ausbreitung des Spontanen Qigong in China eine ganze Menge problematischer Nebenwirkungen, sodass immer wieder auch Fälle von Einlieferungen in die Psychiatrie bekannt wurden. Nicht die Methode ist dabei das Problem gewesen, sondern die Tatsache, dass ein Qigong-Meister mit oft mehreren hundert Übenden allein war, sodass weder eine Auswahl noch eine angemessene Betreuung der Klienten stattfand.[9]

Ich hatte das Glück, *Zifa Wuqinxi* während meiner Lehrausbildung in Singapur einzeln und in kleinen Gruppen zu lernen und schon dort unter der Anleitung meines Ausbilders Chong Hien Choong, einem chinesischen Arzt und Qigong-Meister, erste Unterrichtserfahrungen zu sammeln.[10]

Aber: Spontanes Qigong in Singapur und in Deutschland ist nicht das Gleiche! Kultur geht bis tief in den Körper hinein, die Teilnehmer der Gruppen bringen in der freien Phase erst einmal Schicht für Schicht ihre eigenen, von der Kultur geprägten und im Körper gespeicherten Muster nach außen. Doch es gibt auch bestimmte Gemeinsamkeiten – die Tierbewegungen. Ich experimentiere: Einigen Gruppen erkläre ich die *Wuqinxi*-Theorie mit dem Bezug zu den Fünf Elementen, die möglichen Handhaltungen und Ausdrucksbewegungen, anderen gebe ich diese Informationen nicht. Aber in allen Gruppen treten die charakteristischen Tierbewegungen früher oder später auf. Es ist also nicht richtig, dass – wie manchmal behauptet wird – die Bewegungen nur auf Suggestion beruhen. Menschen, die nie Taijiquan gelernt haben, bewegen sich im *Zifa Wuqinxi* in den typischen Zeitlupenmustern; Menschen, die nie etwas von Derwischtanz gehört haben, drehen sich minutenlang um die eigene Achse. Oder es entstehen die charakteristischen Tierbewegungen und Ausdrucksformen der Fünf Elemente.

Zifa Wuqinxi ist mehr

Um das, was im *Zifa Wuqinxi* passiert, zu erklären, reicht die Theorie der Fünf Elemente aber bei weitem nicht aus. In den Ausdrucksformen zeigt sich, dass das archetypische Wissen um Yoga, Taijiquan, Kampfsport, Akupressur in verschiedenen Etagen unseres Unterbewusstseins perfekt gespeichert ist. Das Abrufen der Fünf Tiere geschieht aus einem ganz bestimmten Stockwerk unseres Gehirns, dem limbischen System, also jenem Bereich, dem auch die Gefühle eng zugeordnet sind. Aber im Verlauf der Selbstregulation des Organismus bedient sich die Körperweisheit auch tieferer Etagen. Das Kleinhirn, auch Reptiliengehirn genannt, wird aktiviert, wenn Wurm- oder Krokodilbewegungen entstehen. Auch Identifikationen mit Pflanzen, oft mit Farnen oder anderen urzeitlichen Gewächsen, kommen vor.

· · · · ·

Es begann mit einem Gefühl von saftigen Unterarmen. Ich wurde zu einer Wasserpflanze, deren Blätter (Hände) kurz unter der Wasseroberfläche bewegt wurden. Sauerstoffbläschen tanzten von den Blättern aufwärts zum Licht, zur Sonne. Dann sanken die Blätter langsam nach unten ins Dunkle. Es war völlig dunkel um mich und ich spürte eine Strömung von rechts vorn nach links hinten. Dann ein neues Wachstum von unten nach oben. Ein dickerer Stamm. Kräftige Blätter und Früchte ragten aus dem Wasser und tauchten wieder ein, sanft, rhythmisch. Dann lösten sich Samen aus den Früchten und sanken in die Tiefe.

· · · · ·

Viele dieser und ähnlicher Ausdrucksformen habe ich auch in malaiischen Heilritualen erlebt,[11] in der Trance kommen sie aus den Tiefen des Unbewussten an die Oberfläche. Als archetypische Energiemuster – so glaube ich – sind diese Bewegungen und Identifikationen in uns allen, sowohl in den tiefen Gehirnschichten als auch im genetischen Code der Körperzellen, seit Urzeiten gespeichert.[12] Was der Körper von diesem Potenzial zur energetischen Selbstregulation braucht, das holt er sich während des *Zifa Wuqinxi*.

Ordnung – Chaos – Neuordnung

Was passiert während des Spontanen Fünf-Tiere-Qigong im Körper? Sehen, Hören, Denken werden nach innen aufs Dantian gerichtet, die Fähigkeit zur Reaktion auf die Umwelt ist vermindert (daher ist es wichtig, dass in geschützter Umgebung und in Anwesenheit des Qigong-Lehrers geübt wird). Die Tiefenentspannung hemmt die Aktivität der Großhirnrinde. Die Aktivität des vegetativen Nervensystems dagegen nimmt zu, Schaltstellen wie Dantian und Mingmen erhalten Impulse, das Qi fließt verstärkt und manchmal scheinbar chaotisch durch die Leitbahnen und löst Blockaden. Meistens schließt sich dann diesen lauten, dynamischen Entladungen eine Phase des Nährens, der Stille an, in der man sich ganz sanft, ganz eins mit allem Sein fühlt.

Die Energie, mit der wir uns normalerweise nach außen orientieren, steht so im Spontanen Spiel ganz für den Austausch zwischen den Körperfunktionen zur Verfügung. Der kontrollierende und oft einschränkende Verstand hat Pause und die älteren, meist „tierischen" Schichten regeln instinktiv den Energieaustausch.

Beeindruckend im *Zifa Wuqinxi* ist nicht nur die außergewöhnliche äußere Bewegung, sondern für die Übenden selbst auch immer wieder die unglaublich starke innere Bewegung, die Verbindungen schafft zwischen innerem und äußerem Raum, die Grenzen erweitert. Das Auftreten innerer Bilder, Farben und Formen, Veränderungen in Größen- oder Geruchsempfindungen oder auch in der taktilen Wahrnehmung kommen vor. All das kann Lust und auch Angst erzeugen, Gefühle, die im *Zifa Wuqinxi* ihren Raum bekommen, aber keine Wertung erfahren. *Wuqinxi* praktizieren heißt loslassen lernen, sich „gehen lassen", der eigenen Lebenskraft vertrauen, sich ihr überlassen, nicht gegensteuern. Nur dann kann das Qi seine selbstregulative, gesundheitsfördernde Wirkung entfalten und durch das zyklische Durchlaufen von Chaos[13] und Ordnung das lebendige Fließgleichgewicht des gesunden Menschen entstehen.

Anmerkungen

1) Der Begriff „Leibarbeit" wurde von Graf Dürckheim geprägt, der den „Leib als unmittelbaren Ausdruck der personalen Ganzheit" sieht. Für das Spontane Fünf-Tiere-Qigong muss ergänzt werden: „in seiner personalen und transpersonalen Ganzheit".

2) Um Qigong wissenschaftlich akzeptabel zu machen, grenzen sich viele chinesische Lehrer noch heute gegen „unkontrollierbare" Trancezustände ab.

3) Chinesischen Forschungen zufolge ist beim „normalen" Qigong das Gehirn vorwiegend im Alpha-Wellenmuster, während im Spontanen Fünf-Tiere-Qigong Theta-Wellen dominieren (Vortrag beim Internationalen Kongress über asiatische Medizinsysteme, Bombay, 1990).

4) Die Zuordnung der Tiere zu den Elementen durch Liang Shefeng unterscheidet sich teilweise von den Zuordnungen durch Prof. Jiao Guorui oder durch Gia Fufeng.

5) In Tempeltrancen, in denen die Medien von volksdaoistischen Gottheiten wie z. B. dem Affengott besetzt werden, entstehen teilweise die gleichen Ausdrucksformen wie im Zifa Wuqinxi. Es

bestehen jedoch grundlegende Unterschiede: Im Wuqinxi können beispielsweise keine Besetzungen von Fremdenergien vorkommen, weil der Geist im Dantian gebündelt bleibt.

6) Die alte, geleitete Form wird beschrieben in: Jiao Guorui, Das Spiel der Fünf Tiere. Medizinisch Literarische Verlagsanstalt. Von dem in chinesischer Sprache erschienenen Buch von Liang Shefeng über das Spontane Spiel der Fünf Tiere gibt es leider keine Übersetzung in eine westliche Sprache.

7) Thomas Ots, Stiller Körper – Lauter Leib: Aufstieg und Untergang der jungen chinesischen Heilbewegung Kranich-Qigong, Dissertation am Fachbereich Ethnologie der Universität Hamburg.

8) Erst in den letzten Jahren seiner Lehrtätigkeit hat Prof. Jiao spontane Bewegungen in sein eigenes Lehrprogramm aufgenommen.

9) Die meisten Problemfälle sind aus dem Kranich-Qigong bekannt geworden, meines Erachtens, weil die „Stehende Säule" einen weniger klaren Abschluss hat als das Spontane Spiel der Fünf Tiere.

10) Diese Kleingruppenarbeit habe ich bis heute über zehn Jahre Unterricht beibehalten, und es hat nie unerwünschte Wirkungen gegeben.

11) Eine bekannte „Figur" im malaiischen Schamanismus ist z. B. das weiße Krokodil (buaya puteh), in dessen Form der Schamane die Tiefen der Seele des Kranken erforscht.

12) Die Fähigkeit des Unbewussten zur genetischen Erinnerung wird für uns vorstellbarer, wenn wir uns in Erinnerung rufen, dass während der Embryonalentwicklung die Phylogenese noch einmal im Zeitraffer durchgemacht wird. In Embryonen findet man z. B. vorübergehende Anlagen zu „primitiven" Wirbelsäulen, Kiemenspalten oder anderen bis zu 25 Millionen Jahren alten genetischen Steuerungen. Werden diese Anlagen während der Ausbildung der menschlichen Form nicht umgewandelt, können in seltensten Fällen sogar Atavismen auftreten, d. h. der Mensch wird z. B. mit Ganzkörperbehaarung, Milchleisten oder Schwanzbildung geboren.

13) In medizinischen Untersuchungen wird mit dem „Heart Rate Variability Test" nachgewiesen, dass ein gesundes autonomes Nervensystem mit einem chaotischen Herzschlagmuster einhergeht.

Literatur
Jiao Guorui, Das Spiel der Fünf Tiere, Medizinisch Literarische Verlagsanstalt, Uelzen 1992
Lin Housheng, Luo Peiyu, 300 Questions On Qigong Exercises, Guangdong Science and Technology Press, 1994
Ots, Thomas, Stiller Körper – Lauter Leib. Aufstieg und Fall der jungen Heilbewegung Kranich-Qigong, Dissertation, Institut für Ethnologie, Universität Hamburg 1991
Wenzel, Gerhard, Qigong – Quelle der Lebenskraft, Edition Tau, Bad Sauerbrunn 1995
Zöller, Josephine, Das Tao der Selbstheilung, Ullstein Sachbuch, Frankfurt am Main/Berlin

DIE PSYCHOLOGIE
DER FÜNF ELEMENTE

1. Einführung

* * * * *

Die Hauptursache einer Krankheit liegt stets in der geistigen Verfassung des
Individuums, denn die Emotionen sind unendlich variabel.
Wenn das Herz gezügelt wird, kann man lange leben.
(Hoang Ti Nei King So Ouenn, Kapitel 8)

* * * * *

Die Traditionelle Chinesische Medizin betont sowohl die äußeren Einflüsse auf
den Menschen als auch die inneren Faktoren, die zu einem Ungleichgewicht
und in weiterer Folge zu Krankheit führen können. Wir wollen uns in diesem
Kapitel ausschließlich mit den inneren, geistigen Aspekten auseinandersetzen,
ohne die anderen Ebenen zu leugnen. Um die beherrschende Stellung der geistigen Ebenen und der Emotionen zu verstehen, ist es notwendig, uns kurz mit
dem daoistischen Konzept des Universums und des Menschen zu beschäftigen.
Die „drei Schätze" des Daoismus beschreiben die Welt und uns Menschen auf
drei Ebenen, die als Einheit gesehen und als Wirken des Dao beschrieben werden. Wir werden in einem späteren Kapitel in diesem Zusammenhang auch auf
den Begriff *Yuanshen* treffen.

Die Drei Schätze des Menschen

Das Konzept der Drei Schätze betont die Einheit von Körper und Geist, wobei das Qi die alles durchdringende Kraft darstellt. Sie stehen für drei verschiedene Kondensationszustände des Qi – der Lebenskraft, die alles in Schwung hält.

Die Essenz, das Jing, stellt die dichteste, materiellste Ebene der Lebenskraft dar und wird als so genanntes vorgeburtliches Qi in den Nieren und Nebennieren gespeichert. Die Essenz ist die Grundlage des Körpers und die Wurzel des Geistes.

Das Qi als zweite Ebene wird auf der nachgeburtlichen Ebene erzeugt, wobei die aufgenommene Nahrung und die Verdauungsfunktion bzw. der Mittlere Erwärmer die zentrale Rolle spielen.

Der Geist, *Shen*, ist die feinste Ebene und stellt den am wenigsten materiellen Zustand des Menschen dar. Der Begriff „Shen" wird oft mit Geist, Psyche oder Bewusstsein übersetzt. Gleichzeitig bezeichnet Shen aber auch einen der fünf mentalen spirituellen Aspekte des Menschen, zu dem wir noch später kommen werden.

Die Aktivität des Geistes hängt also von der Essenz und Qi ab: Sind Essenz und Qi stark und in voller Blüte, so ist der Geist ruhig, klar und wach. Sind hingegen Essenz und Qi erschöpft bzw. leiden sie an einem Mangelzustand, so wirkt sich das auch auf den Geist aus: Er ist unruhig, ängstlich und verwirrt. Von allen Organen und Funktionskreisen haben das Feuerelement und das Herz den engsten Bezug zum Geist. Da alle traditionellen Behandlungsformen von diesem Verständnis des Zusammenwirkens aller drei Ebenen bzw. aller fünf Elemente ausgehen, zielen sie bei geistigen Problemen immer auch auf die körperliche und energetische Ebene und umgekehrt.

Lassen wir nochmals den Berater des Gelben Kaisers sprechen:

• • • • •

Das Herz ist einem mächtigen, intelligenten und weitsichtigen Herrscher vergleichbar, der seinen Ministern befiehlt. Sie führen seinen Willen aus.
Ist der Herrscher nicht leuchtend und weitsichtig,
dann werden die anderen Funktionen gestört.
(Hoang Ti Nei King So Ouenn, Kapitel 8)

• • • • •

Der Geist, Shen, wohnt im Herzen und wird oft auch als „Herzblume" oder „Herzgeist" bezeichnet. Deshalb wird auch immer wieder betont, dass das Herz alle Emotionen und geistigen Aktivitäten wie Bewusstsein, Gedächtnis, Wahrnehmung, Achtsamkeit, Ideen etc. beeinflusst. Das heißt aber andererseits, dass die Sinneswahrnehmungen wie Hören, Riechen, Schmecken, Tasten und Sehen nicht nur von den „klassischen" Funktionskreisen geregelt, sondern auch immer vom Feuerelement mitregiert werden.

Wenn also ein Mensch ein starkes Herz und einen ruhigen Geist hat, werden seine Sinneseindrücke gut funktionieren: Er kann klar denken, besitzt ein gutes Gedächtnis, Bewusstsein und scharfe Einsicht, hat einen Fluss von Ideen und weise Einsichten und kann sich an einem tiefen Schlaf erfreuen.

2. Der ursprüngliche Zustand – Yuanshen

● ● ● ● ●

In alten Zeiten konnten die Vollkommenen die Kräfte der Natur beherrschen, Yin und Yang in Einklang bringen, die reine Energie atmen und Körper und Geist in voller Blüte bewahren; ihre Gestalt änderte sich nicht. Diese Menschen lebten in Einklang mit dem Dao; daher konnten sie ewig leben.

(Hoang Ti Nei King So Ouenn, Kapitel 1)

● ● ● ● ●

Sowohl im Daoismus als auch im Buddhismus werden „vollkommene Menschen" beschrieben, die noch im Einklang mit dem Dao, dem Ursprungsgeist, dem Yuanshen, lebten. Oft wird in diesem Zusammenhang von „Unsterblichen" oder „ursprünglichen Menschen" gesprochen, die nicht in der Dualität leben, sondern noch die Einheit, den Ursprung des Seins verkörpern. In allen Kulturen gibt es Versuche von Beschreibungen dieses ursprünglichen vergeistigten Zustandes.

Yuanshen stellt die Ebene der allumfassenden Weisheit dar. Der aktive, schöpferische Aspekt (Hexagramm 1 des *Yijing*) des Yuanshen wird Yang genannt, der empfangende Aspekt (Hex 2) wird Yin genannt.

• Yuanshen entspricht unserem ursprünglichen gesunden Zustand.
• Yuanshen wird substanziell gesehen und durch das Feuer-Element (Großes Yang) dargestellt. Das Herz ist die mikrokosmische Darstellung des Makrokosmos in uns.

- Über das Blut (Kreislaufsystem) tritt Yuanshen in Verbindung mit sämtlichen Körperteilen und verknüpft sie miteinander.
- Ist die Verwirklichung vorhanden, besteht die Möglichkeit, über das Feuer-Element jegliche energetische Veränderungen durchzuführen.
- Yuanshen (das Feuer-Element) kontrolliert alle anderen Elemente, ganz besonders *Po*, unsere animalische und triebhafte Seele (Feuer kontrolliert Metall).

Wenn man nun die verschiedenen buddhistischen Konzepte betrachtet, kann man den daoistischen Begriff von Yuanshen mit den Drei Körpern vergleichen.

DER URSPRÜNGLICHE ZUSTAND UNSERER NATUR DES GEISTES

Die drei Ausdrucksweisen des Geistes, die Drei Körper:

1. Offenheit: Raum gleich Wahrheit und Potenzial, zeitlos und nicht geboren.
2. Klarheit: Dieses Potenzial ist nicht nur Möglichkeit, sondern kann sich selbst befruchten und ist reine Bewusstheit.
3. Grenzenlosigkeit: Der Raum ist unaufhörlich in seiner schöpferischen Möglichkeit und Kreativität.

Ausgehend von diesen drei Ebenen wurden im Buddhismus die Fünf Weisheiten beschrieben. Wie Regenbogenlichter sind die Fünf Weisheiten die innewohnenden und ausdrucksreichen Qualitäten des Geistes. Es sind zeitlose Archetypen, die durch die Ichhaftigkeit verdrängt wurden. Diese Qualitäten entspringen unserem natürlichen Gewahrsein.

DIE FÜNF WEISHEITEN IM TÄGLICH UMGANG

1. Raumgleiche Weisheit oder die Kraft, Dankbarkeit zu erweisen
2. Spiegelgleiche Weisheit oder die Kraft, verzeihen zu können
3. Unterscheidende Weisheit oder die Kraft, liebevoll zu sein
4. Weisheit der Wesensgleichheit oder die Kraft, großzügig zu sein
5. Vollendende Weisheit oder die Kraft, hilfreich zu sein

Diese Ebenen beschreiben einen menschlichen Zustand, den wir in uns immanent tragen und den es wieder zu entdecken gilt.

Im folgenden Kapitel wollen wir uns wieder mehr dem daoistischen Verständnis der drei Schätze und der Fünf Elemente zuwenden. Die bisher dargestellten Elemente der fünf buddhistischen „Weisheitsebenen" lassen sich ebenso bei den Fünf Elementen wieder finden, und zwar als hinter der herkömmlichen Ebene der Emotionen liegend, wie sie in der Literatur sonst überall genannt werden.

3. Die Drei Schätze und die Fünf Elemente – die Weisheitsebene

● ● ● ● ●

Es gab da noch eine dritte Art von Menschen, die als Weise bekannt waren. Die Weisen lebten in Frieden unter dem Himmel auf der Erde, sie folgten dem Rhythmus der Planeten und des Universums … Ihre Gefühle kannten keine Extreme, sie lebten ein ausgewogenes, zufriedenes Leben. Ihre äußere Erscheinung, ihr Verhalten und Denken spiegeln nicht die Konflikte der Gesellschaft wider. Im Inneren vermieden sie es, sich übermäßig zu belasten. Sie weilten in Stille und erkannten die leere Natur der Erscheinungen.
(Der gelbe Kaiser, Kapitel 1)

● ● ● ● ●

Hier bezieht sich der Daoismus auf Menschen, die ganz normal in der Gesellschaft ihrer Arbeit nachgehen, aber noch im Einklang mit den Drei Schätzen, den Jahreszeiten und den Elementen leben. Die Emotionen werden hier noch mehr als weise Einsichten und Erkenntnisse der menschlichen Natur verstanden, wo das Wissen um die Einheit von Subjekt und Objekt stärker im Vordergrund steht und die wahre Natur des Geistes noch erlebbar ist.

Wir wollen sie in der Folge als „Weisheitsebene" bezeichnen. Die Begriffe ergeben sich aus den Emotionen der Fünf Elemente und den im *Gelben Kaiser* genannten Tugenden. Die Fähigkeiten zu

• Geduld und Kreativität – Holzelement
• Geistesfrieden und Liebe – Feuer
• Achtsamkeit und Zentriertheit – Erde
• Mitgefühl und Loslassen – Metall
• Furchtlosigkeit und Weisheit – Wasser

sind universelle „Eigenschaften", die es in vielen verschiedenen Kulturen zu erreichen gilt.

Sie sind im Alltag oft schwer zu leben, aber durch verschiedene Methoden – durch Meditation oder Stilles Qigong z. B. – lässt sich mehr und mehr ein Leben in Ruhe, Stille und Weisheit verwirklichen. Gleichzeitig machen aber auch die alltäglichen Emotionen uns als Mensch aus, solange wir leben. Es gilt ein Gleichgewicht zu finden zwischen „Emotionen leben", d. h. auch ausleben, und dem Wiederbesinnen auf unsere zugrunde liegenden Fähigkeiten zu Liebe und Mitgefühl.

Wenn man die daoistische Sichtweise der „Weisheitsebene" und die buddhistische Beschreibung vergleicht, sind es oft nur andere Begriffe oder Blickwinkel, die Menschen beschreiben, welche nicht nur am Gängelband der alltäglichen Emotionen herumgezerrt werden.

DIE ZYKLEN DER FÜNF ELEMENTE

So wie auch auf allen anderen Ebenen der Fünf Elemente sind die Zyklen und Zusammenhänge sowohl bei den Emotionen als auch auf der Weisheitsebene maßgeblich, um in das Verständnis der Psychologie der Fünf Elemente eintauchen zu können.

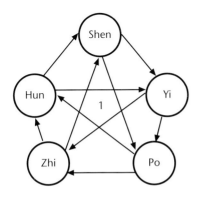

Fünf-Elemente-Zyklen – allgemein

Fütterungszyklus auf der Weisheitsebene

Furchtlosigkeit führt zu Geduld
Geduld zu Geistesfrieden
Geistesfrieden zu Achtsamkeit
Achtsamkeit zu Mitgefühl
Mitgefühl zu Furchtlosigkeit

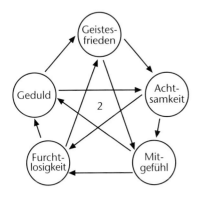

Fütterungs- und Kontrollzyklus auf der Weisheitsebene

Kontrollzyklus auf der Weisheitsebene

Furchtlosigkeit kontrolliert Geistesfrieden
Geistesfrieden kontrolliert Mitgefühl
Mitgefühl kontrolliert Geduld
Geduld kontrolliert Achtsamkeit
Achtsamkeit kontrolliert Furchtlosigkeit

4. Die geistige Ebene und die Weisheiten der Fünf Elemente

Im folgenden Kapitel wollen wir nun den Sprung von der Ebene Yuanshen und der Weisheitsebene zu den so genannten Emotionen machen. Als Zwischenschritt bzw. Übergang bietet sich das daoistische Konzept der fünf „Geistwesen" an.

Im Verständnis des Daoismus und der TCM regieren auf der geistig-spirituellen Ebene so genannte Geistwesen die Fünf Elemente und ihre zugehörigen Organe. Sie sind sozusagen die Grundmatrix der Fünf Elemente und der Emotionen auf der feinstofflichen Ebene – Shen – und geben dem Praktiker eine wertvolle Hilfe bei der Beurteilung des Patienten oder Klienten.

In daoistischen Werken über die Innere Alchemie, z. B. in *Das Mark des Roten Phönix* oder in *Das Geheimnis des Goldenen Elixiers* wird genau beschrieben, wo diese fünf Kräfte im Körper zu Hause sind und welche Aufgaben sie zu erfüllen haben. In diesem Artikel werden sie vor den klassischen Emotionen genannt, da sie den „Oberbau" der Psychologie repräsentieren.

DAS GEISTIGE WESEN DER JEWEILIGEN ELEMENTE: SHEN, HUN, PO, YI, ZHI

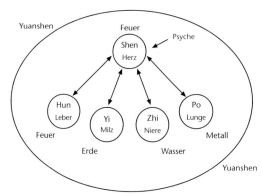

Es gibt zweierlei Formen von Shen. Eine Form wird Yuanshen genannt und entspricht unserem ursprünglichen und zeitlosen Potenzial, wohingegen Shen als Ausdruck von Identifikation mit Gewohnheitsmustern verstanden wird, als Bewusstsein des Alltags. (Der Begriff „Yuanshen" wurde bereits im zweiten Abschnitt erläutert.)

Die fünf geistig-spirituellen Ebenen

Shen und das Bewusstsein

In der modernen Literatur wird Shen als Begriff für Bewusstsein verwendet. Das Wort „Bewusstsein" suggeriert eine Trennung zwischen dem Objekt des Begehrens und dem Wahrnehmenden selbst. Es ist wichtig, Shen und Yuanshen voneinander zu unterscheiden. Yuanshen ist frei von jeglicher Bezeichnung, während Shen sich ausschließlich anhand von Konzepten definieren kann.

Shen unterliegt jeglichen pathologischen Veränderungen, Yuanshen hingegen nicht. Philosophisch gesehen ist es die Liebe des Yuanshen für seine eigene Schöpfung, die Shen hervorbringt. So gesehen ist Shen ein Produkt von Identifikation und kann zusätzlich als Ichhaftigkeit definiert werden.

Die Unwissenheit als Ursprung des Leidens

Die Unwissenheit (das Nicht-Erfahren der einem innenwohnenden Natur) ist der Ursprung jeglicher Krankheit. Shen als Ausdruck des Bewusstseins wird organisch durch das Herz dargestellt und unterliegt deshalb auch allen emotionellen Schwankung. Sun Simiao (6. Jh.) schrieb in seinem Werk, dass alle Emotionen dem Herz zugeordnet werden können. Damit wird der Auflistung des *Huangdi neijing* keineswegs widersprochen, denn die Feststellung, dass das Herz die Vereinigung aller Gefühle versinnbildlicht, ergänzt lediglich die im *Huangdi neijing* vertretene Auffassung.

Geistige Merkmale eines ausgewogenen Shen

Eigenschaften:
- Ethisches Verhalten, tugendhaftes Benehmen
- Spontanes und müheloses Auffassungsvermögen
- Achtsamkeit, Klarheit, Einsicht
- Mühelose Disziplin und Ordnungsgabe
- Gutes Gedächtnis, zurückreichend bis in die Kindheit
- Positive Neugierde, Begeisterung, Optimismus, Freude

Anhand dieser Merkmale kann man sehen, in welcher Verfassung sich unser Herz bzw. die Shen-Energie gerade befindet.

Körperlicher Ausdruck eines ausgeglichenen Angeborenen oder Erworbenen Shen

- Die Augen glänzen.
- Der Augapfel ist weiß.
- Die Pupille ist klein und strahlend.
- Die Augen sind zentriert und liebevoll.
- Das Gesicht ist symmetrisch mit harmonischen Zügen.
- Die Haut ist glänzend und weich.
- Die Haare und Fingernägel sind glänzend und schön geformt.
- Das Aussehen und die Ausstrahlung sind liebevoll und anziehend.
- Der Körpergeruch ist angenehme und duftend.
- Die Stimme ist kraftvoll, eindringend, beruhigend und harmonisch.

Die traditionellen Ärzte wissen den ersten Eindruck, den ein Patient auf sie macht, sehr zu schätzen. Diese sehr knapp gehaltene Auflistung sollte allerdings nicht als allgemein gültiger Maßstab für eine Beurteilung verwendet werden. Es gibt genug Menschen, die den Rahmen des relativen Aussehens überspringen und trotzdem in einem Zustand der Glückseligkeit verweilen.

Das Bewusstsein *(shen)* verliert durch folgendes Verhalten an Klarheit
- Untugendhaftes Verhalten mit Körper, Rede und Geist (z. B. Töten, auch von Tieren, Lügen, Stehlen usw.)
- Drogenmissbrauch (Haschisch, Heroin usw.)
- zu viel Denken – das Festhalten oder Verneinen von Eindrücken und Gefühlen verletzen die Klarheit des Shen. Damit ist nicht das im Alltag notwendige Denken gemeint, sondern das krampfhafte Denken, das zum Ziel hat, die Ichhaftigkeit aufrechtzuerhalten.
- Schlafstörungen

Klassische Merkmale eines geschwächten Shen-Zustands
- kein Ethisches Verhalten, untugendhaftes Benehmen
- Pessimistische, depressive Haltung, Patient äußert sich ständig negativ über andere und sich selber
- Mangelndes Dankbarkeitsgefühl
- Vergesslichkeit
- Schlafstörungen usw.

Falsches Shen
Diese Diagnostik ist traditionellen Ärzten wohl bekannt. Der Begriff „Falsches Shen" bezieht sich auf einen energetischen und psychosomatischen Zustand kurz vor dem Sterben. Nachdem alles aufgegeben wurde, tritt für eine kurz Zeit eine Besserung ein.
- Die Krankheit ist offenbar tödlich.
- Der Patient sieht etwas besser aus, er hat mehr Farbe im Gesicht.
- Der Patient meint, er werde bald wieder gesund sein.
- Der Patient meint, er werde bald wieder nach Hause gehen können.
- Der Appetit wird kurzfristig etwas besser.

Das ist ein letztes Aufflammen des Shen; die Quintessenz des Körpers *(jing)* ist erschöpft. Der Mensch wird bald seinem Ursprünglichen Potenzial *(yuanshen)* wiederbegegnen.

Die Klarheit des Shen wird durch Folgendes unterstützt

• Ethische Lebensführung
• Spirituelle Praxis wie Meditation, Gebet usw.
• Studium von philosophischen Werken oder Biografien großer Meister
• Studieren, Reflektieren, Nachdenken über inhaltsreiche Themen
• Ausgewogene Lebensweise

Im praktische Sinn sind Menschen mit gutem Shen selbstständige und auch eindrucksvolle Persönlichkeiten.

DAS SPEICHERBEWUSSTSEIN: HUN

Bedeutung und Eigenschaften

• Hun ist der Yang-Aspekt der Leber und wird durch das Blut *(yin)* festgehalten.
• Hun und Po bilden gemeinsam das Unterbewusstsein des Menschen.
• Hun ähnelt unserem Speicherbewusstsein. Alle vorgeburtlichen, fötalen und nachgeburtlichen Eindrücke werden in Hun gespeichert.
• Unbewusste ethnologische, Volks-, Stammes- und Familiengewohnheiten werden in Hun gespeichert.
• Hun ist der Sitz der emotionellen Erinnerung.
• Hun ist die Speicherkammer des Geistes und die Vorstufe zu Shen.
• Hun ist ähnlich wie eine Projektor (Shen entspricht in diesem Vergleich der Leinwand – Holz erzeugt Feuer, Shen).
• Der Inhalt des Hun wird auf die Leinwand des Geistes projiziert. Deshalb wird Hun auch „Schatten des Shen" genannt.
• Träume gehören zu Hun. Albträume können aus Leber-Blut- und Yin-Mangel entstehen.
• Hun entspricht der Fähigkeit, aus Erfahrungswerten die Zukunft zu planen.
• Hun ist der General des Herzen. Er analysiert die jetzige Situation, um schnell Entscheidungen treffen zu können.
• Hun ist die Kreativität, die vom Herz *(shen)* kanalisiert werden muss.
• Hun entspricht unserer unbewussten Reflexfähigkeit: In lebensbedrohlichen Situationen ist das *Yi* (das Wachbewusstsein) ausgeschaltet und Hun übernimmt das Kommando.
• Hun ist ununterbrochen aufnahmefähig, auch bei Bewusstlosigkeit.
• Alle in Hun gespeicherten Informationen werden gleich bewertet. Hun-Denken ist geradlinig und einfach.
• Hun verbindet sich mit allen Sinnesorganen und ganz besonders mit den Augen.
• Hun ist der Ursprung für Neurosen und Psychosen (*gui*; der chinesische Begriff „Gui" bedeutet übersetzt „Geister", „Zombie").

Hun-Fülle: Der Unflexible – unflexibel wie ein alter Baum

- Kann Informationen nicht voneinander trennen
- Kein Unterscheidungsvermögen
- Nimmt alles, was ihm gesagt wird, auf
- Keine Vorstellungskraft: kann sich nur vorstellen, was ihm vorgeschrieben wurde (Paragraf so und so …)
- Alles ist pragmatisch, sachlich und kalt
- Folgt den Gewohnheiten seiner Vorfahren ohne Weiterentwicklung
- Sehr traditionell
- Exzellenter Beamte, funktioniert nach Paragrafen, Gesetzen und Befehlen
- Autoritätshörig : „Ja, Herr Professor"
- Nicht anpassungsfähig, seine Planung ist altmodisch und entspricht nicht der Zeit
- Fürchtet Veränderungen
- Stur aus Unsicherheit
- Benutzt die gleichen Sprüche seit 50 Jahren
- Gefährlicher Führer in der Not, weil er nicht improvisieren kann
- Kann auf Befehl jegliche Paragrafen, biblische Kapitel und Sprüche wiederholen, ohne den Sinn davon zu verstehen(Papagei-Effekt)
- Da Hun-Menschen es nicht mögen, wenn ihnen widersprochen wird oder wenn an ihnen gezweifelt wird, werden sie sehr schnell zornig, sogar aggressiv
- Benehmen sich wie Forrest Gump

Hun-Leere: Der Chaotische

- Instinktives Gedächtnis, nicht von Shen geführt
- Kann nicht planen
- Schlechtes Gedächtnis
- Chaotisches Verhalten
- Träumer, Idealisten, die nichts zur Verwirklichung bringen
- Möchte keine Entscheidungen treffen
- Bricht mit der Tradition
- Trennt sich von seinem Stamm oder der Familie und geht auf die Suche nach etwas Neuem: Die Möwe Jonathan
- Will alte Gewohnheiten verändern und will sich nicht mehr anpassen
- Anarchist, Revolutionär (zu Hause oder in Gedanken!)
- Vor allem in der Phase der Pubertät(14 – 16) spürbar und normal
- Unzuverlässig, hält sich an keine Abmachung: Er wollte um 14.00 Uhr eintreffen und kommt um 20.00 Uhr
- Sehr kreativ und voller Ideen, es fehlt ihm nur der Antrieb, sie umzusetzen

- Seine Kreativität bringt ihn dazu, Dinge zu entwickeln, die sinnlos oder unwichtig sind
- Sehr großzügig; die Hun-Wohltätigkeit ist berühmt, teilweise unausgewogen
- Kämpft für den Frieden der Welt
- Als Kind sehr unkonzentriert in der Schule
- Der verrückte Professor, der sich wie ein Kind benimmt, dafür aber tolle Sachen erfinden kann
- Weil der Hun-Mensch aus Lebenserfahrung gut improvisieren kann, ist er in lebensbedrohlichen Situationen ein guter Führer

DER ARCHITEKT DES KÖRPERS, DIE ANIMALISCHE SEELE: PO
Bedeutung und Eigenschaften

„Sich für diese Inkarnation entschieden zu haben, bedeutet, ein stabiles Po zu besitzen. Wer sich nicht für dieses Leben entscheiden konnte, wird diesen Körper nur schwer aufrechterhalten können."

- Po entspricht dem unbewussten Aufrechterhalten von Lebensfunktionen
- Po ist unser Lebensinstinkt, das Urgedächtnis, das alle physiologischen Prozesse aufrecht hält
- Po kontrolliert unsere Immunität und unser hormonelles System. Unser Bedürfnis, die „Form" zu beschützen
- Po ist der Architekt des Körpers, der ätherische Leib, der der Form seine Entfaltung ermöglicht
- Aus Po (Metall) entwickelt sich Jing (Wasser), die Form
- Po ist die animalische Seele
- Alle lebensnotwendigen Reflexe wie Atmen, Essen und Ausscheiden werden von Po kontrolliert
- Das Gelernte wird von Hun wiederholt. Das Gewusste wird von Po durchgeführt
- Po ist älter als Hun
- Emotionelle Schmerzen gehören zu Hun, physische Schmerzen zu Po

Po-Fülle: Der Egoist
- Egoismus
- Nimmt keine Rücksicht auf seine Umgebung
- Geizig
- Menschenfeindlich
- Gourmand, isst alles, was vor ihm steht
- Der Mensch mit Po-Fülle ist immer um seine Zukunft besorgt, egal wie viel er schon besitzt oder hat

- Chronisches Unsicherheitsgefühl, was das Morgen betrifft
- Klugheit bis zur Skrupellosigkeit
- Perverse Gewohnheiten
- Skrupellos, pervers, Sadist, Zuhälter
- Schizophrenie
- Das Leiden anderer löst in ihm ein Gefühl von Sicherheit aus

Po-Leere: Der Aussichtslose

- Zu großzügig, gibt alles weg, was er hat
- Selbstlos aus Desinteresse
- Geschwächter Lebensinstinkt
- Immunitätsschwäche, Unfallgefahr
- Schlechte Reflexe
- Fühlt sich unsicher in alltäglichen Handlungen wie Reden und Laufen
- Inkontinenz aus Unsicherheit oder Aufregung
- Zweifel an den eigenen Fähigkeiten (Reflexfähigkeit)
- Neigt schnell zu Aufregung
- Vergisst oft bei alltäglichen Handlungen, wie sie funktionieren
- Depression und Selbstmordgedanken
- Die Selbstlosigkeit eines Menschen mit Po-Leere ist eine verborgene Aussichtslosigkeit

UNSERE ZUORDNUNGSFÄHIGKEIT, DIE RATIO: YI

Bedeutung und Eigenschaften

- Feuer ist die unmittelbare Bewusstseinsstruktur
- Das ungeformte Denken, die Idee (Feuer), wird zum Gedanken (Erde, Yi)
- Das Wort (der Logos) wird zum Ausdruck (Erde)
- Gedächtnis gehört zu Yi
- Der Identifizierungsprozess und die Gabe, Eindrücke und Gefühle wiederholen zu wollen, gehören zu Yi, zum Ich-Bewusstsein
- Dieses Festhalten an Eindrücken (was der Feuchtigkeit entspricht) wird auch Yi zugeordnet
- Ohne Yi hätten Geistesgewohnheiten keine Möglichkeit zu bestehen. Yi hält diese Ich-Illusion durch Anhaftung und Erinnerung aufrecht
- Yi ist die Verbindung zwischen Vergangenheit (Holz) und Zukunft (Metall)
- Nachdenken über die Vergangenheit oder über die Zukunft wird Yi zugeordnet
- Klassifizierung und Zuordnung wird von Yi ermöglicht. Das ist unser Ratio, der Kern unseres Intellekts

- Verglichen mit Hun und Po entsprechen Yi nur zehn Prozent des sichtbaren Eisbergs
- Bei emotionellem Schock oder physischem Schmerz wird Yi ausgeschaltet; während dieser Zeit, übernehmen Hun und Po das Kommando
- Der Mangel an Gewahrsein führt zu ständigem Ausschalten des Yi

Yi-Fülle: Der Besessene

- Sehr starkes Konzentrationsvermögen
- Besessenheitsdenken
- Manisches Verhalten (schaut fünf Mal nach, ob die Tür auch richtig geschlossen wurde)
- Fanatismus
- Jede Kleinigkeit wird zu einem Berg gemacht
- Einschlafstörung durch zu viele Gedanken
- Kann nicht loslassen und einordnen
- Ergreift oft einen Beruf, der mit Prüfung und Untersuchung zu tun hat

Yi-Leere: Der Zerstreute

- Konzentrationsschwäche
- Geistige Müdigkeit
- Schlechtes Gedächtnis
- Zerstreut, denkt jede Sekunde an etwas anderes
- Kann sich für nichts interessieren
- Seine Schlussfolgerungen sind verwirrt

DIE ANTRIEBSKRAFT: ZHI

Bedeutung und Eigenschaften

- Die Seele des Führers
- Willenskraft
- Ausdauer, Beharrlichkeit
- Zhi bewegt Yi, Hun, Po und sogar Shen
- Die letzte Entscheidung wird von Zhi getroffen
- Die Treibkraft in uns
- Charisma, animalischer Magnetismus (hat nichts mit Verwirklichung zu tun)
- Geschicklichkeit, Klugheit
- Selbstwertgefühl

Zhi-Fülle: Der Machtgierige

- Kann Gefahren nicht sehen und wird übermütig

- Impulsiv und zu schnell in seiner Entscheidung
- Machtsüchtig
- Autoritär
- Starkes sexuelles Bedürfnis
- Kämpferisch
- Paranoides Yang: Er sieht nur Feinde um sich herum. Diese Form von Paranoia ist gefährlich, wir haben genug historische Beispiele dafür: Mao, Hitler usw.

Zhi-Leere: Der Unentschiedene
- Ängstlich
- Trifft keine Entscheidungen
- Minderwertigkeitskomplex
- Schüchtern
- Sehr pessimistisch, sieht alles schwarz und ohne Zukunft
- Schwache Willenskraft
- keine Disziplin
- schwache Sexualität
- Führt eine Sache nie zu Ende

5. Die Emotionen und ihre Aspekte nach Yin und Yang

* * * * *

Es gibt die Tugendhaften, die wussten, wie man die Bewegungen des Himmels und der Erde, der Sterne und des Mondes erkennt; wie man dem Auf und Ab von Yin und Yang folgt und den Unterschied der Vier Jahreszeiten wahrnimmt.
(Hoang Ti Nei King So Ouenn, Kapitel 1)

* * * * *

Hier beschreibt der Gelbe Kaiser Menschen, die in unserer Mitte leben, sich der Kräfte von Yin und Yang bewusst sind und im Einklang mit den Jahreszeiten und den Fünf Elementen leben.

Im Modell der Drei Schätze bewegen wir uns hier auf der zweiten, mittleren Ebene, der des Qi und der Psyche mit all ihren Ausformungen der Emotionen. Bereits in diesem Werk wird von den traditionellen sieben Emotionen gesprochen, die mit den Fünf Elementen und den entsprechenden Organen zu tun haben:

● ● ● ● ●

Der Mensch hat fünf Organe, die die fünf Energien enthalten und Zorn, Freude
und Begierde, Sorge, Traurigkeit, Ängstlichkeit und Furcht erzeugen …
Sind Freude und Zorn sehr heftig und Kälte und Wärme im Übermaß,
so dauert das Leben nicht lange.
(Hoang Ti Nei King So Ouenn, Kapitel 5)

● ● ● ● ●

Abgesehen von der traditionellen, auf Beobachtung basierenden Zuordnung
von Emotionen zu bestimmten pathologischen Symptomen ist hier der Hinweis auf die thermischen Auswirkungen der Gefühle besonders hervorzuheben.
Bevor wir uns jedoch den thermischen Auswirkungen auf den Körper widmen,
wollen wir noch die Emotionen nach Yin und Yang untersuchen.
In unserem menschlichen Alltag sind maßvoll ausgedrückte Emotionen immer
„positiv" zu verstehen und in einem gewissen Grad auch immer yang im Sinne
von bewegend. Daher ist die Einteilung von Yin und Yang relativ und in Bezug
zu bestimmten Ausgangszuständen zu verstehen. Yin und Yang sind keine absoluten Zuteilungen, sondern immer in Relation zu einem bestimmten Blickwinkel zu sehen.

YIN-YANG UND DIE FÜNF ELEMENTE

● ● ● ● ●

Eins wird zu Zwei und Zwei wird zu Fünf
Das Gesetz des Himmels bringt uns zur Vernunft
Das Dao ist der Quell, aus dem alles entsteht
Yin und Yang die Hände, aus denen es besteht
Das Yang ist das Licht, die Wärme und Expansion
Das Yin die Dunkelheit, die Kälte und Kontraktion
Vier sind seine Glieder und Fünf sein Mund
Essen und Trinken hält alles gesund.

● ● ● ● ●

Es folgen einige wichtige Erklärungen und Beschreibungen der TCM, um das Zusammenwirken zwischen Körper und Psyche und Geist nochmals in Erinnerung zu rufen.

PHYSIOLOGIE UND PSYCHE

- Die Psyche wird physiologisch durch Herz und Kreislaufsystem dargestellt.
- Herz und Kreislauf gehören zum Feuer-Element.
- Das Feuer-Element ist das „yangigste" Element des Organismus.
- Das Feuer-Element ist die substanzielle Darstellung unserer ursprünglichen Weisheit.
- Nimmt die Weisheit zu, kühlt die innere Hitze ab.
- Im Bereich von Herzen und Kreislauf spielt sich unsere gesamte Emotionalität ab. Egal welche Emotion erlebt wird, sie führt immer zu einer Veränderung der Herzfunktion und unserer Durchblutung.
- Das Herz als Kaiser verbindet über das Blut alle Körperteile miteinander. Das Blut ist der Botschafter des Herzen.
- Das Herz ist das Haus des Ich und das Blut dessen flüssige Form.
- Das Wasser nährt die Form *(jing)* und beherbergt das Herz.
- Die Nieren (Wasser-Element) bilden die Form, mit der sich unser Geist identifizieren kann.
- Essenz und Geist bedingen sich gegenseitig (Wasser und Feuer) und bestimmen die Dauer und Qualität einer Inkarnation.
- Das Jing (die Essenz) ist wie das Paraffin einer Kerze und Shen wie die Flamme. Diese Verbindung bestimmt das Leben.
- Falls sich das Jing durch Krankheiten, Alter oder unausgewogene Lebensweise erschöpft, wird Shen entwurzelt und verliert an Glanz.
  Bei völliger Entleerung des Jing muss Shen seinen Ort (den Körper) verlassen.
- Wasser ist die substanzielle Darstellung unserer Form (Knochen und Mark) und die Erde ist der Wächter dieser Form.
- Der Kreislauf wird „Herzschutz" genannt. Das Blut nährt das Herz und besänftigt sein expansives Benehmen.
- Leber und Kreislauf gehören zusammen. Leber speichert Blut und nährt als Holzelement das Herz.
- Blut erfrischt das Herz und Jing (die Essenz) verwurzelt den Geist.
- Alle Emotionen wirken erhitzend und werden durch die Flüssigkeiten und das Blut besänftigt.
- Bei zu geringem Blut verliert das Herz die Fassung, der Schlaf kann nicht erholsam sein und der Mensch verliert sein sanftes Gemüt.
- Bei zu geringem Jing gerät der Mensch in Panik.

- Hun, Po, Zhi und Yi sind Bestandteil von Shen.
- Übernimmt das Herz seine kosmische Verantwortung, sind die Elemente friedlich und gehorsam.
- Ursprünglich herrschte in uns keine Demokratie, sondern eine Theokratie durch die Liebe (Feuerelement).
- Seinen Ursprung zu verlieren ist der Quell des Leidens.

⬤ ⬤ ⬤ ⬤ ⬤

Diese Art des Heilens wird als Göttliche Kunst verstanden.
Claude Diolosa

⬤ ⬤ ⬤ ⬤ ⬤

In der folgenden Liste sind daher die Einteilungen in Yin und Yang bzw. positiv und negativ im Sinne eines systemischen Denkens zu deuten und immer in Bezug zu den Zyklen zu betrachten. Emotionen können als „negativ" bezeichnet werden, wenn sie entweder nicht offen an die Oberfläche des Bewusstseins dringen bzw. unser ganzes Sein über lange Zeit hinweg beherrschen und uns ständig überfluten.

Bei all den Zuordnungen und Auflistungen sollten wir uns hüten, wieder in ein lineares „Schubladendenken" zu verfallen. Andererseits verhelfen uns die folgenden Listen zu einem ersten Überblick.

PSYCHOLOGIE DER FÜNF WANDLUNGEN					
Wandlungsphase	Holz	Feuer	Erde	Metall	Wasser
Eigenschaften	Kreativ	Schöpferisch	Anständig	Zuverlässig	Weise
Tugend	Freundlichkeit	Respekt Ehre	Ausgeglichenheit Aufrichtigkeit Ehrlichkeit	Rechtschaffenheit	Sanftheit
Huangdi neijing	Zorn	Begierde Freude	Grübeln	Trauer	Angst Furcht
Positive Yin-Emotionen	Geduldig Anpassungsfähig Tolerant Verständnisvoll Gelassen Organisiert	Geistig klar und ruhig Friedvoll	Selbstbewusst Vernünftig	Mitfühlend Gerecht Selbstlos Aufrichtig	Weise Anziehend Charismatisch
Positive Yang-Emotionen	Kreativ Intuitiv Fantasievoll Unternehmungslustig	Begeistert Wissbegierig Optimistisch Neugierig Schöpferisch	Fürsorglich Hilfsbereit Unterstützend	Altruistisch Selbstlos Großzügig	Willensstark Entschieden Furchtlos

Negative Yin-Emotionen	Frustriert Depressiv Melancholisch Nostalgisch	Um das Göttliche, den Verlust der Einheit trauernd	Grübelnd Über die Vergangenheit nachdenkend	Sorgen über die Zukunft, Trauer	Ängstlich An Minderwertigkeitskomplexen leidend Pessimistisch
Negative Yang-Emotionen	Zornig Eifersüchtig Ungeduldig Launisch	Unter Zeitdruck stehend Begierig Hysterisch Verwirrt Wahnsinnig	Besessen Fanatisch Nachdenken über die Zukunft	Egoistisch Süchtig	Machtsüchtig Herrschsüchtig Herrisch Abergläubisch Paranoid

Die fünf daoistischen tugendhaften und positiven Eigenschaften

Tugend	Freundlichkeit	Ethisch	Fürsorglichkeit	Aufrichtigkeit	Weisheit
Positive Eigenschaften	Kreativ	Schöpferisch	Anständig	Zuverlässig	Weise
Geistige Eigenschaften	Hun	Yuanshen Shen	Yi	Po	Zhi
Kosmische Bedeutung der Fünf Geisteswesen	Speicherbewusstsein des Raumes Die Akasha-Chronik	Bewusstheit und Klarheit des Raumes (yuanshen)	Allwissenheit des Raumes	Die Struktur des Raumes Morphologische Felder des Raumes (Sheldrake) Zeitlose Signaturen Lehre	Die unaufhörliche Tatkraft des Raumes
Menschliche Bedeutung der Geisteswesen	Vorgeburtliche Charakteristik Speicherbewusstsein Karmische Prägungen	Bewusstsein (shen)	Intellekt Die Zuordnungsfähigkeit Das Denken	Architekt des Körpers	Willenskraft Antriebskraft
Esoterische Erläuterung	Astralkörper	Geisteskörper	Mentalkörper	Ätherischer Körper	Formkörper Aussehen
Die fünf Gedächtnisarten	Speicherbewusstsein Gefühlsgedächtnis Bildhaftes Gedächtnis Intuitives Gedächtnis	Ursprungsgedächtnis Zeitlose Erinnerung	Verknüpfungsgedächtnis Strukturiertes und geordnetes Kurzzeitgedächtnis	Zellulare / DNA-Erinnerung Körpergedächtnis Instinkt	Genetisches und Erbanlagen-Gedächtnis Langzeitgedächtnis

110

6. Systemische Zusammenhänge und Zyklen der Emotionen

Erst das Verständnis des Konzeptes der drei Ebenen von Jing, Qi und Shen und deren systemische Zusammenhänge ermöglichen es uns, die Emotionen besser zu verstehen. Es geht ja nicht darum, bestimmte Emotionen als gut und andere als schlecht zu klassifizieren oder überhaupt keine Emotionen mehr zu zeigen. Die Fünf Elemente und ihre Zyklen helfen uns, bestimmte Stimmungsschwankungen besser zu verstehen. Oft tappen wir lange vollkommen im Dunkel, warum wir zum wiederholten Mal in ein bestimmtes emotionales Loch gefallen sind oder immer wieder von derselben Angst heimgesucht werden. Genauso wie bei einer körperlichen Krankheit helfen uns die Zyklen, verschiedene Zusammenhänge zu erkennen und zum Ursprung oder Auslöser bestimmter Gefühle zu kommen.

Die TCM hat dann verschiedene Methoden und Ebenen – z. B. Ernährung, Kräuter, Meditation, Qigong, Akupunktur etc. – zur Verfügung, um ein Ungleichgewicht langfristig wieder ins Lot zu bringen.

DER FÜTTERUNGSZYKLUS

* * * * *

1. Holz brennt und erzeugt Feuer
2. Feuer (die Asche) erzeugt Erde
3. Erde verbirgt Mineralien und Metall
4. Metall, geschmolzen, fließt und erzeugt Wasser
5. Wasser nährt Holz (die Pflanzen)

* * * * *

Yin-Zyklus
Unsicherheit führt zu Frustration
Frustration zu Trauer
Trauer zu Nachdenken
Nachdenken zu Sorgen
Sorgen zu Unsicherheit

Yang-Zyklus
Paranoia führt zu Aggression

Aggression führt zu Hysterie
Hysterie zu Fanatismus
Fanatismus zu Gewalt
Gewalt zu Paranoia

Das bedeutet, dass bestimmte emotionale Prädispositionen, die in uns durch bestimmte Erlebnisse in der Jugend oder erst in jüngerer Vergangenheit angelegt wurden, sich entlang des Fütterungszyklus weiterentwickeln können. Dem Therapeuten bleibt es überlassen, dort einzugreifen, wo es am notwendigsten erscheint oder überhaupt möglich erscheint. Diese Entscheidung ist natürlich auch von der Persönlichkeit des Helfenden und seiner Stärken im kommunikativen und energetischen Bereich abhängig.

KONTROLLZYKLUS

1. Holz durchdringt die Erde
2. Erde nimmt das Wasser auf
3. Wasser löscht Feuer
4. Feuer schmilzt Metall
5. Metall schneidet Holz

Yin kontrolliert Yang, Yang kontrolliert Yin
Angst *(yin)* kontrolliert Begierde *(yang)*
Begierde *(yang)* kontrolliert Sorgen um die Zukunft *(yin)*
Sorgen *(yin)* kontrollieren Zorn *(yang)*
Zorn *(yang)* kontrolliert Grübeln *(yin)*
Grübeln *(yin)* kontrolliert Machtsucht *(yang)*

Das bedeutet, dass sich bei einem ganzen Durchlauf durch den Kontrollzyklus die Yin- und Yang-Ebenen um einen Schritt verschieben. Der Kontrollzyklus hat auch mit der Kontrolle und Neutralisierung von überschäumenden emotionellen Zuständen zu tun und kann in der Praxis sehr gezielt eingesetzt zu werden, um mit Patienten entsprechend umgehen zu lernen.

Angst *(yin)* neutralisiert Lebensfreude *(yang)*
Lebensfreude *(yang)* neutralisiert Sorgen *(yin)*

Sorgen *(yin)* neutralisieren Zorn *(yang)*

Zorn *(yang)* neutralisiert Grübeln *(yin)*

Grübeln *(yin)* neutralisiert Machtsucht *(yang)*

DER ERSCHÖPFUNGSZYKLUS

1. Holz saugt Wasser auf

2. Wasser rostet Metall

3. Metall entzieht der Erde Mineralien

4. Erde erstickt Feuer

5. Feuer verbrennt Holz

Frustration (Holz) führt zu Minderwertigkeitskomplexen (Wasser)

Minderwertigkeitskomplexe (Wasser) führen zu Sorgen (Metall)

Sorgen (Metall) führen zu Grübeln (Erde)

Grübeln (Erde) führt zu Trauer (Feuer)

Trauer (Feuer) führt zu Frustration (Holz)

DER VERLETZUNGSZYKLUS

1. Holz stumpft Metall ab

2. Metall entzieht dem Feuer die Hitze

3. Feuer verdampft Wasser

4. Wasser weicht die Erde auf

5. Erde erstickt Holz

Frustration (Holz) regt die Sorgen an (Metall)

Sorgen (Metall) regen die Trauer an (Feuer)

Trauer (Feuer) regt Angst an (Wasser)

Angst (Wasser) regt das Nachdenken an (Erde)

Nachdenken (Erde) regt die Frustration an (Holz)

7. Die Emotionen in den Fünf Elementen

In diesem Kapitel kommen wir nun zur feineren Aufteilung der Emotionen. Durch das systemische, zyklische Verbundensein finden wir alle Hauptemotionen in den verschiedenen Elementen wieder. Angst kann z. B. durch ganz entgegengesetzte Ursachen hervorgerufen werden, und es ist äußerst hilfreich, auch bei den Emotionen genauer nach den Fünf Elementen unterscheiden zu können.

EMOTIONELLE AUFTEILUNG IN DEN FÜNF ELEMENTEN

Elemente	Holz	Feuer	Erde	Metall	Wasser
Die Fünf Ängste	Menschenangst Berührungsangst Albträume Neurosen Psychosen Angst vor Veränderungen Angst vor Unerklärlichem Ängste Geisterangst Angst zu lieben und sich zu öffnen Angst aufzugeben	Gottesangst Verwirrungsangst Paranoia Panikzustand Auflösungsangst Angst vor Wahnsinn Stottern	Angst vor Irrationalem und Unstrukturiertem Intellektuelle Unsicherheit	Zukunftsangst Raumangst Existenzangst Betrugsangst Lebensunsicherheit Angst vor physischem Schmerz Operationsangst Spürt Gefahr im Voraus	Todesangst Sexuelle Angst Geldangst Schüchternheit Minderwertigkeitskomplexe Angst um die eigene Potenzfähigkeit Angst vor Naturphänomenen Angst um sein Ansehen
Die fünf Arten von Zorn / Aggression	Unterdrückte Kreativität Freiheitskämpfer Nachtragend Rachsüchtig	Hysterie Wahnsinn Revolution Krieg Bürgerkrieg Religiöser Wahn	Fanatismus Zorn, weil keine Lösung gefunden wurde	Fühlt sich ungerecht behandelt Überlebensinstinkt Kampf um die Zukunft Kampf um Gerechtigkeit Rücksichtsloser Egoismus, der zu Gewalt führt	Sexuelle Gewalt Verteidigt sein Geld mit Aggression Kämpft um sein Leben
Die fünf Arten des Begehrens	Begehrt die Freiheit Romantische Erinnerungen	Wissensdurstig Leidenschaftlich Begierig Göttliche Sehnsucht Sehnsucht nach Frieden	Essgier Feinschmecker Fresssack Epikurist	Suchtzustand Egoist Genießt die Askese Masochismus Genießt die Schmerzen	Libido Machtbesessen Geldgierig Begehrt Ansehen

Die fünf Arten des Grübelns	Melancholie Nostalgie Denkt über die Vergangenheit nach Schlechtes Gewissen Unentschieden	Spricht mit sich selbst Verwirrtheit Channelling-Syndrom	Denkt über alles nach, sowohl Vergangenheit als auch Zukunft Besorgt	Grübeln über die Zukunft Schmiedet ständig Pläne	Denkt über den Tod nach Macht sich Gedanken über die praktische Durchführung oder finanzielle Möglichkeiten
Die fünf Arten von Trauer / Sorgen	Schuldgefühle Heimweh Nostalgie Schmerzhafte Erinnerung	Gefühl des Missverstandenseins Man wollte Einheit und Frieden, andere wollten Krieg Unverstandensein Die eigene Botschaft wird nicht wahrgenommen	Man kann seine fürsorgliche Funktion nicht erfüllen; es fehlen die Mittel dafür	Zukunftssorgen Existenzsorgen	Sorgen um das Ansehen Geldsorgen Zeugungssorgen Erbschaftssorgen Nachfolgesorgen

8. Thermische und energetische Auswirkungen

Schon im Werk des Gelben Kaisers wird erwähnt, dass Emotionen thermische Auswirkungen auf uns haben und je nach Jahreszeit und Konstitution zu unterschiedlichen Problemen führen können. Für diese Differenzierung ist es wieder notwendig, auf Yin und Yang zurückzugreifen, da sie in ihren grundlegenden energetischen Beschreibungen die ausdehnende bzw. zusammenziehende Kraft der Emotionen sehr gut beschreiben können. Daraus folgend werden die thermischen Auswirkungen der Hauptemotionen genauer beschrieben.

YIN UND YANG DER EMOTIONEN

- Alle Emotionen sind yang – sie bewegen, treiben an und verändern.
- Zorn, Begierde und Eifersucht sind Yang in Yang und können zu entzündlichen Prozessen führen. Kurzfristig erhöht sich das Qi und das Yang, langfristig werden das Blut, die Säfte und das Yin ausgezehrt. Abgesehen von Eifersucht sind Yang-Emotionen intensiv und von kurzer Dauer, denn das Yang ist seiner Natur nach flüchtig und schnell.
- Nachdenken, Sorgen, Trauer, Angst, Schockzustand und Depression sind Yin in Yang. Durch ihre Yin-Eigenschaft sind Yin-Emotionen anhaltend und

chronisch. Die akute Phase erstickt das Qi, die chronische Phase das Blut, die Säfte und das Yin.

- Yang-in-Yang-Emotionen führen zu Extroversion, Yin-in-Yang-Emotionen führen zu Introversion.
- Frauen als Yin-Archetyp neigen mehr zu Introversion, Männer als Yang-Archetyp zu Extroversion.
- Introversion führt zu Stagnation von Qi und Blut, Extroversion zu einer aufsteigenden Bewegung von Qi und Blut.
- Die Fülle oder Leere von Säften, Blut und Jing kann die Verhaltensweise bestimmen: Introversion kann aus Säfte-Mangel entstehen. Yin- oder Yang-Emotionen bestimmen nur die Verhaltensweise. Yang-Konstitutionen neigen zu explosiven Verhaltensweisen mit teilweise hysterischem Benehmen. Yin-Konstitutionen neigen zu Schuldgefühlen und Depression bis hin zu Selbstmordgedanken.

ENERGETISCHE AUSWIRKUNG DER EMOTIONEN
Die Yang-in-Yang-Emotionen
Zorn
- Hebt das Leber-Qi.
- Regt das Gallenblasen-Feuer an und führt zu einer Umkehrung des Gallenblasen-Qi.
- Führt zu innerer Wind-Symptomatik (Schwindel, Kopfschmerz und Sehstörungen).
- Verschließt die Herzöffnungen: Bewusstlosigkeit.
- Die Zungenränder sind rötlich.

Begierde
- Regt das Kreislauf- und Nieren-Feuer an.
- Erschöpft das Yin des Herzens und der Nieren.
- Führt zu Schlafstörung, unruhigen Träumen und Nachtschweiß.
- Kann Fieber und Verwirrung auslösen.
- Die Zungenspitze ist sehr rot.

Eifersucht
- Besteht aus Feuchtigkeit und Hitze.
- Bei kalten Konstitutionen überwiegt die Feuchtigkeit, bei warmen Konstitutionen überwiegt Hitze.
- Wenn die Feuchtigkeit überwiegt, neigt man zu Grübeln und Depression mit Selbstschuldgefühlen *(duan)*.

- Wenn die Hitze überwiegt, neigt man zu Zornausbrüchen mit aggressivem Benehmen.
- Drei Organe sind betroffen: Nieren (Angst), Leber (Zorn und Fantasie) und Milz/Magen (Grübeln).
- Eifersucht führt zu einer Ansammlung von Feuchter Hitze in Leber und Gallenblase. Die Symptome sind Hepatitis, Diabetes Mellitus, Gallensteine und nässende Hautausschläge.
- Der Zungenkörper ist rötlich und geschwollen.
- Der Zungenbelag ist gelblich und klebrig.

Die Yin-in-Yang-Emotionen

Grübeln

Es gibt zwei Arten des Grübeln: Das Yang-Grübeln entspricht einer exzessiver Konzentration, die sich in Hitze entwickeln kann (geschlossener Mund), während das Yin-Grübeln eher Zerstreutheit und Substanzlosem entspricht (Denken ohne Ausrichtung, jede Sekunde etwas anderes; offener Mund).

- Grübeln staut das Qi des Mittleren Erwärmers und erstickt die Leber (die Kreativität).
- Grübeln führt durch Stagnation des Qi zu einer Verlangsamung des Verdauungsprozesses und zu einer Feuchtigkeitsansammlung im Mittleren Erwärmer.
- Krankheiten wie Magengeschwüre und Symptome wie PMS oder Völlegefühl nach dem Essen können daraus entstehen.
- Die Zunge ist geschwollen mit Zahnabdrücken.

Trauer

- Trauer vermindert das Lungen-Qi.
- Auf Grund der Erschöpfung des Lungen-Qi ist die absteigende energetische Bewegung der Lunge nicht mehr gewährleistet; Kurzatmigkeit, Husten und trockene Haut können daraus entstehen.
- Das Weiqi kann sich nicht mehr an der Oberfläche verteilen: Immunitätsschwäche, Erkältungsanfälligkeit, rezidivierende Bronchitis, Infektanfälligkeit und Unfallgefahr sind die Folge.
- Die Säfte-Produktion ist herabgesetzt und führt zu trockenem Husten bis zu chronischer Bronchitis und TBC.
- Der Zungenkörper ist dünn und blass mit wenig Belag oder dünn, rot und rissig.

Zukunftssorgen

- Zukunftssorgen können je nach Ursache – substanziell oder idealistisch – unterschiedliche organische Ausdrucksweisen haben.

- Zukunftssorgen aus materiellen Gründen (Rente, Erbschaft, Nahrung) beeinträchtigen den Dickdarm und können zu chronischer Colitis, Darmpolypen, Verstopfung oder Durchfall führen.
  Die Zungenwurzel ist gelblich belegt.
- Zukunftssorgen aus idealistischen Gründen (Landverlust, Gefangenschaft, Emigration) erschöpfen das Lungen-Yin und können zu chronischer Bronchitis, Lungenentzündung, Asthma und TBC führen.
  Der Zungenkörper ist dünn, rötlich, rissig und trocken mit wenig Belag.

Angst
- Angst hängt mit Unwissenheit zusammen. Alle Menschen sind ängstlich von Natur aus und dies kann sich sehr unterschiedlich ausdrücken: von Unsicherheitsgefühlen, Minderwertigkeitskomplexen bis zu Paranoia erstreckt sich dieses Empfinden durch unzählige Muster.
- Das auflösende Gefühl der Angst ist dem Sterbeprozess ähnlich: Shen wird durch Auflösung des Nieren-Qi und die Entleerung des Jing (Quintessenz) entwurzelt.
- Der Zungenkörper ist rot, rissig , trocken, kurz und dünn mit wenig Belag.

Da Angst eine weit verbreitete Emotion darstellt, wollen wir sie genauer darstellen.

PATHOLOGIE DER ANGST

Hexagramm 12: Die Stockung
- Durch Angst verlieren die Nieren an adstringierender Eigenschaft. Das Wasser fließt nach unten und das Feuer steigt zum Himmel empor. Der untere Körperteil wird kalt, der obere warm. Yi (Vernunft) und Shen (Klarheit) sind ausgeschaltet. Po (Instinkt) und Hun (geistige Muster) übernehmen die Führung. Dieser Zustand löst eine Entleerung des Nieren-Yin aus. Die Quintessenz des Körpers (*jing*) ist verletzt. Das Nieren-Yang (Feuer) ist auf unkontrollierbare Weise überfüttert und greift die Gallenblase und das Herz an. Dieses Ungleichgewicht kann auf Grund physiologischer Störungen auftreten (Wechseljahrsyndrome).

Die aufsteigende Bewegung des Nieren-Feuers
- Durch eine Überfütterung der Gallenblase (Gallenblase-Yang-Fülle bis Feuer-Zustand) verkrampft sich die Muskulatur und der Mundraum wird bitter und trocken.
- Die aufsteigende Hitze verletzt das Yin des Herzens: Herzklopfen, Verwirrtheit, unkontrolliertes Verhalten und Stottern.

118

- Die aufsteigende Hitze trocknet das Holz und löst einen inneren Wind aus *(neifeng)*: Schwindel, Gleichgewichtsstörung bis zu Bewusstlosigkeit.
- Die Aufsteigende Hitze greift das Magen-Feuer an, die Erde trocknet aus: Mundgeruch und Appetitlosigkeit entstehen.

Die absteigende Bewegung des Wassers (Nieren-Yin)
- Die Auflösung des Nieren-Qi führt zu Harn-und Stuhlgang-Inkontinenz (Bett-nässen bei Kindern).
- Der untere Körperteil wird nicht versorgt, die Beine verlieren an Festigkeit und werden zittrig, die Füße sind eiskalt.
- Angst erschöpft unser Lebenspotenzial *(jing)* und destabilisiert Shen (Kon-troll-Zyklus).

Schock
- Schock senkt das Herz- und Nieren-Qi ab.
- Um zu überleben, wird das Yi (Ratio) ausgeschaltet und Hun/Po übernehmen die wichtigsten Lebensfunktionen und die Speicherung von Eindrücke.
- Jegliche Informationen werden, ohne von Yi aufgearbeitet zu sein, in Hun und Po aufgenommen.

Neurose und Psychose in der TCM

Neurose und Psychose sind entweder aktuelle oder vergangene Traumata, die von Yi und Shen nicht aufgearbeitet wurden. Während eines Schockzustands werden Yi (Ratio) und Shen (Wahrnehmung/Bewusstsein) ausgeschaltet. Diese Reaktion ist natürlich und dient dazu, das Bewusstsein vor irrationalen bzw. unerträglichen Schmerzen zu schützen. In dieser Phase werden die Eindrücke von Hun (Speicherbewusstsein) und Po (physisches Gedächtnis) aufgenom-men. Das Nicht-Aufarbeiten-Können oder -Wollen von Gui (gespeicherten Traumata) kann zu einem späteren Zeitpunkt zu neurotischem und sogar psy-chotischem Verhalten führen.

9. Anwendungsbereiche und Methoden

Die Fünf Elemente sind ein unverzichtbarer Teil der TCM und helfen dem Prak-tiker sowohl bei der Diagnose als auch bei der Behandlung, z. B. bei der Zusam-menstellung einer Kräuterrezeptur oder einer Ernährungsempfehlung.
Auch wenn wir wissen, dass der Geist im idealen Fall jeden Krankheitsverlauf beeinflussen kann und die alten traditionellen Wahrheiten heute eindrucksvoll von der modernen Wissenschaft, nur mit anderen Worten, bestätigt werden, so

sollten wir bei einer Behandlung oder Selbsteinschätzung immer Folgendes beachten: Zuerst das Offensichtliche und Oberflächige besänftigen bzw. lindern
(Yang-Aspekt) und erst dann in die Tiefe dringen und die Ursache des Ungleichgewichts verändern (Yin-Aspekt).

Wenn ein Patient mit aufsteigendem Leberfeuer und Hitzesymptomen und
gleichzeitigem Nieren-Yin-Defizit schon tagelang nicht geschlafen hat und
kurz vor einem psychischen „Break-down" steht, muss er zuerst akut mit Kräutern und/oder Akupunktur behandelt werden, sodass der Schlaf wieder gesi-
chert ist und die Gedanken zur Ruhe kommen. Erst dann ist von Ernährungs-
umstellung, Lebensweise, Qigong und anderen Methoden zu reden.

In der überlieferten Literatur gibt es viele Kräuterrezepturen, die den Geist beeinflussen bzw. direkt auf die geistigen Ebenen Einfluss nehmen. Viele entsprechende Rezepturen finden sich z. B. in *Die Praxis der Chinesischen Medizin* von
Maciocia und in ähnlichen Werken.

Innerhalb der TCM werden bis heute folgende Methoden verwendet, um die
geistige Ebene und damit auch die körperliche Ebene zu regulieren:
• Akupunktur, Moxa
• Massage
• Kräutertherapie und Diätetik
• Qigong und Taijiquan
• Meditation

Dazu haben sich im Westen noch Methoden wie Psychotherapie, Nahrungser-
gänzungsmittel, westliche Kräuter und Körperarbeit sowie Tanz- und kreative
Therapien etabliert. Die Liste könnten wir hier weiterführen, doch dies würde
den Umfang dieses Kapitel übersteigen.

Eines sei hier besonders betont: Meditation ist auf lange Sicht wohl eine der
effektivsten und nachhaltigsten Methoden, den Geist zu beruhigen. Alles
beginnt im Geist und endet ebendort wieder – oder um einen modernen Wis-
senschaftler wie Dr. Warnke, einen Biomediziner, zu zitieren: „Da der Erfolg der
Wechselwirkung zwischen Geist und Materie also offensichtlich in der Wechselwirkung zwischen verschiedenen Molekülen, also verschiedenen Formen
materieller Aggregate, deutlich wird, deshalb scheint das Wirken geistiger
Kräfte mit dem Wirken physikalischer Kräfte Hand in Hand zu gehen." (Ulrich
Warnke: *Die geheime Macht der Psyche*)

10. Anfang und Vollendung – Weisheit und die Drei Schätze

⬤ ⬤ ⬤ ⬤ ⬤

In frühen Zeiten behandelten die Weisen Krankheiten, indem sie ihnen vorbeugten, noch bevor sie überhaupt entstanden waren, so wie eine gute Regierung alle nötigen Schritte unternimmt, um einen Krieg zu vermeiden. Behandelt man eine bereits manifestierte Krankheit, ist es, als wolle man eine schon ausgebrochene Revolte unterdrücken. Gräbt jemand einen Brunnen, wenn er durstig ist ..., dann kann man ihn nur fragen: Kommen diese Aktionen nicht viel zu spät?

(Der Gelbe Kaiser, Kapitel 2)

⬤ ⬤ ⬤ ⬤ ⬤

In alten chinesischen Schriften zur Medizin wird der menschliche Körper mit einem üppigen Garten verglichen, in dem schöne Blumen und Wunder wirkende Heilkräuter wachsen. Lebendige Energie strömt in Bächen durch die reiche Vegetation, sammelt sich in idyllischen Teichen und stärkt die entlegensten Winkel des Königreiches. Diese vitale, unsichtbare und unablässig fließende Quelle heilender Energie wird Qi genannt.

Und damit wären wir am Anfang wieder angelangt, ein Kreis schließt sich: Die Drei Schätze des Universums – Jing, Qi und Shen – eingebettet im offenen Raum, im Dao angesiedelt.

⬤ ⬤ ⬤ ⬤ ⬤

In das Dunkel zu schauen ist Klarheit.
Nachgiebig sein zu können ist Stärke.
Nutze dein eigenes Licht
und kehre zur Quelle des Lichts zurück.
Dies wird Übung der Ewigkeit genannt.
(Daodejing)

⬤ ⬤ ⬤ ⬤ ⬤

LITERATUR
Elias, Jason; Ketcham, Katharine: *Selbstheilung mit den Fünf Elementen*, O.W. Barth, 1999
Nguyen Van Nghi Dr.: *Hoang Ti Nei King So Ouenn*, ML Verlag, 1996
Maciocia Giovanni: *Die Praxis der Chinesischen Medizin*, Wühr Verlag, 1997
Ni, Maoshing, *Der Gelbe Kaiser*, O.W. Barth, 1999
Warnke, Ulrich, *Die geheime Macht der Psyche*, Popular Academic Verlag, 1999

E-MOTION
TAO-TANZ DER FÜNF ELEMENTE
oder
WAS HAT SCHWITZEN MIT PERSÖNLICHEM WACHSEN ZU TUN?

● ● ● ● ●

Damit das Himmlische wachsen und das Weltliche schwingen kann,
bedarf es des Wissens um das Sammeln der Fünf Elemente; sobald die
Fünf Elemente gesammelt sind, kannst du nach dem großen Dao streben.
Die Arbeit des Sammelns der Fünf Elemente besteht darin, die ursprünglichen
Fünf Elemente aus der Mitte der bedingten Fünf Elemente zu befreien.
(Chang Po-Tuan)

● ● ● ● ●

E-Motion ist eine Methode, um die Fünf Elemente auf körperlicher und sinnlicher Ebene zu erfassen und direkt zu erleben.

Viele Interessierte und SchülerInnen von Qigong, Traditioneller Chinesischer Medizin (TCM), Shiatsu, Tuina, Ernährungslehre u. a. befassen sich früher oder später mit den Fünf Elementen – zuerst oft theoretisch, dann auch praktisch. E-Motion bietet einen lebendigen Zugang zu diesem komplexen Bereich und ergänzt so auf harmonische Weise das oft mühsam erlernte Wissen. Und als bereicherndes „Nebenprodukt" gibt es viele Einblicke in die eigene Psyche und deren Auswirkungen auf unser Leben. In weiterer Folge kann mit Hilfe der Zyklen der Fünf Elemente auf verschiedene Ungleichgewichte auf körperlicher, energetischer und psychischer Ebene regulierend eingewirkt werden.

E-Motion – der Name ist Programm

Die Psychologie der Fünf Elemente begleitet mich seit vielen Jahren – seitdem ich TCM studiere und Taijiquan und Qigong praktiziere. Ein Aha-Erlebnis der besonderen Art trat auf der Insel Stromboli im Jahre 87 durch die Begegnung mit Kay Hoffman ein. Ihre Arbeit auf körpertherapeutischer Ebene, verbunden mit der Kultur des Cantomble und des Trancetanzes, zündete bei uns eine gemeinsame Reise durch die Fünf Elemente. In Form von Seminaren, vielen Erfahrungen, Diskussionen – die sich in zwei Büchern niederschlugen – kreisten wir um das Thema „Tao und die Fünf Elemente".

Wir nannten unsere Arbeit Tao-Tanz, da neben dem psychologischen Aspekt immer auch der Tanz sowohl in seinen freien Formen, also z. B. im Trancezustand, als auch in einem vorgegebenen Formablauf im Vordergrund stand.

1996 kam ich in Berührung mit der Methode der Fünf Rhythmen nach Gabrielle Roth und mit Andrea Juhan, die mich mit ihrem Verständnis von Rhythmus, Tanz und Selbstheilungskraft auf vielfältige Art und Weise inspirierte. Bei diesen Seminaren gibt es eine Ebene, die sich „Heartbeat" nennt und den Schwerpunkt auf Bewegung und Emotionen legt. Die Fünf Rhythmen und die Fünf Elemente sind verschiedene Systeme aus verschiedenen Kulturen, die Landkarten für den Menschen darstellen. Auf der Bewegungsebene sind diese Systeme zum Teil ähnlich, dann aber auch wieder ganz verschieden. Auf der „Motion"-Ebene gibt es nur eine bestimmte Anzahl von Qualitäten und Rhythmen, die sich in Tanz und Bewegung ausdrücken lassen.

Unsere Arbeit beschäftigte sich schon längere Zeit hauptsächlich mit den Zusammenhängen von Bewegung, Tanz und gespeicherten Emotionen – allerdings ist die Grundlage die traditionelle chinesische Medizin und die ihr zugrunde liegende Psychologie. In diesem Buch wird an anderer Stelle sehr ausführlich auf die Psychologie der Fünf Elemente eingegangen, sodass ich in diesem Beitrag auf dieses Wissen aufbaue.

GRUNDLAGEN VON E-MOTION

● ● ● ● ●

Es war einmal ein Mann, der sich von seinem Schatten so irritiert und von seinen
Fußstapfen so bedrängt fühlte, dass er eines Tages beschloss, sie loszuwerden.
Er stand eines Tages auf und begann zu laufen. Aber bei jedem Schritt,
den er machte, folgte ihm sein Schatten mühelos. Er glaubte, sein Fehler
bestünde darin, einfach zu langsam zu laufen. So lief er schneller und schneller,
ohne anzuhalten, bis er tot zur Erde sank. Er realisierte nicht, dass, wenn er einen
Schritt in seinen Schatten hinein gemacht hätte, der Schatten verschwunden
wäre. Und wenn er sich niedergesetzt hätte und still geworden wäre,
keine Fußstapfen mehr erschienen wären.

(Zhuangzi)

● ● ● ● ●

In der traditionellen chinesischen Medizin (TCM) ist es üblich, ein energetisches Ungleichgewicht, eine Krankheit von zwei Seiten zu betrachten. Entweder man setzt auf der körperlich-energetischen Ebene an, um auch die psychische und geistige Ebene ins Lot zu bringen, oder eben umgekehrt. Welche Richtung zu gehen ist, kommt ganz auf die Grundkonstitution und die individuellen Umstände des Menschen an.

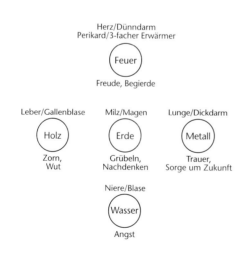

*Traditionelle Zuordnung der Fünf Elemente,
Organe und Hauptemotionen nach*
Huangdi neijing

Im Westen gibt es verschiedene
Schulen und Meinungen, aber ein
bei uns anerkanntes Prinzip, das
auch in vielen westlichen Therapie-
formen verankert ist, lautet: Gefühle sind in bestimmten Körperteilen
zu Hause und drücken sich in bestimmten Bewegungs- und Verhaltensmustern aus.

Und genau hier setzt das Modell E-
Motion direkt an: einerseits „Motion" im und am Körper durch verschiedene Bewegungsmuster und
Rhythmen, andererseits „Emotion"
auf der emotionalen und geistigen
Ebene.

Jeder Mensch hat mehr oder weniger Lust und Freude am Tanzen, an Musik und Bewegung. Welches Repertoire an Möglichkeiten habe ich? Was kenne ich aus dem Alltag? Was ist mir total fremd und unbekannt?

Die nächste Ebene beschäftigt sich eher unauffällig im Hintergrund mit dem Wachsen eines transzendenten Bewusstseins, der so genannten Weisheitsebene (*yuanshen*, das Bewusstsein vom Ursprung).

* * * * *

Das höhere Bewusstsein ist ein konzentriertes Bewusstsein … nicht zerstreut und dieser oder jener menschlichen Idee nachjagend oder vitalem Begehren oder physischem Erfordernis, wie es das gewöhnliche menschliche Bewusstsein ist – also nicht überflutet von hundert zufälligen Gedanken, Gefühlen und Impulsen …
(Sri Aurobindo)

* * * * *

Ganz klar herauszustreichen ist aber, dass zuallererst überhaupt ein klares individuelles Ego mit seinen körperlichen und psychischen Erfordernissen gestärkt bzw. bei manchen Menschen erst gebildet werden muss. Wenn diese beiden Ebenen zu wenig beachtet werden, schweben oft so genannte „airy Fairys" – abgehobene Engel ohne erwachsene Verantwortlichkeit – durch die Gesellschaft. Nicht umsonst wird bei allen daoistischen Methoden so großer Wert auf das Training des Körpers im Sinne eines kostbaren Mantels gelegt.

Von Zhuangzi gibt es den Spruch: „Nicht von dieser Welt, sondern in der Welt." Aber auch: Leicht und unbeschwert ist richtig.

Die Grundlagen, auf die wir bei dieser Arbeit zurückgreifen, sind die folgenden:
• Psychologie der Fünf Elemente
• Die Zyklen innerhalb des Fünf-Elemente-Modells, vor allem der Ernährungszyklus und der Kontrollzyklus
• Die Erfahrung aus Taijiquan und Qigong, wobei durch das Training auf körperlicher Ebene die emotionale und geistige Ebene verändert und transformiert wird
• Die geistige Kraft, ein Teilaspekt von *Shen*, bewegt Qi und Emotionen und wirkt dadurch auf den Körper
• Die Erfahrungen aus verschiedenen Tanztherapieformen und Körpertherapien

Das Wort „E-Motion" beinhaltet bereits zwei der drei Ebenen, um die es bei dieser Arbeit geht – Motion und Emotion.

- Motion: Bewegung, Bewegung und nochmals Bewegung mit Hilfe von Musik, die löst, die antreibt, dich treibt, dir Raum gibt oder dich auch in die Ruhe führt.
- Emotion: Emotionen gehören zu uns, solange wir leben. Manchmal empfinden wir sie als anregend, hilfreich, lebendig machend, ein andermal als störend, lähmend oder zum-aus-der-Haut-fahrend.
- Die dritte Ebene, um die es in dieser Arbeit geht, ist die geistig-spirituelle Welt: Die Daoisten sprechen in diesem Zusammenhang oft von „Weisheit", von der „absoluten Ebene" oder einfach vom „Einssein des Lebens".

Die kommenden Kapitel wollen einen Überblick über diesen Weg geben, wobei jedes ernsthafte Festzurren der einzelnen Ebenen von vorneherein zum Scheitern verurteilt ist. Das Fünf-Elemente-System ist ein Modell, das unser Denken und Handeln weg vom analytisch-linearen hin zum kreisförmigen, zyklischen Sein führt. In Ermangelung anderer Möglichkeiten auf der schriftlichen Ebene beginne ich auf der dritten Stufe.

Yuanshen – das Bewusstsein vom Ursprung

● ● ● ● ●

Der Vorgang des inneren Wachsens besteht aus dem allmählichen Niederbrechen der Wand und dem Entfernen des Schleiers sowie dem Erwachen zum Bewusstsein des inneren Wesens.
(Sri Aurobindo)

● ● ● ● ●

● ● ● ● ●

Was vor der Geburt ist, heißt das Ursprüngliche; mit dem Eintritt in die Welt kommen Gemüt und Persönlichkeit. Die Weisen des Altertums und die Nachgeborenen folgten getrennten Pfaden; unterscheide du gewissenhaft das Einseitige und das Vollkommene.
(Chang Po-Tuan)

● ● ● ● ●

Wir beginnen die Reise durch die Elemente eigentlich mit dem Blick auf das Endziel, auf die dritte Ebene von E-Motion: die geistig-spirituelle Ebene.

Aus daoistischer Sicht kommen wir aus einer nichtkörperlichen Welt, in der es keine Trennung von Subjekt und Objekt gibt, ja, nicht einmal Materie im eigentlichen Sinn. Im Konfuzianismus heißt diese Ebene das „Universelle Höchste", im Buddhismus „vollkommenes Gewahrsein", im Daoismus ist es das „Goldene Elixier". Der entsprechende chinesische Begriff in der Fünf-Elemente-Lehre ist Yuanshen.

Die Einheit als eine der zu erreichenden Daseinsformen des „wahren Menschen", des daoistischen verwirklichten Menschen – Yuanshen – wird im Augenblick der Geburt verlassen. Wir werden nicht nur von unserer Mutter körperlich getrennt, sondern auch von unserer Quelle. Im Laufe der Jahre des Heranwachsens, der Erziehung und Sozialisation wird die Erinnerung an unser wahres Selbst schwächer und schwächer.

Nach den Fünf Elementen bildet das Wasser unsere Grundlage für unser Leben; im Wasserelement ist unsere Essenz *(jing)* gespeichert und das Erdelement ermöglicht es uns, am Leben zu bleiben.

Durch die Trennung von unserem Ursprung, von unserem Einssein, erleben wir ganz natürlich die Bedürfnisse des Körpers und die daraus entstehenden Emotionen und Gefühle.

Nach der Fünf-Elemente-Lehre können wir unser Menschsein folgendermaßen darstellen:

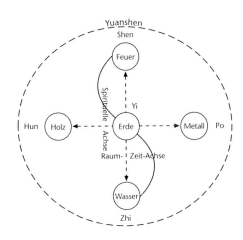

Kosmologische Darstellung der Fünf Elemente

Doch so wie viele daoistische Systeme und Methoden beginnt E-Motion mit dem ersten Schritt: mit der Beschäftigung mit dem Körper und der Bewegung. Der Körper mit all seinen Möglichkeiten ist die Basis, unser Zentrum für unsere Erfahrungen. Wenn die Basis nicht solide und fest ist, haben wir nichts, worauf wir uns zurückziehen können, und nichts, was uns in schwierigen Situationen stützen könnte. Und vor allem ist unser Körper ein sehr guter Lehrmeister, den man nicht betrügen kann.

Die Achtsamkeit hilft uns, im Körper immer besser beheimatet zu sein und auf seine Bedürfnisse besser einzugehen.

Motion

● ● ● ● ●

Sei ein Teil der Erde und fließe,
lass los und sei einfach in Bewegung.
Dies gibt dir die Kreativität des Spielens, des Tuns,
zeige dich und wachse wie ein junger Baum.
So im Leben stehend scheint die Sonne für dich,
alles ist möglich, drehend ist das Feuer in dir und um dich herum.
Raum und Zukunft ergeben sich daraus,
wie leuchtendes Gold – natürlich, klar und rein.
Und die Ruhe und Stille des Wassers ist voll,
Dein Selbst ist es zufrieden.

● ● ● ● ●

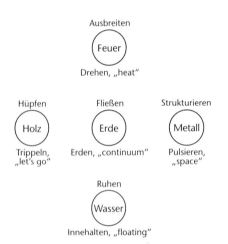

Ausgehend von den Funktionskreisen und der Psychologie der Fünf Elemente können relativ eindeutig bestimmte Grundbewegungsmuster definiert werden, um ein bestimmtes Element zu stärken bzw. in Fluss zu bringen. Andersherum zeigt sich auch immer wieder ganz deutlich, dass das Fehlen einer bestimmten Bewegungsqualität auf ein Ungleichgewicht in einem Element oder eine Funktionsstörung hinweist.

Fünf-Elemente-Kreis auf der Ebene des Körpers und der Bewegung

Beispiel

Leise, kontemplative Musik empfängt die Teilnehmer am Wochenende – jeder kommt an, macht, was er/sie für richtig hält, und lässt einmal Raum entstehen für die Bewegungen und Ausdrucksformen, die sich die nächsten drei Stunden vielleicht entfalten wollen. Mit Hilfe von Musik und einigen „Spielangeboten" des Lehrers tanzen, bewegen, liegen sich alle Teilnehmer mehrere Male durch die Fünf Elemente durch. Es gibt einige strukturierte Bewegungsabläufe, aber auch viel Raum, um selbst herauszufinden, wie sich Holz oder Metall im eigenen Körper ausdrücken möchten. So entsteht einerseits immer wieder eine gemeinsame Gruppenenergie, wo auch oft bestimmte Bewegungen übernommen werden, aber manchmal tauchen alle Teilnehmer wieder ganz nach innen ab und es gibt plötzlich 24 verschiedene Formen von Metall.

DIE FÜNF ELEMENTE AUF DER MOTION-EBENE

Das Element Erde ist die zentrale Ebene, zu der wir im Tanz immer wieder zurückkehren können. Die Erde verbindet alle anderen Elemente und ist der ausgleichende, neutralisierende Faktor, wenn ein zu großes Ungleichgewicht zwischen Yin und Yang vorherrscht.

Auf der Motion-Ebene ist es möglich, mit jedem beliebigem Element zu beginnen oder entsprechend der Jahreszeit einzusteigen. Die Erfahrung hat aber gezeigt, dass eine solide, entspannte und vertrauensvolle Basis für alle anderen Elemente geschaffen wird, wenn wir mit der Erde beginnen.

Erde – continuum

Fließen, kreisen, verteilen, durchlässig sein – die Grundlage unseres Lebens, so essenziell wie unser Atem. Diese Bewegungsqualität hilft uns zu spüren, uns zu zentrieren, innen und außen zu verbinden, biegsam wie ein Blatt im Wind zu sein.

Musik: Es eignet sich jede Musik, die eine fließende Melodie hat und zum „Schmelzen" des Körpers einlädt. Beispiele dafür sind: Jai Uttal: *Shiva Station*, 8; b-tribe: *Sensual*, 9, 10; G. Roth: *Refuge*, 2; Deva Premal: *The Essence*, 1.

Holz – let's go

Hüpfen, Raum schaffen, trippeln, kurze ruckartige Bewegungen, in Bewegung kommen; Raum schaffen für Bewegung, sich andere vom Leib halten, Bewegung nach außen bringen, Aufbruch, Neuanfang; wie die Pflanze, die zu wachsen beginnt.

Musik: Es eignet sich jede Musik mit einem eindeutigen Beat, vor allem Rap und HipHop, aber auch viele Veröffentlichungen im Ethno-Bereich: Coolio: *Gangsta's Paradise*, 1; Rappers Paradise: *Compelation*, 1–5; verschiedene CDs von Loop Guru; Lights in a Fat City: *Somewhere*, 1; Kruder & Dorfmeister: *The K&D Sessions*, 3, 6 etc.

Feuer – heat

Drehen, größtmögliche Ausdehnung, Explosion, Beschleunigung, Ausweitung aller Grenzen, Wachsen bis zum Zenith, Geschwindigkeit; Pflanze, die voll erblüht ist.

Entweder Musik, die total antreibt, wie z.B.: Leftfield: *Leftism*, 6; Waterbone: *Tibet*, 3., oder Musik, die königliches, geerdetes Feuer entstehen lässt, z. B.: Jim Mc Grath: *Souldancer*, 1, 2; Afro Celt Sound System, *Vol. 1*, 2.

Metall – space

Einsammeln, loslassen; alle leichten Bewegungen; nach der größtmöglichen Bewegung genießen, da sein, loslassen, pulsieren, weggeben; Pflanze, die sich zurückzieht, die Farbe wechselt.

Musik: Alles, was im Körper und in meiner Umgebung Raum schafft, auch sphärische Musik bzw. Musik, die zum Gehen einlädt: Stephan Micus: *The Music of Stones*, 6; Zakir Hussain: *Space*, 1, 3; Susannah Darlingh Khan: *Party for God*, 5; Choräle, *Compilation*, div. Nummern; Julian Horky: *Cosmic Dance of Tao*, 4 (ist übrigens eine CD, die für die Fünf Elemente produziert wurde).

Wasser – floating

Ruhe, sehr verhaltene Bewegungen, immer wieder Stille in der Bewegung finden, warten, zur Ruhe kommen, leer werden für Neues; wie Samen unter der Erde, der warten kann.

Musik: Dead can Dance: *Spiritchaser*, 8; Flesh Bone: *Skeleton Woman*, 2, 4, 9; Chloe Goodchild: *Sura und Devi*, div. Nummern.

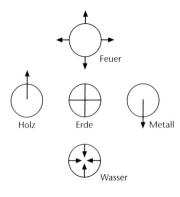

Energetische Bewegungsmuster der Fünf Elemente

Es ist wichtig zu verstehen, dass jede Ebene nicht nur eine Ausdrucksmöglichkeit hat, sondern wie ein Überbegriff zu sehen ist, und jeder Mensch mannigfaltige Möglichkeiten hat, diese Fünf Ebenen zum Ausdruck zu bringen. Eine weitere Hilfe ist die Differenzierung nach Yin und Yang (siehe auch das Kapitel „Psychologie der Fünf Elemente").

Wenn jemand im Holz sehr zu Hause ist, wird der Tanz nicht immer ein energiegeladenes Springen und Hüpfen durch den Raum darstellen, sondern einmal eher chaotisch-explosiv, dann wieder still und fast unsichtbar sein.

Die Grundbewegung eines jeden Elements hat die Aufgabe, die versteckten Emotionen an den Tag zu bringen, Unbewusstes auftauchen zu lassen oder stagnierendes Qi ins Fließen zu bringen. Außerdem gibt es über den Kontrollzyklus die Möglichkeit, auf die Emotionen regelnd und ausgleichend zu wirken (siehe „Psychologie der Fünf Elemente").

tauchen der Emotionen oder über deren Stärke; ja, je mehr wir sie unterdrücken, desto mehr drängen sie in anderer Form an die Oberfläche.

In E-Motion geht es zuerst einmal darum, sie auftauchen zu lassen, sie da sein zu lassen, sie willkommen zu heißen.

Die Leichen im Keller werden nicht mit Gewalt und durch Pushen an die Oberfläche gezerrt, sondern dürfen im Reigen der Fünf Elemente und beim Tanzen mitspielen.

Auf der emotionalen Ebene gibt es viele verschiedene Einstiegsmöglichkeiten, die fast immer in Zusammenhang mit Bewegung und Rhythmus stehen.

Jede Ebene hat einen Yin/Yang-Aspekt. Diese Aspekte könnten auch „erlöste" und „unerlöste" Aspekte genannt werden – manche werden im herkömmlichen Sinn auch nicht unbedingt als Gefühl beschrieben.

Dadurch dass jeder Mensch eine intensivere Präferenz zu einem bzw. zwei Elementen hat, sind die entsprechenden Emotionen entweder als große Hilfe oder als Hindernis im Leben spürbar. E-Motion kann dazu beitragen, entsprechende Mangel- oder Füllezustände in den entsprechenden Elementen herauszukristallisieren und sie in Folge ausgleichen.

Beispiel

Nach der entspannten Aufwärmphase wird die Musik etwas munterer. Einige Ideen, Bilder und Geschichten des Gruppenleiters laden dazu ein, mehr in die Qualität des Holzes einzutauchen. Die Bewegungen werden größer, die Füße und die Körpermitte sind verbunden mit der Erde, die Hände schaffen sich einen Freiraum.

Doch immer wieder „bricht" die Musik, sie wird langsamer, die Luft dicker, zähflüssiger. Irgendetwas stimmt nicht – der Bewegungsraum verkleinert sich wieder. Einige Male wechseln die Stimmungen hin und her – einige der TeilnehmerInnen sind bereits frustriert bzw. mit ihrem aufsteigenden Zorn konfrontiert. Warum nur einige TeilnehmerInnen?

Kurzes Innehalten und Nach-innen-Schauen.

Dann geht es zu dritt weiter. Zwei TeilnehmerInnen bewegen sich im Wasserelement – langsam, vorsichtig und etwas ängstlich, und versuchen, den dritten Spielgefährten im Holzelement einzubremsen, den Raum einzuschränken. Was macht das mit dir? Kennst du dieses Gefühl, beschnitten wie ein Bonsai im Alltag herumzulaufen, gegen Wände zu laufen?

Rollenwechsel …

Nach einiger Zeit leiten die Musik und die Übungsanleitung ins befreite Holz über – Schütteln, Wachsen, befreites Tanzen, Herumtoben wie Kinder …

Anschließend ein kurzes Sharing in der Kleingruppe – wo im Alltag tauchen solche Situationen auf? Welche Menschen in deinem Leben lösen ähnliche Gefühle aus? Wie reagiert der Körper, wie könntest du angemessen reagieren?

Viele Fragen, etliche Ahas, viel Nachspüren im Körper und anschließend ein Dankeschön an die Partner fürs Spiegeln, eine Umarmung, ein gegenseitiges Lächeln. Ein weiterer kleiner Schritt ist getan ...

DIE HAUPTEMOTIONEN DER TRADITIONELLEN CHINESISCHEN MEDIZIN

Erde: Zentriert, Denken / Besessenheitsdenken, fixiert

Holz: Kreativität, Planen / Wut, Zorn

Feuer: Freude, Begeisterung / Begierde, Anhaftung

Metall: Aufrichtigkeit, Disziplin / Trauer, Zukunftsangst

Wasser: Wille, Dauerhaftigkeit / Angst, Unsicherheit

Eine genaue Zuordnung der Emotionen nach Yin- und Yang-Aspekten sowie nach den so genannten negativen und positiven Emotionen findest du im Kapitel „Psychologie der Fünf Elemente".

Wichtig ist zu verstehen, dass es viele Facetten der Hauptemotionen gibt, und vor allem dass jede Emotion sich in allen Fünf Elementen findet und sich dadurch auf allen fünf Bewegungsebenen ausdrücken kann. Als ersten Schritt gilt es zu unterscheiden, ob einem Element zu viel oder zu wenig Energie zur Verfügung steht: Was heißt z. B., zu wenig bzw. zu viel Wasser im Holz zu haben?

Das Element Holz findet sich im Wasser, im Feuer, in der Erde, im Metall und eben auch im Heimelement Holz. Wut kann sich z. B. in Unruhe und Herumhüpfen ausdrücken, sie kann sich chaotisch und zerstörerisch, dann wieder erstarrt und ganz innerlich zeigen.

Zu wenig Feuer im Holz kann sich zum Beispiel in mangelndem emotionalem Engagement ausdrücken. Die Arbeit wird wohl gemacht, aber ohne große Begeisterung und Freude. Zu viel Feuer im Holz kann bedeuten, dass die Energie schnell verbraucht wird, die Arbeit, das Leben den Menschen auffrisst. Zeitweilige Exzesse des Feuers schädigen aber nicht nur das Holz, sondern erschöpfen auch das Wasser.

Je nachdem, wodurch meine Wut genährt wird – auch in Verbindung mit meinem Familienskript –, kann man es grafisch folgendermaßen darstellen:

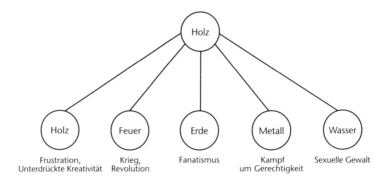

Holzemotionen in den verschiedenen Elementen

Doch hier befinden wir uns bereits in der feinen Arbeit, durch die wir therapeutisch regulierend eingreifen können.

Wenn man jetzt individuell weitermachen möchte, können noch die Regelkreise der Fünf Elemente zur Hilfe genommen werden (vor allem der Ernährungs-
und Kontrollzyklus).

Und dann ergibt sich ein Gesamtbild: Wie drückt sich z. B. Leberhitze im Verhalten, im Ausdruck, im Tanzen oder im sozialen Verhalten aus? Welche Diag-
nosemöglichkeiten, die über die TCM hinaus gehen, ergeben sich, wenn man
Bewegung, Ausdruck, Trancedance oder Improvisationen zu Hilfe nimmt?

Yuanshen – das Bewusstsein vom Ursprung – die Weisheitsebene

● ● ● ● ●

Wenn du immer wieder das Leben anlächeln kannst,
wird das Leben immer auch dich anlachen.
(Die Mutter)

● ● ● ● ●

Motion und Emotion führen uns wieder zur dritten Ebene, zu Yuanshen.

✿ ✿ ✿ ✿ ✿

Sei achtsam und voller Gewahrsein,
wie Erde in der Blüte, ohne Vergangenheit und Zukunft,
ohne Abstammung und Ziel.
Erlebe die Kreativität des Wachsens deines Holzes,
voller Geduld wie ein alter Baum, der stetig weiter wächst.
Werde die Be"geist"erung des Feuers, das Licht des Himmels,
um Form und Gestalt ein würdiges Zuhause zu geben.
Daraus resultiert die Klarheit eines geschliffenen Diamanten;
der unendliche Raum des Metalls gibt dir deinen Platz im Mitgefühl
aller Lebewesen.
Und verweile in der Ruhe und Stille des Wassers,
gleich einem Samenkorn ohne Form – und doch im vollen Potenzial
in deiner Verwirklichung des Lebens.

✿ ✿ ✿ ✿ ✿

Liebe
(Feuer)
Erleuchtet

Geduld   Achtsam   Mitgefühl
(Holz)   (Erde)   (Metall)
Intuitiv   „Hier und jetzt"   Aufrichtig

Urvertrauen
(Wasser)
Weise

Weisheitsebene, Yuanshen

Die Weisheitsebene ist einerseits erhöhte Achtsamkeit, höheres Bewusstsein andererseits aber auch ein „Deep Mind" im Sinne des ursprünglichen Geistes, der wahren Natur des Geistes, so wie es die Buddhisten beschreiben.

Die Alltagsemotionen bleiben uns, solange wir leben, erhalten, nur werden sie weniger wichtig, relativieren sich und immer öfter treten die dahinterliegenden wirkenden Emotionen, die geistigen Kräfte, zu Tage.

Es ist wichtig, nicht zu vergessen, dass es eigentlich keine Trennung zwischen geistig- spirituellem und gewöhnlichem Leben gibt. Die Weisheit zeigt sich in deinen alltäglichen Handlungen, in deiner Arbeit, in deiner Beziehung zu anderen Menschen.

Wenn du dich in Einsamkeit hinsetzt, in völliger Isolierung, weit entfernt von
allem, und dich mit nachsichtigen Augen prüfst, magst du zu der Ansicht
gelangen, dass du etwas Wunderbares verwirklichst. Doch wenn du dich in jeder
Minute deines Lebens prüfst, wenn du Gelegenheit hast, deine Unvollkom-
menheit wahrzunehmen, deine Schwächen, deine kleinen Regungen von
Böswilligkeit, hundert Mal am Tag, verlierst du bald die Illusion …
und daher sind deine Bemühungen aufrichtiger.
(Die Mutter)

Diese Ebene ist ein Erinnern an unseren Ursprung, an unser Yuanshen.
Jeder Mensch hat seine Möglichkeiten, seine Wege, dorthin zu gelangen, ohne
Dogma, ohne Vorschriften.
Viel Humor und Lachen ist auf diesem Weg notwendig, aber auch viel Diszip-
lin. G. Roth sagt dazu: Ein freier Spirit braucht auch Disziplin. Nur wird diese
Disziplin nicht mehr als Mühe oder Arbeit empfunden, sondern als Teil des
Selbst.
Die bei E-Motion verwendete Einteilung in drei Ebenen ist rein formal, um die
zusammenwirkenden Kräfte beschreiben zu können. Aber nochmals:
Die Beschreibung der Wirklichkeit ist nicht die Wirklichkeit.

Zyklen / Therapie

Wenn sich alle Fünf Elemente im Gleichgewicht befinden und jedes das nächste Element ernährt bzw. das übernächste Element kontrolliert, herrschen Gesundheit und Wohlbefinden. Dominiert jedoch ein Element, so wird den anderen Elementen Energie entzogen und das empfindliche Gleichgewicht gestört.
Bei der Betrachtung des Ernährungs- und Kontrollzyklus wird das Element Erde
zwischen Feuer und Metall eingeordnet, woraus sich die bekannte Darstellung
in Pentagramm-Form ergibt.

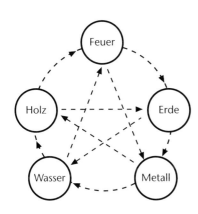

*Fünf Elemente im Ernährungs-
und Kontrollzyklus*

Die anderen systemischen Zusammenhänge wie Überwindungs- oder Bruder/Schwester-Zyklus werden hier nicht nochmals erwähnt (siehe Einführung).

Bei vielen Menschen herrschen Elementekombinationen, die oft zu drastischen Auswirkungen in ihrem Leben führen. Folgende sind besonders oft anzutreffen:

Holz/Feuer, Erde/Metall, Metall/Wasser auf der Ernährungsebene;

Wasser/Feuer, Metall/Holz, Holz/Erde, Erde/Wasser auf der Kontrollebene.

Auf dieser Ebene wird entweder allein gearbeitet, in Kleingruppen, oder auch als Gesamtgruppe in Form einer Pilgerreise, wo die einzelnen Elemente wie Stationen einer (Lebens)Reise besucht werden.

Ein Beispiel
ERNÄHRUNGSZYKLUS – HOLZ/FEUER

Entsteht ein Übermaß an Holz und lodert das Feuer zu heftig auf, werden emotionale Zustände wie Begierde und Anhaftung immer stärker und vernichten das „Brennelement" Holz. Außerdem schädigt dieser Zustand langfristig das Wasser, und der entstehende Mangel im Wasserelement kann weder das Holz ernähren noch das Feuer kontrollieren. In der TCM wird dieser Zustand als „falsches Feuer" bezeichnet. Eine Kombination aus Kräutern, Ernährungstipps, Qigong und Körperarbeit sowie eventuell Psychotherapie können wieder ein Gleichgewicht herbeiführen.

Die Aufgabe in E-Motion wäre in diesem Falle zu lernen, wie ich meine Holzenergie nutzen kann, ohne mich im Feuer zu verlieren und aufzuzehren. Welche Hilfen stehen mir auf körperlicher Ebene zur Verfügung? Welche Verhaltensmuster kann ich langfristig verändern, um meine Holzenergie auf nährende Art einzusetzen?

KONTROLLZYKLUS – HOLZ/ERDE

Besteht ein Übermaß an Holzenergie, so kann dieser Zustand die Erde langsam überwältigen. Die Erde wird schwächer; übertriebene Sorge und mögliche Verdauungsprobleme können die Folge sein. Das Bild wird in der TCM „Holz erstickt die Erde" genannt. In weiterer Folge kann es durch die Übermächtigkeit des Holzes auch zu einer Schwächung des Elements Metalls kommen und in weiterer Folge kann das Element Wasser nicht mehr gefüttert werden. Das führt dazu, dass das Holz austrocknet und noch unberechenbarer und reizbarer wird. In E-Motion könnte der Ansatz in der Kräftigung des Wasserelements liegen, d. h. in Übungen zur Stärkung von Vertrauen und Ruhe sowie im spielerischen Ausprobieren kreativer Ideen und Wünsche des betroffenen Menschen. Körperarbeit, Tanz und Kreativität würden sicherlich auch die üblichen therapeutischen Maßnahmen wie Akupunktur oder Kräutertherapie unterstützen.

Wie diese vereinfachten Beispiele zeigen, ist es oft allein schon durch die symbolische Beschreibung eines Ungleichgewichts möglich, eigene Probleme zu erkennen und zu verstehen.
Bei E-Motion werden viele Interventionen auch in einer Kleingruppe durchgespielt, um wirklich auf sehr direkte Art und Weise zu erfahren, was es heißt, mit einer Gruppe von Menschen mit einem Übermaß an Holz oder mit einem Mangel an Wasser zusammenzukommen. Solche Situationen in der Zeugenrolle erleben zu dürfen, ermöglicht ebenfalls einige Schritte in Richtung Heilung. Am wichtigsten ist immer der gegenseitige Respekt und das Wohlwollen den anderen gegenüber, sodass diese Arbeit sich auch positiv auf die Entwicklung von Mitgefühl auswirken kann.

Ein vorläufiger Abschluss

Was bleibt?
Und wozu das Ganze?
Es bleibt immer weniger im Sinne von überkommenen persönlichen Glaubenssätzen und Vorurteilen. Es verändern sich langsam die emotionalen Gefängnisse und der Eisberg des Unterbewusstseins wird kleiner.
Und es macht vor allem Spaß!
Easy is right!

Eine Danksagung an alle meine LehrerInnen und ihre Linien, an Claude Diolosa und seine Geduld mit mir, an meine SchülerInnen, von denen ich lernen darf, und an meine Frau Claudia und meine Leute.

Ein Dankeschön ganz und gar für das Geschenk, in diesem Körper in diesem Land zu dieser Zeit geboren zu sein.

Die Vollkommenheit

✸ ✸ ✸ ✸ ✸

Danke, es war mir eine Freude, dies ist ein guter Tag!
(überlieferter Spruch der ersten Menschen)

✸ ✸ ✸ ✸ ✸

Musik und Tanz nach den Fünf Elementen: Mögliche Zuordnungen zum kreativen Ausprobieren

Element	Holz	Feuer	Erde	Metall	Wasser
Noten	La: A	Do: C	Fa: F	Sol: G	Ré: D
Heilende Laute	SCHUUU SCHÜÜ	HHAAA HUOA	HHUUUU HHOOOO	SSSSS	Kerze ausblasen TSCHUI
Laut	Schreien Brüllen	Lachen Kichern	Summen Pfeifen	Klagen	Stöhnen
Musik-instrumente	Flöte Ney (Flöte) Schlagholz Xylophone Shakuhachi Klassische Guitarre japan. Trommel	Trompete Posaune Becken Zymbel Saxophon Harfe Klavier Guitarre	Erde- und Ton-instrumente Didgeridoo	Geige Cello Glocke Klangschale Klangspiele Gong Synthesizer	Rahmen-trommel elektronische Instrumente Natur-aufnahmen
Trad. Musikart	Klassische Mu-sik, z. B. Fla-menco, Tango	Irische Musik Trance-induzie-rende Musik	Volksmusik, all-gemein	Zen-Musik Koto	Afromusik im rituellen Kontext Ritualmusik
Bedeutung des Tanzes	Tanz mit kol-lektiver Bedeutung	Tanz als Huldigung und Hingabe	Tanz, um der Erde zu dan-ken	Tanz als Ausdruck von Naturgesetzen	Tanz mit magischer Bedeutung
Zweck der Tänze	Tanz, um einen Partner anzu-locken	Tanz, um sich mit höheren Wesen, Gott zu verbinden	Erntedankfest	Tanz, um die Vergänglichkeit und den Tod zu ehren	Magischer Tanz, um die Kräfte herbei zu rufen
Traditionelle Tanzart	Paarungstänze aller Kulturen Tanz, um sich mit den Ahnen zu verbinden	Lamatanz Trancetanz Höfischer Tanz	Jahreszeitlicher Tanz Erntedankfest	Trauermarsch Regentanz Butoh	Afrotanz Bauchtanz Rituelle Tänze
Grund-Tanz-Bewegungen	Hüpfend Vibrierend Rüttelnd Dynamisch Rhythmisch Kommunikativ	Überraschend Explosiv Unbeherrscht Verwirrend chaotisch	Gleichmäßig Koordiniert Kreisförmig	Kontrolliert Ästhetisch Graziös Elegant	Langsam Kraftvoll Erschütternd Floating
Angesprochene Körperteile	Nacken und Arme	Brustkorb-Schulterpartie	Bauch und Hüfte	Gesichtsaus-druck und ganze Körper-oberfläche	Beine und Füße

Idendifikations-muster während des Tanz	Identifikation mit: Gefühl Erinnerung	Identifikation mit: Mystischen Werten Geistiger Kraft	Identifikation mit: Jahreszeit Klimatischen Einflüssen Mutter Erde	Identifikation mit: Totem Tier Zukunfts-Vision	Identifikation mit: Naturkräften Urkräften Geistes-Wesen
Die 5 Tanzarten	Geister-Tanz	Götter-Tanz	Jahreszeiten-Tanz	Tiere-Tanz	Magischer Tanz
Körperhaltung	Angespannte Körperhaltung Kraft in den Füßen, Beinen und Waden Dynamische Haltung Sprungbereit	Verrückte Körperhaltung Aus dem Gleichgewicht Zusammen-brechend mit plötzlicher Veränderung	Körper-Gewicht auf beide Beine aufgeteilt Sitzende Körperhaltung	Körperhaltung als Ausdruck der Energie und der inne-ren Struktur	Völlig ent-spannt Kraftvoll aus-sehend Bodennah, tiefe Stellung
Der Blick	Ausdrucksvoll Gefühlsbetont	Verwirrt Entrückt	Liebevoll Besänftigend	Durchdringend Klar	Sanft, aber bestimmt Hypnotisierend
Ausgangspunkt des Tanzes	Die Ecken wer-den bevorzugt. Der Raum wird zum Leben gerufen.	Der ganze Raum wird bevorzugt. Der Raum wird gefüllt. Inbesitznahme des Raumes	Die Mitte wird bevorzugt. Jeder Teil des Raumes wird gleichermassen verwendet.	Der Raum wird symmetrisch bzw. systema-tisch aufgeteilt.	Der Kraftort des Raumes wird gesucht.

LITERATUR

Aurobindo Sri, Die Mutter: *Inneres Wachsen*, Sri Aurobindo Ashram Press, Indien 1995

Chang Po-Tuan: *Das Geheimnis des Goldenen Elixiers*, O.W. Barth Verlag, 1990

Despeux, Catharina: *Das Mark des Roten Phönix*, ML Verlag, 1995

Elias, Jason; Ketcham, Katharina: *Selbstheilung mit den fünf Elementen*, O.W. Barth, 1999

Hoffman, Kay; Redl, Franz: *Tao Tanz, Die Fünf Wandlungsphasen des menschlichen Bewusst-seins*, 4. Auflage, Shambala Verlag, Wien 2000

Hoffman, Kay; Redl, Franz: *Tao des Feierns*, Kolibri Verlag, 1993

Lorenzen, Udo; Noll, Andreas: *Die Wandlungsphasen der traditionellen chinesischen Medizin*, Band 1 bis dzt.4, Müller & Steinicke, ab 1992

Maciocia, Giovanni: *Die Praxis der Chinesischen Medizin*, Dr. Erich Wühr Verlag, 1998

Nguyen Van Nghi: *Hoang Ti Nei King So Ouenn*, Bd.1, Ml Verlag, 1996

Osho: *When the Shoe Fits*, Rebel Publishing House, 1997

Unterrichtsbehelfe

Diolosa Claude: diverse Kassetten von Vorträgen über TCM-Themen, zu beziehen über den Bacopa-Versand

Fünf-Elemente-Plakate: Pathologie und Psychologie, Bacopa-Versand

Fünf-Elemente-Plakat (inkl. Skriptum): Michael Dackau, Keplerstr. 19, D-22763 Hamburg, Tel.: 0049/40/397317

AKUPRESSUR UND AKUPUNKTUR ALS ZUGANG ZU ELEMENTAREN ARCHETYPEN UND ZUR BILDERWELT DER SEELE

Mit der Lehre der Fünf Elemente kam ich das erste Mal bei Gia-Fu Feng, einem alten chinesischen Meister, in Berührung. Ich lernte bei ihm in Deutschland und Frankreich Taiji, meist in der Natur. Im August 1977, ich war zwanzig, lebten wir ein Monat lang auf dem Sommet Bucher, einem 2000 Meter hohen Berg mit einem Plateau als Gipfel, in der Nähe des Mont Blanc in den französischen Alpen, auf dem damals auch Pir Vilayat Khan seine Sufi-Camps abhielt. Wir waren etwa hundert Leute, lebten in Zelten und übten uns in Taiji, im Suchen und Holzhacken, im Hippieleben und in Lagerfeuerromantik. Es war erstaunlich, mit welch fließender Geschmeidigkeit dieser alte Mann sich den ganzen Tag bewegen konnte. Neben Taiji unterrichtete er chinesische Philosophie, insbesondere die Feinheiten des Qi und das System der Elemente. Mit Jane English zusammen hat er eine Übersetzung des *Daodejing* verfasst, die mir von den vielen Versionen heute noch immer am frischesten und lebendigsten erscheint.

Im Jahr darauf fuhr ich nach Poona, Indien, in den Ashram des Meisters Bhagwan Shree Rajneesh. Dort lernte ich Meditation, Taiji, Tantra, Encounter und auch Namikoshi-Shiatsu bei Prashantam, einem brasilianischen Sannyasin. Das Fünf-Elemente-Thema begann mich immer mehr zu interessieren und als ich dann für einige Monate nach Südindien, die Malediven und Sri Lanka ging, lernte ich dort durch den berühmten Zufall Professor Jayasuriya kennen, der die Akupunkturklinik am Colombo South Hospital leitete. Ich blieb ein Jahr lang bei ihm, um chinesische Medizin und Akupunktur zu lernen. Während dieser Zeit hatte ich zusammen mit einigen anderen, die an der Klinik Akupunktur studierten, ein Haus am Strand gemietet, wo wir in unserer freien Zeit viel mit Akupressur und Akupunktur an uns selbst experimentierten. Ich bemerkte, dass die Akupunkturnadeln nicht nur das körperliche Wohlgefühl verstärkten und einen Einfluss auf meine Stimmungen und Gefühle hatten, sondern mich auch Schritt für Schritt zu neuen und ungewohnten Zuständen der Bewusstheit führten: Sie erweiterten meine sensorischen Wahrnehmungsmöglichkeiten, vor allem des körperlichen Empfindens, Hörens und Sehens; meine Träume wurden lebendiger und bunter; mein Geist wurde ruhiger, sodass es mir leicht fiel, Stunden in Meditation zu sitzen. In diesem Jahr erwachte mein Interesse, die vielfältigen Wirkungsmöglichkeiten der Akupunkturpunkte nicht nur auf körperlicher, sondern auch auf seelischer und spiritueller Ebene zu erforschen.

Nach einem kurzen Aufenthalt in Europa kehrte ich wieder nach Poona zurück, wo eine Ausbildung in Fünf-Elemente-Akupunktur und traditioneller chinesischer Medizin an der Rajneesh International Meditation University ausgeschrieben war. Die Lehrer dieser Ausbildung kamen aus verschiedenen Ländern wie England, Kalifornien, Dänemark, Brasilien und Persien. Es waren Sannyasins, die die Fertigkeiten der chinesischen Medizin von ganz unterschiedlichen Meistern erlernt hatten und eine wesentliche Eigenschaft gemein hatten: Sie meditierten und praktizierten chinesische Medizin in einem ganzheitlichen und traditionellen, daoistischen Sinne, was neben der Anwendung von Kräutern und Akupunktur auch Atemübungen, Tai Ji, Qi Gong, Ernährung nach den Fünf Elementen und Meditation umfasste. Diese Art von traditioneller chinesischer Medizin unterscheidet sich sehr wesentlich von der heute in China praktizierten Medizin, die sich in den letzten Jahren als Exportartikel zunehmend „traditionell" gebärdet.

Um die Gründe dafür zu verstehen, ist zu bedenken, dass die Fünf-Elementen-Lehre und die daoistischen Meditationstechniken durch die Konzepte des dialektischen Materialismus ersetzt wurden, als Mao und die Kommunistische Partei an die Macht kamen. Wenn man sich in die moderne chinesische Akupunkturliteratur vertieft und chinesische Ärzte bei ihrer Vorgangsweise beobachtet, gewinnt man manchmal den Eindruck, dass die chinesische Medizin heute Yin und Yang zwar als Dialektik und auch als Folklore und tradierten Aberglauben versteht, jedoch nicht als geistiges, spirituelles und kulturelles Prinzip. Aus diesen und auch aus politischen Gründen fuhr ich nie nach China. Obwohl das Abschlachten der demonstrierenden Studenten am Platz des Himmlischen Friedens in Peking erst einige Jahre später erfolgte, war die geistige Unfreiheit und einseitig materialistisch-sozialistische Orientierung des modernen China zu

sehr präsent, als dass es mich verlockt hätte, dort nach alten Schätzen zu gra-
ben. Ich hatte Österreich auf der Suche nach einer ganzheitlichen Sicht der
Welt verlassen und nicht auf der Suche nach einer fernöstlichen Variante des
westlichen Materialismus.

In den Jahren danach praktizierte und lehrte ich Shiatsu in Europa und Amerika und entwickelte eine neue Form der Meridianmassage, die, mehr als im
Shiatsu sonst üblich, einen Hauptakzent auf die genaue Behandlung von spezifischen Akupressurpunkten legt. Parallel dazu begann ich, systematisch das
feinenergetische, psychische und spirituelle Wirkungsspektrum der klassischen
Punkte zu erforschen und, neben den Resultaten bei medizinischen Indikationen, auch Erfahrungen mit den positiven und lebensfördernden Wirkungen
der Punkte zu beschreiben und zu sammeln. Von 1992 bis 1995 testete ich die
361 klassischen Punkte und etwa 50 Extrapunkte im „Blindversuch" mit mehreren Versuchsgruppen neu, das heißt, die Probanden waren nicht mit Wissen
über den jeweiligen Punkt vorbelastet und dadurch in ihrem Wahrnehmungs-
vermögen nicht beeinflusst. Auf diese Weise wurden von den Teilnehmern an
den Versuchsgruppen viele Punktewirkungen im feinstofflichen, seelischen
und geistigen Bereich beschrieben, wie sie in den alten chinesischen Texten
kaum vorkommen.

Der Hauptgrund dürfte darin liegen, dass es für die überwiegende Mehrzahl der
Chinesen vor zwei- oder dreitausend Jahren und bis zum heutigen Tage vor
allem darum ging, gesund und vital zu sein, um ihre Arbeit verrichten und ihre
sozialen Pflichten erfüllen zu können. Erst der moderne Mensch in den westlichen Industrieländern kann sich den Luxus erlauben, sich differenziert um
seine emotionalen, kreativen und sexuellen Nöte und Bedürfnisse zu küm-
mern. Menschen in der Dritten Welt dagegen erfahren ihre Selbstverwirkli-
chung auch heute noch als Teil einer kleineren oder größeren Familie, Sippe
oder staatlichen Gemeinschaft. Ein erfülltes Leben bedeutete in Indien, Japan,
Korea oder China damals wie heute: den Platz bestmöglich auszufüllen, auf den
man durch Geburt und Heirat vom Schicksal gestellt wurde.

Dazu kommt, dass der differenzierte Ausdruck von vielen Gefühlen und Gedanken für den Asiaten stärker tabuisiert ist als für den Europäer; kurz und gut:
Beim Testen der Punkte waren meine Freunde und ich immer wieder überrascht
von der Fülle an Bildern, feinstofflichen Wahrnehmungen und Gefühlen, die
bei den einzelnen Punkten auftraten. Vor allem waren die vielen positiven, angenehme und ungekannte Empfindungen schenkenden Wirkungen der Akupressur eine große Bereicherung zu den Indikationen, wie sie üblicherweise in
der Akupunkturliteratur tradiert werden: Diese haben größtenteils physische

Symptome und Beschwerden wie Migräne, Sodbrennen, Rücken- und Regel-schmerzen zum Inhalt und gehen nur wenig auf Geist und Psyche ein. Eher sel-ten werden Wirkungen angeführt, die über allgemeine Symptome wie Nervosi-tät, Reizbarkeit, Konzentrations- und Gedächtnisschwäche und Begriffe wie Geisteskrankheiten oder psychische Störungen hinausgehen.

Außerdem fällt auf, dass in den zahlreichen Neuerscheinungen zum Thema Akupunktur und Akupressur im Wesentlichen die gleichen Punkteindikationen wie schon vor Jahrzehnten und häufig auch Jahrhunderten zwar in modernem Design, aber inhaltlich weitgehend unverändert als letzter Stand der Forschung dargeboten werden. Zum Beispiel ist 1959 *Die Akupunktur – eine Ordnungsthera-pie* von Gerhard Bachmann im Haug Verlag, Heidelberg, erschienen – und ich kenne kaum ein zeitgenössisches Akupunkturbuch, das sich in der Auflistung der nach wie vor hauptsächlich medizinischen Indikationen wesentlich von je-nem unterscheidet, was nicht gerade für die Innovationskraft von Wissenschaft und Forschung auf diesem Gebiet spricht.

Durch die farbigen Erfahrungen und Erlebnisse mit den das eigene Innere so vielfältig beleuchtenden und belebenden Wirkungen der Punkte wurde es immer ungenügender und auch unrichtiger, die Wirkungen von Akupressur und Akupunktur allein in Krankheitsbegriffen zu definieren. Meridianmassage, Akupressur, Moxibustion und Akupunktur ebenso wie körperliche Übungen, die den Qi-Fluss in den Meridianen anregen, sehe und erfahre ich immer wie-der als ein wunderbares Instrument, um unser körperliches und seelisches Wohlbefinden zu erhalten und zu fördern. Akupressur und Akupunktur sind dafür bekannt, unsere Beschwerden lindern und einige unserer Krankheiten heilen zu können. Genauso wichtig erscheint mir jedoch die Tatsache, dass sie im Stande sind, unsere Gesundheit und Vitalität zu bewahren, uns Momente der tiefen Entspannung und des Glücks zu schenken und uns dabei zu helfen, ganz unterschiedliche Teile unseres Selbst kennen zu lernen, die unserem All-tagsbewusstsein normalerweise verborgen sind.

Die Lehre der Fünf Elemente und die Energetik der Organe, Meridiane und ihrer Punkte sind ein seit Jahrtausenden empirisch bewährtes Konzept, das den Menschen als Einheit mit der Natur und als Einheit von Seele, Körper und Geist versteht. Akupressur und Akupunktur sind daher auch im Stande, den Bruch zwischen Körper und Geist (und zwischen Medizin und Psychologie) heilen zu helfen, der sicherlich nicht zu Unrecht für das Unbehagen in unserer Kultur verantwortlich gemacht werden kann.

In diesem Fünf-Elemente-Kompendium möchte ich eine Auswahl von Akupressurpunkten vorstellen, die mir gut geeignet scheinen, das weite Spektrum der energetischen, psychischen und spirituellen Wirkungsmöglichkeiten von Akupressur und Akupunktur und vor allem ihre bei jedem Punkt sehr unterschiedliche Stimulierung spezifischer Elementkräfte in uns zu illustrieren. Die Beschreibungen der Punkte sind meinem Buch *Das Tao der Medizin* entnommen, in dem ich die Ergebnisse meiner Erfahrungen und Erforschungen über die Wirkungen der klassischen 361 Punkte bei Akupressur und Akupunktur zusammengefasst habe; sie werden hier mit freundlicher Genehmigung des Haug Verlages als Auszug wiedergegeben.

Da ich mich bei den Punktewirkungen häufig auf die Fünf Elemente beziehe, ist es für das Verständnis der Indikationen von Vorteil, über die Zuordnungen der Organe, Gewebe, Gefühle und Denkweisen zu den Fünf Wandlungsphasen und die Gesetzmäßigkeiten der Interaktion der Elemente untereinander Bescheid zu wissen. Die entsprechenden Zusammenhänge finden Sie in dem von mir verfassten Buch *Heilendes Tao, Die Lehre der Fünf Elemente* (siehe Bibliografie).

Die bei der Beschreibung der Indikationen der einzelnen Punkte unter Anführungszeichen gesetzten Passagen geben subjektive Wahrnehmungen meridiansensitiver Menschen wieder. Die individuellen Bilder und Gefühle, die bei den meisten Punkten beschrieben werden, werden zitiert, um das Wirkungsspektrum des jeweiligen Punktes farbiger darzustellen und ihm eine Tiefenschärfe zu geben.

Die angeführten psychischen Wirkungen der einzelnen Punkte können, außer dem Vergnügen, das ihr Erleben oft bereitet, auch dabei helfen, den vielfältigen seelischen Hintergrund vieler Krankheiten und Beschwerden besser zu verstehen. Dadurch können wir unser Bild von der jeweiligen Erkrankung differenzierter gestalten und unseren Handlungsspielraum erweitern. Bei einem spontan druckschmerzhaften Akupressurpunkt können Rückschlüsse auf die seelischen Ursachen und Querverbindungen zu den bestehenden Symptomen gezogen werden. Bei der Behandlung können uns die beschriebenen psychischen Wirkungen – bei genauer Kenntnis des Patienten – dabei unterstützen, Punkte auszuwählen, die seiner persönlichen Geschichte gerecht werden und seiner individuellen Eigenart entsprechen.

Wenn man einen Punkt, wie oft in den gängigen Akupressurhandbüchern angegeben, fünf bis dreißig Sekunden lang drückt, kann man die psychischen Dimensionen eines Akupressurpunktes kaum erfahren. Es ist von Vorteil, wenn man den Punkt von einer anderen Person massiert und gedrückt bekommt – zum einen, weil man dabei tiefer entspannen kann, als wenn sich eine Seite in uns auf das Behandeln konzentriert, zum anderen, weil unsere Energie und die meisten unserer psychischen Dimensionen in der Interaktion mit einem anderen Menschen, mit einem fremden Energie- und Informationssystem, stärker angeregt und aktiviert werden.

Wenn Sie die bei den folgenden Punkten angegebenen psychischen Wirklichkeiten, die energetischen Strömungen, inneren Bilder und die damit zusammenhängenden tiefen Gefühle bei sich wahrnehmen möchten, legen Sie sich entspannt auf eine Matte und lassen sich von jemand anderem einen Punkt ungefähr fünf Minuten lang drücken. Ich sage mit Absicht: ungefähr fünf Minuten, weil es kein objektives Zeitmaß gibt. (Wenn Sie selber massieren, dann drücken Sie einen Punkt so lange, als es sich spannend und interessant anfühlt – auch wenn es zehn Minuten sind. Wenn Energie fließt, sind wir in der Regel interessiert und bei der Sache. Hören Sie auf, einen Punkt zu massieren, wenn es Sie zu langweilen beginnt – auch wenn erst eine Minute verstrichen ist. Langeweile ist ein Indiz dafür, dass kein Qi da ist, dass nichts Wesentliches passiert.)

Liegen Sie also entspannt und atmen Sie dabei ein wenig tiefer, als Sie es gewohnt sind, am besten durch den leicht geöffneten Mund – das aktiviert den Renmai und erleichtert damit den Zugang zu den eigenen Gefühlen. Beobachten Sie einfach, welche Körperbereiche, welche Gefühle, Bilder und Gedanken in Ihr Bewusstsein treten, während Sie den Akupressurpunkt gedrückt bekommen. Ohne besondere Sensationen zu erwarten, nehmen Sie, genau wie in der Meditation, eine Haltung nicht wertender Offenheit gegenüber Ihren inneren Wahrnehmungen ein. Was Ihnen auch immer während dieser fünf Minuten bewusst wird – es hat mit großer Wahrscheinlichkeit einen Zusammenhang mit dem Wirkungsspektrum des jeweiligen Punktes und mit ein wenig Übung werden Sie bald die Wirkungen eines Punktes von Wahrnehmungen aus anderer Ursache, zum Beispiel einem chronisch schmerzenden Bereich oder einer emotionalen Fixierung, unterscheiden können.

Im Folgenden nun eine Auswahl von Punkten, die ein gutes Beispiel für die verschiedenen Wirkungsmöglichkeiten und das breite Wirkungsspektrum von Akupressur und Akupunktur bieten.

Lu 6 Kongzui

DEUTLICHE HÖHLUNG
LOCH GRÖßTER WIRKSAMKEIT

Funktion: Xi-Punkt

Lage: An der Innenseite des Unterarms, auf dem Oberarmspeichenmuskel, 7 cun proximal der Beugefalte des Handgelenks, auf der Verbindungslinie von Lu 5 und Lu 9.

Massage: Tief drücken.

Als Xi-Punkt aktiviert er rasch den Energiefluss in den Lungen und im Lungenmeridian. Er macht die Hände warm, weckt auf und bündelt die Kraft.

Im geistigen Bereich bringt man Kongzui oft mit der Essenz des Metall-Elements in Kontakt: Man sieht Bilder, in denen Stahl oder Metall eine wesentliche Rolle spielen oder in denen es um Präzision, Struktur, Timing und das Verhältnis von Input und Output geht.

Ellbogen- und Unterarmschmerzen, Hustenanfälle.

Nadelung: 1–2 cm senkrecht. Kräftige Stimulation bei Verwendung als Xi-Punkt bei akuten Lungenerkrankungen.

Lungenentzündung, Asthmaanfall, *Status asthmaticus*.

Chaotisches Innenleben, Unfähigkeit, zum Wesentlichen zu gelangen.

Lu 7 Lieque

FEHLENDE ORDNUNG
FEHLER IN DER REIHE

Funktion: Luo-Punkt – Verbindung zu Di 4

Meisterpunkt des Großen Stroms Ren Mai

Meisterpunkt von Nacken und Hinterkopf

Lage: In einer kleinen Vertiefung knapp proximal des *Processus styloideus radii*, zwischen zwei kleinen Sehnen, 15 fen proximal der Beugefalte des Handgelenks.

Man findet Lieque, indem man die Innenfläche der einen Hand auf den Handrücken der anderen legt und die Daumen verschränkt. Dort, wo auf der Speichenkante die Zeigefingerspitze zu liegen kommt, ist Lu 7.

Massage: Leicht drücken, den Zeigefinger auf dem Punkt ruhen lassen. Der Fluss des Qi ist hier sehr oberflächlich. Wenn man fest drückt, klemmt man ihn ab. Lieque entfaltet die Lungen, der Brustkorb dehnt sich, die Atmung vertieft sich. Er regt den Solarplexus – den Ursprung des Lungenmeridians – an, aktiviert die Zwerchfellatmung und die Dickdarmperistaltik.

Als Meisterpunkt des Ren Mai koordiniert er den Energieausgleich zwischen den sechs Yin-Organen. Kraft und Empfindungen des Yin werden gesteigert. Man wird sensibler, Brust und Bauch fühlen sich warm, weich und rund an, man entspannt sich und wird ruhig. Lieque „öffnet die Vorderseite", man wird offener für die eigene Gefühlswelt. Es kann eine helle und freundliche Stimmung entstehen – oder überschäumende Lebenslust. Manchmal werden aber auch Mutlosigkeit, Trauer, Verzweiflung und Verletzlichkeit bewusst. Lieque wirkt als Verstärker, als Lupe, als Mikroskop: Er verstärkt und vergrößert vorhandene Gefühle und Gedanken, ändert aber zuerst einmal nichts daran. Er macht sie einfach in ihrer Qualität bewusst. Man bleibt im Zwiespalt, so man einen hat.

Als Luo-Punkt des Metalls versetzt er manchmal in einen Zustand, in dem man über den Dingen steht: Man sieht alles aus der Vogelperspektive, das Denken klärt sich, man spürt Vertrauen und Zuversicht und ist lieber über den Wolken als auf der Erde.

Husten, Bronchitis, Nackenverspannungen, Hinterkopfschmerzen, Migräne.

Nadelung: 3–10 mm flach (in einem Winkel von zirka 15 Grad zur Hautoberfläche), im Meridianverlauf.

Lieque ist der wirksamste Fernpunkt bei Erkrankungen der Atmungsorgane – bei Atemnot, ständigem Hustenreiz, Asthma bronchiale, Keuchhusten und Bronchiektasien. Er beseitigt oder verringert „Stauungen" im Brustbereich, d. h. durch Lungenerkrankungen bedingten Blutrückstau und Hypoxämie.

Kopf- und Nackenschmerzen, HWS-Syndrom, Verspannungen und Myogelosen der Nackenmuskulatur. Bei einseitiger Migräne wird er oft nur auf der Gegenseite gestochen.

Als Luo-Punkt hilft er über den Dickdarmmeridian bei Zahnschmerzen und Fazialisparese.

Als Meisterpunkt des Ren Mai wirkt er bei Schwächezuständen, chronischen Durchfällen, Impotenz, Frigidität und allgemeiner Gefühllosigkeit.

Beziehungsschwierigkeiten, Hauterkrankungen.

Sehnenscheidenentzündung und Arthritis des Handgelenks.

Di 5 Yangxi

FLÜSSCHEN DES YANG

Funktion: Jing-Punkt, Feuerpunkt

Lage: An der Radialseite des Handgelenks, in einer Vertiefung, die von den Sehnen des langen und des kurzen Daumenstreckers gebildet wird. Die Vertiefung wird als Tabatière bezeichnet, man hat sie früher zum Schnupfen von Tabak verwendet.

Massage: Den Punkt bei leicht gestrecktem Daumen drücken.

Yangxi bringt Feuer ins Metall, pulsierendes Leben in gläserne Kühle.

Er wirkt auf die Sehkraft und die Haut, denn das Feuer bringt in seiner Zeit, dem Sommer, das Qi an die Oberfläche der Dinge – in die Blumen, in die Blüten und in die Haut.

Yangxi macht warm, belebt den Brustkorb und macht ihn weit. Die Atmung vertieft sich, der Bauch wird weich. Er entspannt die Schultern, den Nacken und das Gesicht.

Yangxi bringt die Gefühle in Fluss – Flüsschen des Yang. Oft spürt man Leichtigkeit und Befreiung und hat positive, optimistische Gefühle in Bezug auf die Zukunft.

Handgelenkschmerzen, Schreibkrampf, übermäßiges Schwitzen, Juckreiz, Stirnkopfschmerz.

Nadelung: 3–6 mm senkrecht.

Arthritis des Handgelenks, juckende Ekzeme, Allergien, Augenerkrankungen.

Di 6 Pianli

SCHRÄGE ABZWEIGUNG

Funktion: Luo-Punkt – Verbindung zu Lu 9

Lage: An der Radialseite des Unterarms, 3 cun proximal von Di 5, auf der Verbindungslinie von Di 5 und Di 11.

Massage: Den Punkt am besten mit dem Daumen drücken.

Als Luo-Punkt gleicht er ein unterschiedliches Energieniveau von Lunge und Dickdarm aus.

Bei relativer Leere in der Lunge fließt überschüssiges Qi vom Dickdarm in die Lungen: Die Atmung wird aktiviert, der Brustkorb weitert sich. Man fühlt sich weich und hingebungsvoll und mit der Umgebung verfließend – und nicht so auf sich konzentriert, wie es bei Dickdarmpunkten im Allgemeinen der Fall ist. Manchmal spürt man eine weiche, weiße Energie im Oberkörper, die weit über die Körpergrenzen hinausgeht, und ein helles, weißes Licht in der Mitte der Stirn. Oder man kann das Gefühl bekommen, in der Luft zu schweben, luftig zu sein. Vermehrter Qi-Fluss in die Lunge wirkt entgrenzend.

Bei relativer Fülle in der Lunge fließt überschüssiges Qi von den Lungen in den Dickdarm: Man spürt das Becken, der Bauch wird vor allem in der Nabelgegend warm. Im geistigen Bereich fühlt man sich in seinen Absichten bestärkt, Zielvorstellungen werden konkreter, vielleicht hat man auch den Wunsch, unabhängiger zu sein. Vermehrter Qi-Fluss in den Dickdarm wirkt konzentrierend und konkretisierend, definierend und grenzsetzend.

Müde Augen, Sehschwäche, Halsweh, Verstopfung.

Nadelung: 5–15 mm schräg oder flach im Meridianverlauf.

Als Luo-Punkt wird er häufig bei Füllezuständen des Dickdarms und seines Meridians verwendet: bei Kolitis und spastischer Obstipation, bei Unterarmschmerzen, Zahnschmerzen und Nasenbluten. Das überschüssige Qi wird über die Luo-Querverbindung dem Lungenmeridian zugeführt.

Sehstörungen, Fazialisparese.

Eine wirksame Kombination bei unaufhörlichem Redefluss ist Pianli mit Zusanli (Ma 36), Jiuwei (Ren 15) und Yamen (Du 15), dem Zugang zum Schweigen.

Ma 2 Sibai

VIERFACHE HELLE

Lage: Auf dem *Foramen infraorbitale*, 7 fen senkrecht unter Ma 1.

Massage: Den Zeigefinger leicht auf das Grübchen legen.

Sibai löst Spannungen in den Augen und wirkt reinigend auf die Schleimhäute der Kieferhöhlen und der Nase, die Nasenatmung wird frei.

Er regt den Fluss des Qi im Magenmeridian an und entspannt Körper und Geist. Der Name „Vierfache Helle" ist ein Hinweis auf die geistige Wirksamkeit des Punktes: Das Zeichen *bai* bedeutet „weiß", „klar" und „hell" und wird zur Bezeichnung von Punkten – wie zum Beispiel Yangbai (G 14) und Taibai (MP 3) – verwendet, die das Dritte Auge und damit die Fähigkeiten der Visualisation und Imagination anregen. Sibai eröffnet häufig einen Zugang zu Bildern, in denen es um Wahrnehmung und Selbst-Wahrnehmung geht.

„Den Oberkörper nach vorn geneigt, sitze ich auf einem Felsvorsprung und schaue mit dem Dritten Auge in die Weite."

„Rechts von mir ist eine unbegrenzte orange-rote Wand. Davor steht ein tibetischer Mönch und schlägt rhythmisch auf die Wand. Ich frage ihn, was er da macht. Er sagt: Wie draußen, so drinnen!"

Nadelung: 1–5 mm senkrecht.

Akute und chronische Kieferhöhlenentzündung.

Trigeminusneuralgie und Fazialisparese.

Ma 19 Burong

NICHT ZULASSEN

Lage: An der Verbindungsstelle der knorpeligen Anteile der 7. und 8. Rippe in Höhe von Ren 14 (6 cun über dem Nabel), 2 cun seitlich der Mittellinie.

Massage: Mit dem Daumen drücken. Den Klienten gegen den Daumen atmen lassen, sodass die Zwerchfellatmung angeregt wird.

Burong leitet das Qi von der oberen Körperhälfte zu Bauch, Becken und Beinen – dadurch entspannen sich Kopf, Nacken und Rücken und es entsteht eine Qi-Fülle im Bauchraum; man fühlt sich zufrieden, beruhigt und geerdet.

„Ich steige runter in eine dunkle Höhle, unten ist ein Raum mit einer hohen Decke. In der Decke ist ein Loch, durch das ein goldener Sonnenstrahl auf einen großen Rauchquarzkristall fällt. Die Farben des Bildes sind goldgelb und braun. Ich liege in einer kuscheligen Erdmulde und bin sehr zufrieden."

Burong bringt häufig Licht ins Dunkel: Man spürt, dass man zurückhält, etwas in seinem Leben nicht zulässt oder unterdrückt. Er bringt uns häufig der Schattenzone unseres Bewusstseins einen Schritt näher. „Der obere Teil meines Kopfes wird wie eine Klappe aufgerissen, ein Haufen Licht hereingeworfen und die Klappe wieder zugemacht."

Völlegefühl, Übelkeit und Brechreiz.

Nadelung: 5–10 mm flach entlang des Rippenbogens.

Schmerzen im Bereich des Rippenbogens, Interkostalneuralgie und Herzschmerzen. Erkrankungen des Magens wie Gastritis und Magengeschwür.

MP 3 Taibai

HÖCHSTE HELLE

Funktion: Yuan-Punkt – Verbindung zu Ma 40

Shu-Punkt, Erdpunkt der Erde (Stundenpunkt)

Lage: Am inneren Fußrand, im Winkel zwischen Köpfchen und Schaft des ersten Mittelfußknochens.

Massage: Tief mit dem Daumen drücken.

Taibai hilft bei Verdauungsstörungen und Regelbeschwerden.

Taibai gibt Ruhe, Gelassenheit und inneren Frieden. Man fühlt sich geborgen. Er macht den Körper warm, Brust und Herz weit und weich. Manchmal bekommt man das Gefühl zu zerfließen.

Taibai regt den Energiefluss in der Gebärmutter, in den Eierstöcken und in der Scheide an. Oft wirkt er sexuell belebend und erregend. Eigenschaften der Erde sind Weiblichkeit und Fruchtbarkeit – Taibai ist der Erdpunkt der Erde.

Manchmal erinnert frau sich auch an erotische und sexuelle Erlebnisse, von der jüngeren Vergangenheit bis zurück zu Formen kindlicher Sexualität. „Ich sehe mich als vierjähriges Mädchen, klein, blond und dick. Ich bin in der Sandkiste, wälze mich lachend am Rücken und werde gekitzelt."

Der Name „Höchste Helle" ist ein Hinweis auf die spirituelle Bedeutung des Punktes: Das Zeichen *bai* bedeutet „weiß", „klar" und „hell" und wird zur Bezeichnung von Punkten – wie zum Beispiel Yinbai (MP 1), Sibai (Ma 2) und Yangbai (G 14) – verwendet, die das Dritte Auge anregen: Man bekommt Zugang zu einer Bilderwelt der Seele, die unter den Alltagsgedanken verborgen liegt. Der Punkt Yinbai heißt deshalb „Verborgene Helle", „Verborgener Glanz".

„Eine sattgelbe Energie ist in meinem Körperinnenraum. Ruhe und Gelassenheit. Ich sehe einen bronzefarbenen Buddha in einem halbdunklen Tempel. Ein paar Kerzen brennen. Das Bild hat braune, warme Farben."

„Eine Lotosblume, die sich öffnet, die auseinander fließt. Ganz viele Blüten kommen aus der Mitte nach und fließen auseinander. In der Mitte entsteht ein stiller See, ich tauche geräuschlos in den See hinein. Es ist weder Tag noch Nacht."

Wie Yinbai und Xingjian (Le 2) ist Taibai gut geeignet für Tantra und Meditation. Den Punkt am Beginn einer Meditation beidseits eine Weile halten – er stärkt die Fähigkeit, längere Zeit nach innen zu schauen, in die Dämmerzone des Bewusstseins.

Nadelung: 3–10 mm senkrecht.

Als Quellpunkt gleicht Taibai die Energie im Milz-Pankreas-Meridian aus: Menstruationsstörungen, Zwischenblutungen, Blutungen nach der Entbindung; Verdauungsbeschwerden wie Blähsucht, Verstopfung und Durchfall; exkretorische und inkretorische Pankreasinsuffizienz – Taibai ist ein Hauptpunkt bei der Behandlung von Verdauungsschwäche, Magerkeit und Diabetes; Herzschmerzen, *Angina pectoris* und Bradykardie.

Füllestörungen des Magenmeridians wie Magenschmerzen, Übelkeit, Erbrechen und Darmkolik – Taibai nimmt überschüssiges Qi über das Luo-Gefäß auf und leitet es in den Milz-Pankreas-Meridian.

Erschöpfung und Schwäche – als Erdpunkt der Erde stärkt er den physischen Körper.

Kopfschmerzen, Konzentrationsmangel und Gedächtnisschwäche – Taibai stärkt die geistige Kraft der Erde, die in der chinesischen Tradition Yi genannt wird: Ihre Essenz ist ruhiger und konzentrierter Intellekt.

Bei Gedächtnisschwäche in Kombination mit Pishu (B 20), Xinshu (B 15) und Shendao (Du 11).

Hämorriden und Paresen der Beine.

MP 4 Gongsun

ENKEL DES LANDESFÜRSTEN

Funktion: Luo-Punkt – Verbindung zu Ma 42

Meisterpunkt des Großen Stroms Chong Mai

Lage: Am inneren Fußrand, im Winkel zwischen Basis und Schaft des ersten Mittelfußknochens.

Massage: Tief mit dem Daumen drücken.

Gongsun hilft bei Bauchschmerzen, Übelkeit, Verdauungsstörungen und Regelbeschwerden. Er wärmt und entspannt, man fühlt sich aufgehoben, wohlig und weich. Er macht die Brust weit und regt den Fluss des Qi in der Gebärmutter und in den Eierstöcken an. Als Luo-Punkt wirkt er auf den Magen.

Als Meisterpunkt des Chong Mai eröffnet er manchmal einen Zugang zu tiefen Bereichen des Seins und der Sexualität.

„Eine Schlange, die tanzt. Sie kriecht über meinen Bauch – ein sehr angenehmes Gefühl. Sie windet sich wie ein Gürtel um die Hüften."

„Aus meinen Schamlippen wächst eine gelbe Blüte. Sie öffnet sich, wird immer größer, wird zu einer weiß-gelben Seerose in einem Teich. Aus ihr entstehen immer mehr Seerosen, sie füllen das Bild ganz aus."

Als Meisterpunkt des Chongmai taucht er den Innenraum in der Meditation in ein goldenes Licht und stärkt die Aura.

„Eine gelbliche Energiehülle breitet sich von den Knien bis zum Rippenbogen hin aus: Ich fühle mich sehr wohl."

„Ein gelber Energiekreis, wie ein Heiligenschein, kreist in Augenhöhe um meinen Kopf. Er wird zu einer gelben Spirale, die hinauf zum Scheitel-Chakra führt. Ich spüre einen Sog nach oben und fühle mich schwebend."

Wie Yinbai (MP 1), Xiangjian (Le 2) und Taibai (MP 3) ist Gongsun gut geeignet für Tantra und Meditation. Den Punkt am Beginn einer Meditation im Schneidersitz beidseits eine Weile halten.

Nadelung: 5–15 mm senkrecht.

Als Luo-Punkt gleicht Gongsun ein Energiegefälle zwischen Magen- und Milz-Pankreas-Meridian aus: Magenschmerzen, Erbrechen und Speiseröhrenkrampf; Appetitlosigkeit, Verstopfung, Blähungen und Darmkolik. Gongsun ist ein Hauptpunkt bei der Behandlung von Durchfällen.

Als Meisterpunkt des Chong Mai wirkt Gongsun auf den Urogenitaltrakt und auf Herz und Hals.

Menstruationsstörungen wie zu starke, ausbleibende oder fehlende Regelblutung und Regelkrämpfe.

Geschlechtskälte, Unfruchtbarkeit und Impotenz.

Harnröhren- und Prostataentzündung. Gongsun beugt der Entwicklung von Myomen des Uterus und der Vergrößerung der Prostata im Alter vor.

Einleitung und Erleichterung der Geburt; Plazentaretention.

Übererregbarkeit, Herzklopfen, nervöse Herzbeschwerden, Prinzmetal-Angina und Bradykardie.

Krampfzustände und Epilepsie.

Chronische Heiserkeit und Halsentzündungen.

Gewebewassersucht, vor allem im Gesicht.

H 8   Shaofu

VERLOREN GEGANGENER PALAST

Funktion: Ying-Punkt, Feuerpunkt des Feuers (Stundenpunkt)

Lage: Auf der Handinnenfläche in einer deutlichen Vertiefung zwischen dem 4. und 5. Mittelhandknochen, auf der Herzlinie – 1 cun proximal der Interdigitalfalte.

Massage: Bei Fülle im Feuer nicht drücken.

Shaofu ist Feuer von Feuer: Er macht den Körper warm und regt den Energiefluss nach oben hin an, von den Füßen zum Kopf, besonders über den Du Mai. Shaofu belebt Menschen mit stillem oder kleinem Feuer, die Atmung wird tiefer und manchmal auch schneller, man fühlt eine Welle von Heiterkeit, Freude und Glück. Manchmal beginnt man zu lachen oder man bekommt Lust, zu spüren und zu berühren.

Introvertierte Menschen kann er auch manchmal in eine tiefe Ruhe führen, in der keine Gedanken mehr vorhanden sind.

Bei Fülle im Feuer kann er unangenehm werden, das Herz klopft und man fühlt sich aufgeregt.

Übergroße Ernsthaftigkeit, Freudlosigkeit, kalte Hände, kaltes Herz.

Nadelung: 5–10 mm senkrecht. Schmerzhafter Punkt.

Bei Fülle im Feuer nicht nadeln, er kann Herzklopfen und Herzrasen auslösen.

Bradykardie und Herzschwäche.

Durchblutungsstörungen der Hände, Raynaud-Syndrom.

Rheumatische Gelenkschmerzen.

Enuresis und Dysurie.

Ein Mensch kann nicht mehr lachen, er stöhnt und seufzt.

Sedierende Nadelung bei schwitzenden Händen und Beklemmungsgefühl in der Brust.

Dü 7 Zhizheng

IN DER MITTE GELEGENE UNTERSTÜTZUNG

Funktion: Luo-Punkt – Verbindung zu H 7

Lage: An der Ulnarseite des Unterarms, zwischen Elle und *M. flexor carpi* ulnaris, 5 cun proximal vom Handgelenk – 1 cun distal der Mitte der Verbindungslinie von Dü 5 und Dü 8.

Massage: Tief drücken.

Zhizheng entspannt den Geist und die Seele. Es fällt leicht, die Gedanken ausschwingen und zum Stillstand kommen zu lassen. Er zeigt einen innerlichen Platz der Stille, wo einem kaum eine äußere Störung etwas anhaben kann – von dem aus man aber auch agieren kann.

„Ein Tischler, der Holz hobelt – vollkommene Zufriedenheit mit dem, was man tut, vollkommenes Aufgehen in einfachem Tun."

„Mönche in langen Gewändern, die um vier Uhr morgens aufstehen und zur Meditation gehen."

Zhizheng gleicht als Luo-Punkt ein unterschiedliches Energiegefälle zwischen Herz und Dünndarm aus. Bei Fülle im Herzen – Herzklopfen, Übererregbarkeit, Ängstlichkeit und raschem Wechsel der Gefühle: himmelhochjauchzend und zu Tode betrübt – wirkt er beruhigend und bringt die Dinge ins Lot. Er entspannt den Bauch und macht die Brust weit.

Nadelung: 1–2 cm senkrecht.

Darmkolik, Durchfall und spastische Obstipation.

Schmerzen im Bereich der Finger, der Hand, des Armes und der Schulter.

Nackensteifigkeit und Fieber.

Unruhe, Angst, Neurasthenie, Hysterie, Manie, Depressionen, Psychosen, Wechsel von Reizbarkeit und Apathie.

Zhizheng schafft Einklang zwischen Herz und Bauch: Er wirkt psychisch stabilisierend und stärkt sexuelles Selbstvertrauen. Manchmal weckt er eine Sehnsucht nach natürlicher Erotik.

Dü 9 Jianzhen

BESTÄNDIGE SCHULTER

Lage: In der medianen Achsellücke unterhalb des Hinterrandes des Deltamuskels – bei herabhängendem Arm 1 cun oberhalb des hinteren Endes der Achselfalte.

Massage: Tief mit dem Daumen drücken.

Jianzhen entspannt die Schultern. Er verbessert den Energiefluss zwischen Armen und Rumpf und stärkt so die Verbindung zwischen Handeln und Sein.

Er gibt oft das Gefühl, auf eine entspannte Weise handeln, zupacken und durchgreifen zu können. Jianzhen stärkt das Element Holz – die expansiven Kräfte in uns.

„Der Arm ist schwer. Er beginnt in meiner Vorstellung zu schwingen wie ein Gewicht, wie eine Schwungmasse, wie eine Keule – ein Affengefühl. Es ist ein spielerisches Gefühl, gleichzeitig kann ich mich schützen, mich wehren, zuschlagen!"

„In meiner Vorstellung führe ich in verschiedenen Situationen konstruktive Konfliktgespräche mit verschiedenen Bekannten – und hüpfe dabei von einer Sache zur nächsten. Seltsamer Zustand: Es ist wie geistig abwesend sein – und das Unterbewusstsein arbeitet von selber."

„Hohe Bäume, die sich im starken Wind wiegen. Frühlingsstimmung, eine beglückende Atmosphäre – ein Boomerang aus Holz zieht seine Kreise."

„Ein Schachbrett: Die Holzfiguren werden lebendig. Die Bauern beginnen, zielstrebig zu marschieren, die zweite Reihe folgt im Schutz der Vorhut. Es ist eine bestimmte, vorwärts strebende, kriegerische Energie."

„Der Frühling ist frisch und knackig, überall trällerten die Vögel. Ein Wandersbursch, der unterwegs war, um die Welt kennen zu lernen, singt fröhlich ein Liedchen: Wenn das Wörtchen wenn nicht wär, wär mein Vater Millionär! Er kehrt im Wirtshaus ein, um zu Mittag zu essen."

Nadelung: 10–25 mm senkrecht.

Durch Arthritis, Rheuma oder Unfälle entstandene Schmerzen und Bewegungseinschränkungen im Schultergelenk.

Lähmung des Arms, zum Beispiel nach Schlaganfall.

Unvermögen, den Arm nach hinten zu heben – Jianzhen liegt an der für diese Bewegung zuständigen *Pars spinalis* des Deltamuskels.

Bei *Pariarthritis humeroscapularis*, Sensibilitätsstörungen und Schwäche im Schulterbereich wird er oft in Kombination mit Jianyu (Di 15) und Jianliao (SJ 14) gestochen.

Der Fernpunkt bei Bewegungseinschränkungen des Arms beim Heben nach oben ist Tiaokou (Ma 38).

Ohrensausen und Schwerhörigkeit.

B 15 Xinshu

LEITET DAS QI ZUM HERZEN

Funktion: Shu-Punkt des Herzens

Lage: 15 fen seitlich der Mittellinie auf Höhe des Unterrandes des 5. Brustwirbeldornfortsatzes.

Massage: Xinshu und Shentang (B 44) – der Herz-Punkt des Äußeren Astes des Blasenmeridians – sind der Zugang zur unbewussten Seite des Herzens, die Tür zu den Grundgefühlen des Herzens: Manche Menschen werden sich ihres Herzens bei diesen Punkten auf eine angenehme und freundlich entspannte Weise bewusst, sie empfinden Liebe und ein ruhiges Lebensgefühl, das sich einstellt, wenn man vom Herzen her handelt und lebt.

Bei vielen aber sind diese Punkte die Rumpelkammer des Herzens, in der Erinnerungen an Enttäuschungen und Herz-Verletzungen lebendig sind: Traurigkeit über den Verlust einer großen Liebe, beklemmende Gefühle, Mühsal, gebrochenes, verhärtetes und bitteres Herz.

Xinshu und Shentang regen das Herz-Chakra an. Wenn das Herz-Chakra offen ist und Energie hat, spürt man Liebe und Hingabe bei dem, was man tut und erlebt, und man wird sich auch seiner Handlungen und Gefühle in jedem Moment des Tages mehr und mehr bewusst – das Herz ist die untere Wohnung von Shen, dem bewussten Geist.

Die Massage des Punktes hilft bei Herzklopfen, Nervosität, Lampenfieber, Prüfungsangst, Schlaflosigkeit, Husten, Herzschmerzen und Schmerzen zwischen den Schulterblättern.

Nadelung: 5–15 mm senkrecht oder schräg nach medial.

Gefährlicher Punkt.

Xinshu entspannt und kräftigt das Herz.

Erkrankungen des Herzens wie *Angina pectoris*, Herzinsuffizienz im Frühstadium, paroxysmale Tachykardien und Arrhythmien.

Neurasthenie, Hysterie und Epilepsie.

Xinshu hilft bei Gedächtnisschwäche und in der Rekonvaleszenz nach einem Schlaganfall.

Bei Schlaflosigkeit in Kombination mit Baihui (Du 20), Shenmai (B 62), Shenmen (H 7) und/oder Neiguan (HH 6).

Zur Vorbeugung von Koronarsklerose und Herzinfarkt in Kombination mit Shendao (Du 11), Jueyinshu (B 14), Shenmen, Neiguan und Taiyuan (Lu 9).

B 30 Baihuanshu

LEITET DAS QI ZU DEN WEIßEN RINGEN

Funktion: Shu-Punkt der Kundalini in den Chakren

Lage: 15 fen seitlich der Mittellinie auf der Höhe des 4. Sakralloches.

Massage: Baihuanshu entspannt das Becken und regt die Kundalini-Energie an – man nimmt ein hinauffließendes Kribbeln in der Wirbelsäule wahr und fühlt sich energiegeladen und wach. Bei entwickelter Wahrnehmung spürt man die Chakren von unten nach oben – an der Stelle des siebten Chakras im Kopf einen horizontalen weißen oder bläulich-weißen Energiewirbel oder Trichter. Man sieht sich über eine Landschaft fliegen. Man fühlt sich zutiefst erfreut.

Nadelung: 5–20 mm senkrecht.

Erkrankungen der Harn- und Geschlechtsorgane. Harnverhaltung, Verstopfung, Menstruationsstörungen.

Ischias, Steifheit und Schmerzen in der Kreuzbeingegend und im unteren Rücken.

Energiemangel, dumpfes Lebensgefühl.

B 66 Tonggu

OFFENES TAL

Funktion: Ying-Punkt, Wasserpunkt des Wassers (Stundenpunkt)

Lage: Am äußeren Fußrand, im Winkel zwischen Basis und Schaft des Grundgliedes der kleinen Zehe.

Massage: Als Wasserpunkt des Wassers wird Tonggu zur Ersten Hilfe bei Verbrennungen, Verbrühungen, Sonnenbrand und Insektenstichen verwendet. In Notfällen mit dem Fingernagel drücken.

Tonggu färbt die Innenwelt blau. Vielleicht spürt man eine Sehnsucht nach Geborgenheit, eine Sehnsucht nach dem Meer. Oder man fühlt Wellenbewegungen im Körper, ein Pulsieren, erotisches Verlangen.

Kopf- und Nackenschmerzen, Anspannung und Stress.

Nadelung: 2–7 mm senkrecht.

Keine Hingabe, Anorgasmie, sexuelle Verklemmtheit, steifer Körper, rigider Charakter.

N 7 Fuliu

ERNEUT SCHNELL STRÖMEN

Funktion: Jing-Punkt, Metallpunkt (Tonisierungspunkt)

Meisterpunkt der Feuerniere (Nebenniere)

Lage: In der Rille zwischen Achillessehne und *M. flexor digitorum longus*, 2 cun über N 3.

Massage: Fuliu regt die Feuerniere an. Er macht wach, vital, aktiv und stärkt die sexuelle Kraft. Als Metallpunkt des Wassers wirkt er auch gleichzeitig entspannend: Er bringt Struktur (Metall) in die Entspannung (Wasser), man ist entspannt, ohne „wegzuschwimmen" – man bleibt wach und präsent.

Lendenschmerzen und Hexenschuss. Niedriger Blutdruck. Schwächegefühl und Mangel an Energie, Willen und Entschlusskraft.

Nadelung: 5–15 mm senkrecht.

Fuliu regt die Produktion und Ausschüttung von Adrenalin, Corticosteroiden, Aldosteron und Sexualhormonen an.

Drohender Kollaps, Hypotonie.

Schwäche der Nierenfunktion, Nephritis, Hämaturie, chronisch rezidivierende Blasenentzündungen, Dysurie, Orchitis.

Durch einen Leerezustand der Niere bedingte Durchfälle, Nachtschweiß, Ödeme.

Schwellungen, Durchblutungsstörungen, Muskelschwäche und Paresen der Beine.

Schwache Libido, schwacher Wille.

Bei Schwächezuständen Moxibustion.

N 9 Zhubin

DEM GAST VEREHRUNG ENTGEGENBRINGEN

Funktion: Kreuzungspunkt mit dem großen Strom Yin Wei Mai

Lage: Auf der Verbindungslinie von N 3 und N 10 in einer Vertiefung am Innenrand des Wadenmuskels, 5 cun über N 3.

Massage: Zhubin aktiviert den Yin Wei Mai – er gleicht die Energie der Yin-Organe untereinander aus. Das Yin wird gestärkt – man fühlt sich angenehm entspannt, die Vorderseite ist weich und offen.

Man fühlt sich dahintreiben oder empfindet Wellenbewegungen im Körper (Niere); vielleicht spürt man einen Optimismus, egal was die Zukunft bringt (Lunge); eine seelische Orientierung in die Zukunft (Leber); ein glückliches Gefühl der Hingabe (Herz) oder man fühlt sich tief in sich selbst, im Einverständnis mit sich selbst – in diesem Seinszustand befindet man sich, wenn genügend Energie im Shaoyin vorhanden ist, der tiefsten Schicht des Yin.

Nadelung: 5–25 mm senkrecht.

Urogenitale Beschwerden, Menstruationsstörungen, kolikartige Schmerzen im Unterbauch.

Neurasthenie, Übererregung, Verwirrtheit, Hysterie, Epilepsie.

Wadenkrämpfe.

PaM 18 Jianqian

VORNE AN DER SCHULTER

Lage: Am oberen Ende der vorderen Achselfalte.

Jianqian liegt im Verlauf des Meridians der Herzhülle, er wirkt auch auf emotionaler wie physischer Ebene auf diese, wird dem Meridian der Herzhülle vom Autor auf Grund dieser Charakteristiken zugeordnet.

Massage: Zuerst leicht, dann etwas tiefer mit dem Mittelfinger drücken. Jianqian regt die Brustatmung an und entspannt die Schultern. Die Brust weitet sich, man fühlt sich wohlig und geborgen, glücklich und leicht. Jianqian regt das Herz-Chakra an: Wärme und Freude im Herzen.

Manchmal nimmt man auch Gefühle wahr, die unser Herz belasten und schwer machen: eine Traurigkeit, eine Enttäuschung, eine Sehnsucht nach Geborgenheit und Liebe. „Ein weiches, wonniges Gefühl in der Brust. Der Raum um mich wird plötzlich weit." „Bin über eine Landschaft gerannt und meinem Freund in die Arme gesegelt, der ziemlich weit weg stand. Ein Gefühl von Leichtigkeit – musste über meinen Stress am Vormittag lächeln."

„Laufe mit einem Freund in einer verschneiten Winterlandschaft und wir hatten irrsinnigen Spaß miteinander. Totale Leichtigkeit, intensives Glücksgefühl. Freude. Herz, Bauch und Becken in Einklang. Wir sitzen dort, es wird Nacht, tiefblauer Himmel, der immer dunkler wird. Totale Ruhe."

„Verschiedene Bilder: eine Schneelandschaft – ein weißes Licht, das zur Sonne wird. Eine Thing-Stätte im Sommer: weiße Steine im Kreis auf einem Feld vor sommerlichem Wald, frisches Grün. Kahle Bäume, aus denen Raben auffliegen. Ein Feuer vor der untergehenden Sonne. Bin gelöst, bin in heiterer Stimmung."

„Ein alter Holzbrunnen mit Holztrog – ich geh hin, um zu sehen, ob ich Wasser schöpfen kann. Ein anderes Bild: Ich gehe zum Bauernhaus, dort sind umgestülpte Milchkannen. War ein bisschen enttäuscht – keine Flüssigkeit in den Kannen, kein Wasser im Brunnen."

„Ein Strand im Urlaub, da ist ein Freund von mir, ich geh auf ihn zu. Plötzlich sind wir zwei Lichtwesen, haben uns verschmolzen – ganz leicht – ganz schön

– bin ich noch allein oder nicht, aber wir waren immer noch zu zweit. Dann zurück zum Strand. War allein, aber nicht traurig darüber. Große Geborgenheit."

„Der Geruch von Flieder. Eine große Wiese, lauter Mädchen, ein Sonnwendfest. Wir haben Ringelreihen getanzt, man muss über sieben Zäune klettern und hinter jedem eine Blume pflücken, die sieben Blumen unters Kopfkissen legen, mit ihnen eine Nacht verbringen, dann kriegt man den Mann, den man sich wünscht."

„Ich wiege ein Baby in den Händen, fühle Zufriedenheit und Geborgenheit."

„Verschiedene Bilder: Tanzende Kinder um ein Feuer. Eine Katze, die sich wohlig um den warmen Kamin schmiegt. Eine Schlange ringelt sich um den Baum hoch – der Baum wird zum Äskulapstab. Ein kleines Männchen mit einer Laterne sitzt in einem kleinen Boot und paddelt durch meine Adern. Freude im Herz."

Spannungsgefühl in den Brüsten vor und während der Regel.

Niedergeschlagenheit, Beklemmungsgefühl und Herzschmerzen.

Nadelung: 1–2 cm senkrecht.

Herzklopfen, Herzstiche und Erkrankungen des Herzens wie Herzneurose, *Angina pectoris* und Arrhythmien.

Schmerzen in der Schulter und in der Achselgegend, Lymphknotenschwellungen der Achselhöhle.

HH 3 Quze

TEICH IN DER BEUGE

Funktion: He-Punkt, Wasserpunkt

Lage: In der Beugefalte des Ellbogens, in der Vertiefung auf der ulnaren Seite der Bizepssehne.

Massage: Den Punkt bei gebeugtem Arm tief drücken.

Quze stärkt das Wasser im Feuer: Er wirkt beruhigend und entspannend; manchmal fühlt man sich wie in einem Kokon oder man fühlt sich in den Boden einsinken und mit der Umgebung verschmelzen.

Unruhe, Ängstlichkeit, Nervosität, Herzklopfen, Herzschmerzen.

Schmerzen im Ellbogen.

Nadelung: 5–20 mm senkrecht.

Beklemmungs- und Angstgefühle.

Herz- und Kreislauferkrankungen wie hoher Blutdruck, *Angina pectoris*, Herzrasen, Herzmuskel- und Herzinnenhautentzündung.

Bronchitis und Fieber.

Epicondylitis, Arthritis des Ellbogens.

HH 8 Laogong

PALAST DES VERDIENSTES
TEMPEL DES DIENENS

Funktion: Ying-Punkt, Feuerpunkt des Feuers (Stundenpunkt)
Meisterpunkt der Hand-Chakren

Lage: Im Zentrum der Handinnenfläche, zwischen dem 3. und 4. Mittelhandknochen auf der Kopflinie.

Massage: Laogong macht Feuer im Körper, Wärme in den Händen. Er wirkt aufladend und regenerierend. Er aktiviert das Kehlkopf-Chakra und verbrennt Negativität.

Laogong führt ins Reich des Feuers, ins Land der Phantasie, ins Reich von Märchen und Magie: „Ich sehe einen Hofnarren, der alles sagen darf, was ihm einfällt – auch die beißendste Ironie."

„In meiner Kindheit gab es eine Madonnenfigur in einem Glaskasten, die haben wir aufgezogen, dann hat sie sich gedreht – mit ihren strahlenden Händen."

„Ich sehe eine Tänzerin, die mit ihren Händen und ihren Körperbewegungen Energie zu formen vermag."

„Ich bin ein kleines Mädchen, das einen kostbaren Schatz in der Hand hält, den ich niemandem zeige. Der Schatz ist ein funkelndes Auge, das alles sehen kann. Ich darf diesen Schatz nur dem Menschen zeigen, der mich wirklich liebt – und der wird dadurch verwandelt."

Laogong regt die Hand-Chakren an: das Formen, Halten, Geben und Empfangen.

Nadelung: 3–10 mm senkrecht.

Moxibustion und tonisierende Nadelung sollte nur bei Schwäche oder Leere im Feuerelement erfolgen. Bei Fülle im Feuer kann es zu Herzrasen und Herzschmerzen kommen.

Bradykardie, Kältegefühle, Energiemangel, langsames Sprechen und Denken, hartnäckiges Nasenbluten.

Mundhöhlen- und Zahnfleischentzündung, schlechter Mundgeruch.

Beeinträchtigung der Feinmotorik, Lähmungen, Sensibilitätsstörungen und Polyneuropathie der Hand.

Raynaud-Syndrom, Dupuytren'sche Kontraktur.

Hauterkrankungen wie Ekzeme und rezidivierender Pilzbefall der Hand.

Paresen und Sensibilitätsstörungen des Armes.

SJ 5 Waiguan

PASS NACH AUSSEN
DIE AUSSENSCHICHTEN VERSCHLIESSEN

Funktion: Luo-Punkt – Verbindung zu HH 7

Meisterpunkt des Großen Stroms Yang Wei Mai

Lage: Auf der Außenseite des Unterarms zwischen Elle und Speiche, 2 cun proximal der Handgelenksfalte.

Massage: Als Meisterpunkt des Yangweimai verbündet er das Yang: Waiguan koordiniert die Yang-Energien der Fu-Organe und stärkt die Energiehülle des Körpers – man kann sich der Umgebung gegenüber besser abgrenzen und fühlt sich kräftig und aktiv.

Waiguan erleichtert eine zentrale Erfahrung daoistischer Meditation: Er stimuliert die Fähigkeit des Dritten Auges, sich mit bestimmten kosmischen Energieformen in Verbindung zu setzen – man nimmt eine goldene Helligkeit oder weiß-orangenes Licht im Kopfbereich wahr – „ein Loch in der Mitte der Stirn, wo die Sonne reinscheint".

Waiguan stärkt die physische und geistige Sehkraft – wenn man innere Bilder sieht, sind sie meist glasklar wie ein Film.

Schläfenkopfschmerzen.

Schwierigkeiten, sich abzugrenzen und nein zu sagen.

Nadelung: 5–15 mm senkrecht. Nicht im Sitzen stechen: Bei kreislauflabilen Menschen kann er zu Schwindelgefühlen und Ohnmacht führen, da er als Luo-Punkt Qi aus dem Meridian der Herzhülle „anlockt" oder „abzieht".

Waiguan ist ein Hauptpunkt für rheumatische Beschwerden, Arthritis der Hand- und Fingergelenke und für alle sich bei Kälte, Wind und Feuchtigkeit verschlimmernden Krankheitssymptome.

Bei Wetterfühligkeit in Kombination mit Jianliao (SJ 15) und Zusanli (Ma 36).

Bei Arthritis und rheumatischen Beschwerden der großen Gelenke in Kombination mit Zulinqi (G 41) und lokalen Punkten.

Paresen, Schmerzen, Sensibilitätsstörungen – Taubheit und Eingeschlafensein – und Polyneuropathie der Arme und Hände.

Bei Verspannungen und Schmerzen im Nackenbereich und Schiefhals in Kombination mit Dazhui (Du 14), Fengchi (G 20) und/oder Jianjing (G 21).

Migräne, besonders wenn sie durch Witterungseinflüsse und Wetterumschwung ausgelöst wird. Fieber, Nachtschweiß, Erkältung.

Ohrensausen, Schwerhörigkeit.

Entzündliche Hauterkrankungen und Juckreiz.

G 3 Shangguan

AUF DEM PASS

Funktion: Kreuzungspunkt mit dem Dreifachen Erwärmer-, Dickdarm- und Magenmeridian: Über Shangguan kann die Energie zwischen Shaoyang und Yangming, den zwei inneren Energieschichten des Yang, ausgeglichen werden.

Lage: In einer deutlich tastbaren Vertiefung am oberen Ende des Jochbeinbogens, direkt über Xiaguan (Ma 7).

Massage: Bei leicht geöffnetem Mund drücken.

Bei Leere im Holz wirkt er angenehm belebend und aktivierend, er gibt Tatendrang, bringt in Fahrt.

Bei Holzfülle, gestauter Aggressivität und verhaltenem Ärger, macht er diese Gefühle und damit zusammenhängende Situationen bewusst und gibt den Impuls, in sich hineingefressenen Ärger auszudrücken. Bei manchen schlägt er sich auch – über den Magenmeridian und über den tiefen Ast des Gallenblasenmeridians – auf den Magen und löst dort einen Reinigungsprozess aus. Verwirrtheit, Reizbarkeit und Streit können durch Shangguan wie auch durch andere Punkte des Gallenblasen- und Lebermeridians ausgelöst werden, auch als Nachwirkung ein paar Stunden oder einen Tag später. Es ist von Vorteil, sie als Teil eines emotionalen Entgiftungsprozesses zu betrachten, der einer seelischen Klärung und Neuorientierung vorausgeht.

Shangguan stärkt die Sehkraft und verfeinert das Gehör. Er entspannt das Gehirn und konzentriert Energie auf das Stirn-Chakra: Über die Hypophyse kann er, auch vorzeitig, die Regel auslösen und bei übermäßiger Regelblutung helfen.

Verschwommenes Sehen, müde Augen. Gesichts- und Ohrenschmerzen.

Nadelung: 3–10 mm flach nach hinten in Richtung G 3 oder nach oben in Richtung G 4.

Migräne, Stirnhöhlenentzündung, Zahn- und Gesichtsschmerzen, Trigeminusneuralgie und Fazialisparese.

Sehfehler und Augenerkrankungen wie Bindehaut- und Hornhautentzündung.

G 8   Shuaigu

DEM TAL FOLGEN

Funktion: Kreuzungspunkt mit dem Blasen- und Dünndarmmeridian
Lage: In einem Knochengrübchen 15 fen über der Ohrmuschelspitze.
Massage: Shuaigu macht hellhörig und wach. Er spricht eine archaische Schicht in uns an, in der es um die Entschlossenheit zu überleben geht; die Entschlossenheit, den eigenen Weg zu gehen, ohne Rücksicht auf Verluste, ohne feinnervige Empfindlichkeit. Man fühlt sich gewappnet, manche empfinden sich als Ritter, andere als dunkle Macht, Rituale kommen in den Sinn, kalt, hart, aber nicht böse. Entschlossen, aber nicht boshaft. In einer südamerikanischen Kultur wird diese Schicht des Bewusstseins das Reptiliengehirn genannt, in den abendländischen und fernöstlichen Drachenlegenden wird sie mythisch dargestellt.
Schläfenkopfschmerz, Migräne, Erbrechen, Ohrensausen, Benommenheit, Schwindel.
Nadelung: 5–15 mm schräg oder flach nach dorsal, in Richtung G 9.
Schläfenkopfschmerz, Migräne, Erbrechen, Ohrensausen, Benommenheit, Schwindel.

G 10   Fubai

DURCHSCHIMMERNDE HELLIGKEIT

Funktion: Kreuzungspunkt mit dem Blasen- und Dünndarmmeridian.
Lage: Hinter und oberhalb der Ohrmuschel, im Schnittpunkt einer Waagrechten in Höhe der Augenbrauen und einer Senkrechten durch den hinteren Rand des Warzenfortsatzes des Hinterhauptsbeins, auf halbem Weg zwischen G 9 und G 11.
Massage: Zuerst verstärkt Fubai die Körperwahrnehmung und verfeinert das Hören, er bringt uns in die Hier und Jetzt erfahrbare Sinnlichkeit.
Dann spürt man manchmal ein energetisches Schutzschild helmartig über dem Kopf, „die Energie wendet sich nach innen": Fubai fördert Innenschau und Kontemplation. Er spricht einen Bereich des Geistes an, in dem man spürt, dass das Ich die Wahl hat, auf bestimmte Gedanken- oder Gefühlsinhalte zu fokussieren: Man kann eine Erinnerung wie mit einem Zoom „näher heranholen" – oder es auch bleiben lassen, man hat die Wahl. Man sitzt an der Quelle, wo Energie noch reine Energie ist, und kann beobachten, wie sie gedankliche Inhalte lebendig machen kann – aber nicht muss.
Er spricht alle Persönlichkeitsschichten in uns an, Sprüche aus der Kindheit wie „Nach getaner Arbeit ist gut ruhn" kommen in den Sinn. Manche bringt er in

Verbindung mit einer erdhaften, tröstenden, dunklen und mystischen Energie, man spürt Heimat und Ursprung.

Nadelung: 5–10 mm schräg oder flach abwärts im Meridianverlauf, in Richtung G 11.

Kopfschmerzen, Ohrensausen, Schwerhörigkeit, Augenleiden.

Le 2 Xiangjian

WIRKSAMER ZWISCHENRAUM

Funktion: Ying-Punkt, Feuerpunkt (Sedierungspunkt)

Lage: In der Mitte der Schwimmhaut zwischen der ersten und der zweiten Zehe.

Massage: Die Schwimmhaut zwischen Daumen und Zeigefinger nehmen, von beiden Seiten drücken.

Während Dadun (Le 1) aufrichtet und den Fluss des Qi nach oben lenkt, zur Brust und zum Kopf, entspannt Xiangjian als Sedierungspunkt die Yangkraft des Holzes, er bringt die Energie vom Kopf in den Bauch, vom Denken und Handeln ins Gefühl.

Xiangjian entspannt Bauch und Eingeweide, er wirkt entkrampfend bei Bauch- und Regelschmerzen und hilft bei zu starker Regelblutung, Kopfschmerzen und brennenden Augen.

Er entspannt und beruhigt vor allem nach Gefühlsausbrüchen, bei Jähzorn, Reizbarkeit und Ärger.

Man fühlt sich runder, kompakter und „breiter" als bei Dadun. Manchmal bekommt man das Gefühl, so entspannt zu sein, dass „der Körper wie eine zähflüssige Masse zerfließt".

Xiangjian macht Grundgefühle bewusst – vor allem aus dem Bereich der Elemente Wasser, Holz und Feuer.

Gefühle des Wassers: Stille und Ruhe. Geborgenheit. Man fühlt sich in ein tiefes Staunen versetzt. Eine sanfte sexuelle Erregung. „Ich gehe ohne Angst und Besorgnis durch die Welt."

Gefühle des Holzes: Man kommt mit Ärger in Kontakt, mit Erinnerungen an vergangenen Ärger, aber auch mit Selbstdurchsetzungskraft und „positiver Aggression". „Ich bin durch nichts umzuhaun."

Gefühle des Feuers: Xiangjian leitet Energie vom Holz zum Feuer, er kräftigt das Herz. Inneres Lächeln. Große innere Freude.

Xiangjian ist ein guter Punkt für die Meditation und für Tantra – er beruhigt das Lodern des sexuellen Feuers und schafft eine konstante Glut.

Nadelung: 3–10 mm schräg aufwärts.

Bindehautentzündung und andere entzündliche Augenerkrankungen, Sehstörungen, Erhöhung des Augendrucks.

Brechreiz, Darmkrämpfe, Lebererkrankungen, *Diabetes mellitus*.

Schmerzhafte und zu starke Regelblutung, *Fluor vaginalis*, Schmerzen der Harnröhre, Harnverhaltung, Bettnässen, Harninkontinenz.

Als Sedierungspunkt des Holzes verwendet man ihn bei einer cholerischen Persönlichkeit, bei Schlafstörungen und bei Epilepsie; er kann aber auch eine depressive Stimmungslage aufhellen, die oft durch einen Energiestau in der Leber bedingt ist.

Le 3 Taichong

VOLLER SCHWUNG UND ENERGIE
HÖCHSTER ENERGIESCHWUNG

Funktion: Yuan-Punkt – Verbindung zu G 37
Shu-Punkt, Erdpunkt (2. Sedierungspunkt)
Lage: In der Vertiefung distal der proximalen Gelenkverbindung des 1. und 2. Mittelfußknochens.
Massage: Tief mit dem Daumen drücken.

Als Quellpunkt gleicht Taichong Fülle und Leere im Holzelement aus.

Bei Leere spürt man seine aktivierende und belebende Wirkung, vielleicht bekommt man auch Lust, sich zu rühren, sich zu bewegen.

Recht häufig kommt man bei diesem Punkt mit unterdrücktem Ärger, mit dem eigenen Trotz, mit unterdrückter Wut in Kontakt. Man erinnert sich an vergangenen Ärger und manchmal auch an körperliche Verletzungen in der Kindheit, zum Beispiel beim Turnen oder Raufen.

Bei Fülle im Holzelement wirkt er auf eine erdige Weise entspannend; man spürt die Erdqualität des Punktes, häufig sieht man auch Erde in den Bildern. „Ich liege entspannt auf einer Wiese, ich liege am Rücken und schau in die Wolken."

Über den Tiefen Ast des Lebermeridians stärkt Taichong die Sehkraft und regt das Dritte Auge an – man spürt mehr Qi in der Stirnmitte, bei entwickelter Wahrnehmung sieht man „ein helles, blendendes Licht vor den Augen". Taichong stärkt die Fähigkeiten der Visualisation und der Imagination – die Fähigkeiten, innere seelische Prozesse in Form von Bildern wie im Traum zu sehen und sich von etwas oder jemandem ein Bild zu machen.

Über den Sheng-Zyklus wird auch manchmal das Feuerelement angeregt. Man fühlt Freude, vielleicht erinnert man sich auch an die Freude, die man als Kind

empfunden hat, oder sieht Bilder wie dieses: „Ein Sommerfest auf einem Bauernhof, es ist warm, alle tragen helle Kleidung, die Stimmung ist fröhlich und ausgelassen, Tanzen mit viel Beckenbewegung, ich habe Lust auf Sex."
Sehschwäche, Kopfschmerzen, Regelstörungen.

Nadelung: 5–12 mm senkrecht.

Erkrankungen von Leber und Gallenblase, Stoffwechselstörungen, *Diabetes mellitus*. Als Quellpunkt beeinflusst Taichong die Funktion der Leber, Blut zu speichern und die Menge des zirkulierenden Blutes zu regulieren: venöse Stauungen im Bauchraum und im kleinen Becken, Hämorrhoiden und Menstruationsstörungen wie Hypermenorrhoe und Amenorrhoe.

Hypertonie: bei hohem Blutdruck nicht im Sitzen nadeln, da der Blutdruck in manchen Fällen so rasch absinken kann, dass der Patient ohnmächtig wird.

Erkrankungen der Harn- und Geschlechtsorgane, Impotenz und Frigidität.

Taichong wirkt spasmolytisch wie Xiangjian (Le 2), z. B. bei krampfartigen Leibschmerzen und spastischer Obstipation.

Trockenheit und Entzündungen der Mund- und Rachenschleimhaut, Augenerkrankungen, Sehstörungen, Kopfschmerzen, Gehirnerschütterung und Epilepsie.

Wie Xiangjian kann er eine depressive Stimmungslage aufhellen.

Bei Nervenzusammenbruch und Erregungszuständen in Kombination mit Hegu (Di 4).

Le 9 Yinbao

HÜLLE DES YIN

Lage: An der Innenseite des Oberschenkels, in einer Mulde zwischen den *Mm. sartorius* und *vastus medialis*, 4 cun oberhalb des *Epicondylus medialis*.

Massage: Tief mit dem Daumen drücken.

Yinbao bewirkt eine tiefe Entspannung. Oft hat man ein weiches Gefühl des Schmelzens, aus dem man sich gar nicht mehr lösen möchte. Man fühlt sich klar, hell und ruhig.

Yinbao führt in tiefe Schichten der Seele und in tiefe Bereiche der Sexualität: Gefühle und Bilder, manche eindeutig, andere verschlüsselt wie im Traum, können ausgelöst werden, die aus dem Kindesalter stammen und sexuelle Prägungen, Verhaltensmuster und Traumen zum Inhalt haben. In diesem Zusammenhang können Gefühle von sexueller Verkrampfung und Hemmung, Panik, Ekel, zwanghaftem Rückzug in sich selbst und seelischer Eiseskälte auftauchen.

Yinbao entspannt den Unterbauch und die Sexualität, er hilft bei Bauchschmerzen, Regelkrämpfen und unregelmäßiger Menstruation. Da er ein unbelastetes und entspanntes Verhältnis zur Sexualität fördert, ist er, ähnlich wie Xingjian (Le 2), Zhongfeng (Le 4) und Ququan (Le 8), für Tantra und Meditation gut geeignet.

Nadelung: 1–3 cm senkrecht.

Urogenitale Beschwerden wie Dysurie, Harninkontinenz und Bettnässen. Schmerzen an der Innenseite des Oberschenkels, Adduktorenzerrung. Schmerzen im unteren Rücken, Beckenboden und Steißbein.

LITERATUR

Achterberg, Jeanne, *Imagery in Healing*, New Science Library, Boston and London 1985

Eckert, Achim, *Das heilende Tao. Die Lehre der Fünf Elemente. Basiswissen für Qi Gong und Taiji, Akupunktur und Feng Shui*, Hermann Bauer Verlag, Freiburg 1989

Eckert, Achim, *Das Tao der Medizin. Grundlagen der Akupunktur und Akupressur*, Haug Verlag, Heidelberg 1996

Eckert, Achim, *Tao Training. Muskelaufbau und Persönlichkeitsentwicklung*, Falken Verlag, Niedernhausen 2001

Köster, Walter, *Spiegelungen zwischen Körper und Seele*, Haug Verlag, Heidelberg 1993

Lao Tse, *Tao Te King* (in der Bearbeitung von Gia-Fu Feng und Jane English), Hugendubel Verlag, München 1986

Seem, Mark; Kaplan, Joan, *Geistkörper-Heilung*, Heyne Verlag, München 1994

JOHANNES ROMUALD · SABRINA MAŠEK

STIMME UND
DIE FÜNF WANDLUNGSPHASEN
oder
DAS DAO DER BRUMMBÄREN

EIN DANKE

für meine mich verzaubernde Wegbegleiterin
CLAUDIA KIRCHMAYER.
Mit dir war es mir erst möglich zu entdecken,
was ein Schmetterling und ein Adler gemeinsam haben.
Mein Herz hat durch dich das Kitzeln verspürt – HEAHO!

Johannes Romuald

... und noch ein Danke

an alle Menschen, die mich auf
meinem „Weg des Herzens"
begleiten und unterstützen.

Sabrina

Keine Angst! Das ist kein Lehrbuch, sondern ein Mitmach-Buch – wenn du es willst! Natürlich steht hier auch etwas über den Hintergrund der Fünf Wandlungsphasen, damit du sie auch beim Singen wieder findest – aber in erster Linie kannst du dich selbst beim Singen wieder finden – wenn du es willst!

Viel Spaß beim Lesen und Brummen, beim Innehalten und Genießen wünschen wir dir, dazu den Muth[1], dich auf das Erfahren einzulassen. Es mögen sich dir Herz, Augen & Ohren öffnen für das, was zwischen den Zeilen steht. All das uns geschenkte Erleben, Erfahren und Begreifen möge zu unserem und zum Wohle aller Lebewesen gereichen.

Johannes Romuald   Sabrina Mašek

Chinesisches Neujahr 2000
Frühjahr 2000

---

1 Ich lege großen Wert auf das unübliche „stumme h" bei Muth. Dieser stumme Laut ist eine Erinnerung an das Göttliche, dessen Namen nach alter Überlieferung niemals genannt werden durfte. Gerade zum Muth braucht es oft eine „gewisse" Unterstützung – und wenn wir Muth haben, verspüren wir diese auch wie einen göttlichen Hauch durch uns strömen.

Die Basis

DIE STIMME

✦ ✦ ✦ ✦ ✦

Der Weg,
den ich „Spielendes Universum" nenne,
hat, da er keinen Anfang hatte, kein Ende.

Einzelne Schritte sind wunderbare Töne
aus der ewigen Partitur Gottes.

✦ ✦ ✦ ✦ ✦

Vom Sprechen zum Singen

Die Stimme ist mit vielfältigen Aufgaben betraut. In erster Linie dient sie dazu, das Innere des Menschen nach außen zu tragen. Die Sprache ist sozusagen die intellektuelle Kommunikation von „Gehirn zu Gehirn".
Der spezifische Klang unserer Stimme ist die akustische Visitenkarte, die nicht nur unsere Person, sondern auch unsere Stimmungslage verrät.
Logisch, aber oft vergessen, ist die Verbindung der Stimme zu den Ohren. Für einen der weltweit bekanntesten Stimmtherapeuten – Cornelius L. Reid – ist eine gesunde Stimmpädagogik eine „Schule des Hörenlernens".
Durch verschiedene Tonhöhen und Längen der Silben entsteht wie von selbst das Singen.

Singen

„Von der Wiege bis zur Bahre" begleitet Musik unser Leben. Weinende Babys werden von der Mutter in den Schlaf gesungen und gesummt, Feste, Feiern, Tanz, Rituale – überall braucht es die Stimme, unsere Sprache, die Musik.

✦ ✦ ✦ ✦ ✦

Wo man singt , da lass dich ruhig nieder,
böse Menschen kennen keine Lieder!

✦ ✦ ✦ ✦ ✦

Das aktive Musizieren ist dem heutigen Menschen abhanden gekommen, in einer Zeit, in der das „Selbermusikmachen" out ist. Wer kennt nicht das mulmige Gefühl, wenn es darum geht, ein „Happy birthday to you" anzustimmen. Und erst die Aufregung während des Singens, wenn sich der Chor der Gratulanten aufteilt in ein mehrstimmiges Chaos, um dann wie durch Zauberhand geleitet zur gleichen Zeit den Schluss zu finden! Es ist nicht der Gesang, der die Stimmung macht, sondern die Freude, die die SängerInnen auf das Geburtstagskind loslassen.

PERSÖNLICHKEIT

Dieses Wort hat einen bedeutenden Wortstamm: „per-sonare" (lat.) heißt „durch-klingen". Gemeint war damit die Maske des Schauspielers, dessen Stimme durch-klang. Aus der Maske wurde der Mensch, die Person. Auch wenn wir uns hinter einer Maske verbergen und eine Rolle spielen – z. B. die von Mutter/ Vater, Lehrer, Schüler, Vorgesetztem, Verkäufer etc. –, lässt unsere Stimme immer etwas von dem durch-klingen, was hinter der Fassade, in unserem Inneren, vorgeht.

Unsere Persönlichkeit ist untrennbar mit dem „Klang der Stimme" verbunden. Nicht was wir sagen, wird von unserem Gegenüber hauptsächlich wahrgenommen, sondern wie wir es sagen. Wenn wir die Stimme erheben, lauter werden und dann noch die Tonhöhe verändern, beginnen wir zu singen. Und beim Singen zeigt sich unser Innerstes ganz besonders. Kein Wunder, wenn das Singen selbst uns die Angst in die Knochen und den Schweiß auf die Stirne treibt, uns den Atem verschlägt und die Kehle zuschnürt. Doch in jedem von uns steckt eine tiefe Sehnsucht danach, die eigene Stimme zu hören, zu spüren, zu erleben und mit dem Singen vielleicht ein Stück „heiler & ganzer" zu werden!

YIN & YANG

Wie überall im Leben gibt es auch bei der Stimme die beiden einander ergänzenden und bedingenden Qualitäten von Yin und Yang. Der extreme Yin-Aspekt ist das „Nach-Innen-Lauschen", das „Innern" im Gegensatz zum „Äußern". Den extremen Yang-Aspekt verkörpert der berühmte Sänger, sei es ein Popstar oder eine umjubelte Operndiva.

YIN – DER SPIRITUELLE WEG

In den verschiedensten Kulturen wird die menschliche Stimme für heilmachende Prozesse eingesetzt. Uns sind zahlreiche heilende Rhythmen und Melodien überliefert, die trotz ihrer Einfachheit eine starke Wirkung auf Körper, Geist und Seele zeigen.

Der Kehlkopf vermag Töne zu produzieren, die in die Tiefe unseres Körpers vordringen und uns zu unglaublichem Genuss und innerer Freude verhelfen können. Fast könnte man sagen: Der ganze Körper wird zum Instrument, wenn es uns gelingt, die Töne in uns ein- und durch uns durchdringen zu lassen.

Einige der Formen des spirituellen Stimm-Weges sollen nun nachstehend – ohne Anspruch auf Vollständigkeit – angeführt werden. In der im Anhang beschriebenen Methode der „VoiceVibration" setze ich oft, gerne und mit viel Spaß für alle Beteiligten beim Einzelunterricht und in Workshops Elemente dieser heilenden/heiligen Traditionen ein. Entsprechende Übungen werden im Anhang vorgestellt.

Qigong / China

In vielen chinesischen daoistischen und buddhistischen Klöstern war und ist es üblich, den Aspiranten (Anwärter, lat.: hinhauchen) vorerst auf die Suche nach dem „eigenen Ton" zu schicken. Diese Übung wird als unabdingbare Grundlage einer ernsthaften Auseinandersetzung für jegliches Qigong angesehen. Oft dauert es Monate der Praxis, bevor Meister und Schüler über das Ergebnis Zufriedenheit verspüren. Erst wer „seinen Ton" gefunden hat, wird in weitere Praktiken eingeführt.

Obertonsingen / Tibet

Bei jedem Ton schwingt automatisch eine Reihe weiterer Töne mit, die so genannten Ober- und Untertöne. Sie vermitteln uns den typischen Klang, der z. B. ein Klavier von einer Flöte unterscheidet und unsere individuelle Stimmfärbung ausmacht.

Die Mönche in den tibetischen Klöstern produzieren mit ihrem Stimmapparat durch spezielle Techniken neben der Hauptmelodie zahlreiche Obertöne, die ein nahezu überirdisches Klanggebilde erzeugen. Die mit oft sehr komplizierten Melodien gesungen Mantren (wiederkehrende Wortketten, ähnlich dem Rosenkranz) dienen der tiefen Meditation und Versenkung.

Wie heilsam Worte und Töne sein können, ersieht man daraus, dass Medikamente von traditionellen tibetischen Arzt immer mit einem „Heil-Mantra" übergeben werden, welches sozusagen zur Rezeptur dazugehört.

Der Obertongesang ist eine Technik, die auch in vielen anderen Länder (z. B. in der Mongolei) verbreitet ist.

Mantras / Indien

Die hier wichtigste zu nennende Art ist das Chakrensingen. Zu jedem Mantra (hier eine kurze Silbe, z. B. Vam) gibt es ein Mudra (eine spezielle Handhaltung zur Energieleitung). Zu diesem System der heilenden Stimme gehören auch besondere Tonhöhen, Sitzhaltungen und Visualisationen.

Gregorianischer Choral / Europa

Der gregorianische Choral ist das „Gegenstück" zur tibetischen Gebetspraxis. Latein als traditionelle Sprache des gregorianischen Chorals und die ursprüngliche Notenschrift (vier Zeilen und die Notation in Neuemen) sind die intellektuelle Basis dieser Kunst der Kontemplation und Gesunderhaltung. Die Texte und Melodien reichen von schlichten bis zu unglaublich komplexen Kompositionen. Weltweit ist es nur der Kartäuser-Orden, der eine ungebrochene und unveränderte Tradition dieses Gesanges hütet. Seit über 800 Jahren singen die Mönche ihre Gebete ohne einen einzigen Tag der Unterbrechung. Die Novizen des Ordens werden in einer eigenen Gesangstechnik unterwiesen, um die oft bis zu vier Stunden langen mitternächtlichen Gebete ohne Schwierigkeiten meistern zu können und durch das Singen in einen tiefen kontemplativen Zustand zu finden.

Jiddische LIEDER / Europa

Das jiddische Lied begleitet den Menschen durch alle Situationen des Lebens, durch Hochs und Tiefs, durch Feste und Trauer. Durch den leidenschaftlichen Ausdruck der Melodien kann es trösten, aufrichten, stärken und unterstützen. Jiddische Lieder sind Balsam für die Seele und immer "heilsam".

Indianische Gesänge / Nordamerika

Eine Weisheit aus dem Stamm der Cherokee-Indianer betont die Rolle des Singenden:

⬤ ⬤ ⬤ ⬤ ⬤

„Es sind nicht die Worte des Liedes, die das Gebet machen,
es ist die Art, in der es gesungen wird, die Gottes Ohr erreicht.
Ein gutes Lied wächst und wächst mit dem Singen."

⬤ ⬤ ⬤ ⬤ ⬤

Bei den Indianern Nordamerikas stehen rhythmische und melodische Einfachheit und Eindringlichkeit im Vordergrund. Die einfachen Lieder öffnen die Herzen und stellen eine spontane Verbindung zur Natur und deren Heilkraft her.

YANG – DIE BERUFLICHE STIMMAUSRICHTUNG

Der Körper als hoch entwickelte Maschine bestimmt den sich nach außen richtenden Aspekt des Stimm-Künstlers. Hiezu zählen jegliche Art von gesprochenen und gesungenen Darbietungen (Theater, Oper, Musical, Konzerte ...), die sich an eine mehr oder weniger passive Zuhörerschaft richten.

Der Sänger – Die Sängerin
Naturtalente sind selten. Meist steckt hinter einer glanzvollen Karriere ein hartes Studium. Wenige BerufssängerInnen mit stark entwickelter Persönlichkeit können sich in diesem extrovertierten Aktionsfeld ihr Inneres bewahren. Die Meisterschaft dieser Künstler, ob Sänger oder Musiker, steht oft in Verbindung mit einer Art Trancezustand bei der Wiedergabe.

Bel Canto – vom Stützen zum Sich-Anlehnen
Bel Canto heißt die Technik der „Meister-Sänger". Diese Technik des Singens beruht auf einer natürlichen Verwendung des Stimmapparates und auf der Idee, dass die Stimme sich an den ausstreichenden Atem „anlehnt" und unter keinen Umständen „gestützt" wird. Diese ca. 300 Jahre alte Technik des Singens strebt die Ganzheit des Menschen an, um den Körper als Instrument erleben zu können. Das Unterrichtsmodell bindet grundlegende Körper-, Atem- und Mental-Techniken in die gesangliche Ausbildung ein. Besonderes Augenmerk wird auf Wohlbefinden und persönlichen Erfolg gelegt. Das Beherrschen dieser „Technik" bildet die Basis, um in einer kontinuierlichen Entwicklung das künstlerische Potenzial, welches jedem Menschen innewohnt, zu erwecken.

AM ANFANG WAR DIE STILLE – EVOLUTIONSBEDINGTE STIMM-ENTWICKLUNG NACH DEN FÜNF ELEMENTEN

WASSER: SCHWEIGEN/HÖREN – als Embryo
Am Anfang ist das Schweigen: Die Augenblicke vor dem Beginn eines Konzertes, die Spannung, das Wachsein und die prickelnde Atmosphäre, obwohl noch nichts zu hören ist, stehen im Zeichen des Wasser-Elements. Wasser schafft die Verbindung mit unserem Inneren, mit unserer Be-Stimm-ung, mit der tiefen Kraft, die in jedem von uns ruht. Im Innehalten schaffen wir Kraft für Neues.

HOLZ: LAUTEN – als Baby
Dieser Mensch gibt Laute zur Lebenserhaltung von sich: brummen, schnurren, gurren, lachen, schluchzen, knurren, schreien, flöten ... Als Erwachsener ist es wichtig, HOLZ als jegliche Form von „Aus-Druck" zu verstehen.

FEUER: SPRECHEN – als Jugendlicher
Ohne Sprache ist Zusammenleben sehr schwer möglich. Die Stimme kann ein-

zelne Silben zu Worten, Sätzen etc. bilden; das Gehirn kann über die Stimme mit dem Außen kommunizieren. Ein wichtiger Bestandteil des Sich-Ausdrückens ist die Körpersprache. Ein Aspekt des Feuerelementes ist Begeisterung.

ERDE: SINGEN – als Erwachsener
Singen ist vom Ausdruck her ein intensiveres Sprechen; es hat etwas Lebensbejahendes in sich, es braucht den Körper, die Sinnlichkeit, den ganzen Menschen. Hiefür ist Reife notwendig, die diesem Element auch zugeordnet ist. Sind wir, wie Obst, noch nicht reif, sind wir sauer und neigen zum Grübeln.

METALL: ERMUTHIGEND – als älterer, reifer Mensch
Sich seinen Raum nehmen und anderen ihren Raum zugestehen, gehört zur Weisheit des Alters. Einsicht, Klarheit und Muth sind erforderlich, um Altes loszulassen, bis hin zum letzten Atemzug.

Die Arbeit mit der Stimme durchschreitet die persönliche Evulotionsgeschichte und vervollständigt die Möglichkeiten des emotionellen Ausdrucks.
Die Qualität jedes Elementes ist für die gesunde Stimmentwicklung wichtig. Das zentrale Element für die Stimme ist die ERDE. In ihr findet sich auch die Grundlage für eine erfolgreiche Stimmentwicklung – das Singen aus der Mitte.

STIMMZYKLEN

Das Singen braucht körperliche Lebendigkeit ebenso wie mentale Stille. Die Gospelchöre Amerikas und die Trommel-Gruppen Afrikas sind Beispiele für Bewegung, Musik und innerliche Gelassenheit. Sie erzielen Effekte, die uns zum Staunen, Lachen, Weinen, Singen und Beten bringen können.

Auch für das Singen gibt es einen nährenden und einen zerstörenden Zyklus:

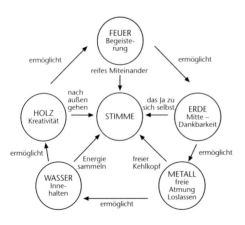

Der nährende Zyklus der Fünf Wandlungsphasen in Bezug auf die Stimme

ELEMENT-HARMONIE	BEGÜNSTIGUNG	AUSWIRKUNG
WASSER	Innehalten	Energie sammeln
HOLZ	Raum	nach außen dringen
FEUER	Begeisterung	reifes Miteinander
ERDE	Mitte, Dankbarkeit	das Ja zu sich selbst
METALL	Loslassen, freie Atmung	offener Kehlkopfraum

Im harmonischen Energiefluss unterstützen und bejahen die Elemente einander.

FÜR DIE STIMME UNGÜNSTIGE EINFLÜSSE

ELEMENT-DISHARMONIE	BEHINDERUNG	AUSWIRKUNG
WASSER	Angst	hauchige Stimme
HOLZ	Zorn, Wut	einengend, Knödel im Hals
FEUER	Zerstreutheit	vergesslich, was will ich?
ERDE	Begierde	keine Mitte, verwirrt
METALL	Anhaftung	nicht rauslassen, atemlos

Wenn ein Element gestört ist, kommen auch die anderen Elemente durcheinander. Der destruktive Zyklus ist wie ein Fass ohne Boden, hektisch wird Raubbau betrieben, die energetische Leere wird von einem Element zum nächsten weitergegeben und verstärkt.

Ein wichtiger Aspekt in der Arbeit mit der Stimme ist die Erfahrung von Angemessenheit in den einzelnen Verwandlungsstufen. Körper, Atmung und Emotionen stehen in einer subtilen Verbindung, die ihre Zeit braucht, um in sich ab-stimmen zu können. Die besten Voraussetzungen für einen Stimmunterricht sind:

Der innere Wunsch nach Lebendigkeit,
ein offenes Herz für den eigenen Weg und
das Vertrauen in die eigene Wahrnehmung.

Die Stimme ist ein Spiegel unseres Menschseins. Ähnlich wie Zungen-, Puls- oder Ohrdiagnose gibt auch sie Einblick in unsere energetische Verfassung, in Leere, Fülle und Stagnation.

Die Verwandlungszyklen

**WASSER
IN DIE STILLE LAUSCHEN**

dunkelblau

● ● ● ● ●

Ein Mitreisender einer Safari sitzt entspannt an seinem Fensterplatz und betrachtet zufrieden die herrlichen Ausblicke auf die afrikanische Wildnis.
Er lässt sich nicht beirren durch das Klicken und Surren der Foto- und Videokameras rund um ihn. Auf die erstaunte Frage seines Sitznachbarn, ob er denn keine Aufnahmen von dieser herrlichen Natur mache, sagte er in sich ruhend mit einen sanften, freundlichen Lächeln in den Augen: „Oh nein, ich sehe mir die Dinge gleich hier an und nicht zu Hause auf den Fotos!"

● ● ● ● ●

Wer in sich ruht, ist zugleich offen für alle Wahrnehmungen. Für das „Im Hier & Jetzt Sein" braucht es einen ruhigen Geist – Ausdruck eines starken Wasser-Elements.

HÖREN
Swanhuit Egilsdottir, Gesangspädagogin der traditionellen „Mailänder Gesangs-schule" und meine Lehrerin, lehrte mich das „In-Mich-Hineinhören" und sagte mir immer wieder:

● ● ● ● ●

Du kannst nur das Singen, was du hören kannst –
hören kannst du nur, wenn du nicht denkst!

● ● ● ● ●

Wer kennt nicht die „Innere Stimme", auf die zu hören sich im Nachhinein immer als wichtig und richtig erwiesen hat! Das innere Gehör ist unser großer Lehrmeister. In der Stille des Innehaltens können wir (auf) ihn hören.

180

INNERN

Das Wasser als Element der Stille, des Innehaltens bietet die nötige Basis für das Singen. So kommt vor dem „Äußern" das „Innern": Nach einem Moment der Kontemplation und Konzentration in Stille beginnt die Sängerin/der Sänger das Konzert. Innen & Außen findet im Singen ihre Ein- und Ganzheit.

„Aus der Stille entsteht die Bewegung", sagen die Daoisten. Der Frühling kommt nach dem Winter; die Natur hat sich in der Stille gesammelt und nun kann sie den Zyklus der aufsteigenden Energie beginnen.

ÜBUNGEN

Die Erfahrung des INNEHALTENS ermöglicht die Entdeckung der Stille und Ruhe, des Sammelns und des Stärkens. Die nach außen gerichtete Aufmerksamkeit wird im Gehen mit sanften Bildern nach Innen gebracht. Das Gehen wird immer langsamer, bis es zum Stehen – zum Sitzen – zum Liegen kommt.

1. Innehalten, zum AUSatmen der Gedanken.
2. Nimm dir meeeehr Zeit für dich, du musst NICHTS erreichen.
3. Fühle deinen Bauch, streichle ihn und erlaube ihm, sich zu entspannen.

Kleine dreiminütige „Schläfchen" begleiten uns durch alle Erfahrungen unserer Arbeit. Das „Zuhausegefühl" und das Integrieren von Erlebtem wird dadurch ermöglicht. Vielleicht auch ein Vorschlag für deinen Alltag?

ERFAHRUNGEN/ÜBUNGEN

- Gehe durch einen Raum, durch einen Wald oder über eine Wiese, dann bleibe stehen. Spüre das Inne-Halten und versuche, auch deine Gedanken anzuhalten. Geh weiter und bleib nach einiger Zeit wieder stehen.
- Zeichne mit deinen Händen fünf Minuten die Wellen des Wassers nach. Wähle dir, wenn du möchtest, passende Musik.
- Stell dir vor, du liegst auf einer großen Luftmatratze auf dem Meer. Lass dich tragen und ganz sanft schaukeln. Spüre die Unterstützung, die Lebendigkeit und Verspieltheit der Wellen und lass sie durch deinen Körper fließen.
- Wähle einen Partner deines Vertrauens und lass dich von ihm ca. fünf Minuten mit geschlossenen Augen durch einen Park führen. Spüre dein Vertrauen, entspanne dich!
- Ein Partner steht hinter dir, du schließt deine Augen und lässt dich einfach gerade nach hinten fallen; dein Partner geht immer weiter von dir weg, die Flugphase wird immer länger. Spüre auch hier dein Vertrauen und lass dich fallen!

ERFAHRUNGEN/ÜBUNGEN IM SINGEN

• Mach es dir in einen Lehnstuhl bequem und lege deine Hände auf das Geschlecht; beginne sanft und mit ruhigen Atem den Vokal U zu singen und lass sein Vibrieren bis in deinen Unterleib vordringen. Lass dir etwas Zeit, vielleicht muss der Ton auf seinem Weg dorthin noch kleine Hindernisse lösen. Sei achtsam auf das zarteste Vibrieren.

Weniger ist mehr! Wenn du es noch einmal probierst: Bitte atme langsam, ruhig und ohne Hektik ein.

HOLZ
EIN WALD VON EMOTIONEN

grün

In der Stille und Ruhe lässt es sich anfänglich nicht lange aushalten und man/frau ist schon nach kurzer Zeit so richtig „wurlad" (wienerisches Wort für: unruhig). Das Holz drängt nach außen.

Das Holzelement steht in direkter Verbindung zum künstlerischen Wachstum. Die kreative Persönlichkeit ist aufgerufen, neue Wege zu beschreiten.

ERFAHRUNG: WACHSEN

Jetzt, vielleicht nach dem kleinen Schläfchen, darfst du leise und immer lauter werdend beginnen zu brummen, schnurren, gurren, lachen, schluchzen, knurren, schreien, flöten. Streck und reck dich dabei, mach vielleicht auch einen Katzenbuckel …

Dein Körper, deine Seele, deine Stimme verlangen nach Aus-Druck. So wird gestaute Energie in kreative Bahnen gelenkt. Das ist die Wandlungs- oder „Zauberphase", die deine Wut in Kreativität verwandelt. Probier das Holz-Extrem: Trau dich, laut zu werden! Bewege dich, wachse, erlaube dir, ganz groß und schön zu werden!

Du bist viiiiiel größer und schöner, als du denkst!

DER ANFANG DES SINGENS

ist wie das Pflanzen eines kleinen Samenkörnchens, in der Form eines einfachen Mantras, das sich leicht wiederholen lässt. Nun noch ein einziger Ton oder eine einfache Melodie und fertig ist das erste Erleben. Schon in den ersten Schritten eröffnen sich dir ungeahnte Möglichkeiten! Wie ein Baum, der in fruchtbarer Erde gepflanzt wird und sich durch Regen und Wärme, im Wandel

182

von Frühling, Sommer, Herbst und Winter entfaltet, wird deine Stimme sich öffnen. Tief in der Erde verwachsen wirst du deine wahren Wurzeln entdecken, die Arme werden den Himmel berühren, und Wind, Regen und Sonnenschein wirst du in deinen „Ästen" spüren können, die Vögel des Himmels werden bei dir Schutz und Nahrung finden, als Dank werden sie dir ihre fröhlich Lieder singen:

In dir hat sich Himmel & Erde verwirklicht!

ERFAHRUNGEN/ÜBUNGEN

- Stell dir vor, du bist ein Samenkorn, das zu wachsen beginnt. Dehne dich langsam aus, werde größer, kräftiger. Breite dich in alle vier Richtungen aus – bleib dir dabei aber deiner Mitte bewusst.
- Trau dich doch einmal, ein bisschen lauter zu reden als sonst, vielleicht willst du auch einmal schreien, nur um zu spüren, wie es ist, wenn du einmal lauter bist als sonst. Cholerisch veranlagte Menschen sollten diese Übung auslassen und eher die „Wasser-Übungen" erfahren.
- Mach dich auf dem Boden ganz klein, beginne zu wachsen wie ein kleiner Sprössling im Frühjahr und spüre, dass es dich auch etwas Anstrengung kostet, ein schöner großer, voll aufgeblühter Baum zu werden.

ERFAHRUNGEN/ÜBUNGEN IM SINGEN

- Setze dich gemütlich auf den Boden und beginne, sanft den Vokal E zu tönen/singen. Nimm den erstbesten Ton, der dir spontan „zufällt", spüre dabei sanft deinen Kehlkopf und deine Lungen (deinen Kommunikationsbereich), achte auf das Vibrieren.

Weniger ist mehr! Wenn du es noch einmal probierst: Bitte atme langsam, ruhig und ohne Hektik ein.

- Das kreative Mantra-Singen: Denke dir einen kleinen Satz aus, der die Sonne, einen Menschen, die Natur etc. beschreibt, z. B.: „Die Sonne bringt mir Wärme." Nun beginne dieses kleine Mantra auf einem Ton deiner spontanen Wahl leise, langsam und ruhig zu singen, mindestens 34 Mal. Wenn sich die Tonhöhe ohne rationales Denken spontan verändern will, lass es zu. Spüre danach deine STIMMung – wie fühlst du dich?

FEUER
DAS LACHEN DES HERZENS

rot

EIN HEISSES EISEN

Das Element FEUER betrifft alle Formen von Partnerschaft: dein Verhältnis zu deinen Arbeitspartnern, Lebenspartnern und – ganz wichtig! – die Partnerschaft zu dir selbst, zu deinem Herzen als Zentrum deines Geistes, deiner Einsicht in die wichtigen Dinge des Lebens: Tod, Sicherheit, Liebe …

Wenn du ruhelos durchs Leben tigerst, regelmäßige „Lebens-Ergänzungen" (Tabletten, Kaffee, Energy-Drink, Zigaretten, Schnäpschen etc.) brauchst und nachts nicht schlafen kannst, ist „Feuer am Dach"!

Der Mensch ist ein Herden-Tier. Heutzutage kann ein Single leicht in der Illusion leben, unabhängig zu sein. Keiner fragt, wie die Mikrowellenkost in die Tiefkühltruhe kommt oder wer die Jeans aus dem trendigen Kaufhaus genäht hat.

Selbst Eremiten werden von ihrem Kloster mit dem Nötigsten beliefert, die Kloster-Familie sorgt für ihr Überleben. Die Eremiten sind trotz ihrer selbstgewählten Einsamkeit mit allen Brüdern der Gemeinschaft verbunden. Genauso bist du mit allen Menschen dieser Erde verbunden, auch wenn du manchmal das Gefühl hast, allein und verlassen zu sein.

DAS FEUER DES LEBENS

Das Feuer hat eine gebende wie eine nehmende Komponente. Das Geben ist in unserem Kulturkreis sehr stark repräsentiert. Bei diesem Ungleichgewicht ist die Gefahr des Ausbrennens groß. Die Mutter, die alles nur für ihre Kinder tut, der Mann, der alles für seine Firma tut, die Liebenden, die alles nur für den anderen tun. Wo bleibt der Ausgleich, das An-Nehmen? Geld allein kann eine direkte menschliche Handlung nicht ersetzen. Der Sänger hat es leichter, er hat den Applaus als emotionelles Dankeschön, das Lob, die Bewunderung und die Freude, die in ihm mit jedem Ton wächst.

ERFAHRUNGEN/ÜBUNGEN

• „Hand auf das Herz!" – eine kleine, feine Übung, um den eigenen Puls zu spüren. Dein ureigenstes Tempo ist der Herzschlag: Versuche in seinen Rhythmus zu gehen.

• Lass aus deinem Herzen einen Ton aufsteigen und bewege dich sanft dazu. Lass dich nun nach und nach vom Feuer der Be-Geist-erung mitreißen und steigere die Töne und Bewegungen zum Chaos. Dann lass dich fallen und erlebe dein Chaos.

- Geh tanzen! Gruppentänze eignen sich hervorragend dazu, Lust und Freude in der Gemeinsamkeit zu erfahren.
- Lerne deine Kriegerin/deinen Krieger kennen, z. B. durch eine Kampfform des Taiji (Säbel, Stock, Schwert oder Fächer) und entdecke neben dem äußeren auch den inneren Krieger.
- Lade Freunde ein, gib ein Fest und bereite alles selbst für deine Gäste vor; freue dich, lache und sing mit ihnen!
- Lache, lache, lache: Lass unbändige Freude aus deinem Herzen aufsteigen. Entdecke grundlose Heiterkeit – besuche eine Lachmeditation, einen lustigen Film oder sei einmal richtig kindisch!

ERFAHRUNGEN/ÜBUNGEN IM SINGEN

- „Lege deine Hände auf das Herz"; singe nun einen langen spontanen Ton auf dem Vokal A und öffne dabei die Hände und Arme vor dem Herzen, beim langen und sanften Einatmen sammle das A wieder ein und bringe es zurück in dein Herz; wiederhole dies mindestens fünf Mal.

Weniger ist mehr! Wenn du es noch einmal probierst: Bitte atme langsam, ruhig und ohne Hektik ein.

- Lies, auf einem Ton singend, einen Absatz aus einer heiligen Schrift deines Glaubens (es kann auch ein Gedicht, eine philosophische Betrachtung oder ein anderer Text deiner aktuellen Wahrheit sein) und steigere jeden Satz um einen Ton, sodass du nach und nach höher, feierlicher und unüberhörbarer den Inhalt wahrnimmst.
- Als Erweiterung kannst du auf einzelnen Silben mehrere verschiedene Töne singen (dies nennt man Melismatik) und so den Text noch weiter herausheben und steigern.
- Das Singen von so genannten Koloraturen (dies sind viele verschiedene Noten, die auf einer Silbe gesungen werden) spiegelt im Kunstgesang das Element Feuer wider. Koloraturen unterstreichen die emotionelle Erregung eines Liedes und steigern es zur Ekstase.

**ERDE
DER WEG DER MITTE**

sattes Gelb

Die Erde als Element der Mitte verbindet Feuer und Wasser – Aktivität und Ruhe, Spannung und Ent-Spannung. Sie ist für das Verdauen von Eindrücken, Emotionen und körperlicher und geistiger Nahrung zuständig. Viele Faktoren unserer schnelllebigen Zeit tragen dazu bei, dass wir aus unserer Mitte kommen. Das äußert sich auf allen Ebenen: Nicht nur geistig sind wir weit davon entfernt, in unserer Mitte zu ruhen, auch seelisch und vor allem körperlich sind wir oft nicht im Lot.

VERSPANNUNGEN SIND TOLL

Diese „Einrichtung" des Körpers ermöglicht es, unser „Aus-der-Mitte-Sein" aufzufangen und jedes körperliche Ungleichgewicht auszugleichen. Statt innerlich gelassen aufgerichtet zu sein, stolpern wir verkrümmt durchs Leben. Der verschobene Stützapparat benötigt ein Korsett aus Verspannungen, das die Fehlhaltung muskulär abstützt. So gesehen sind Verspannungen toll, weil wir ohne sie wahrscheinlich umfallen würden.

Über den Wolken schwebt der Luftikus

Zwei Anrufe gleichzeitig erledigen, fünf Termine an einem Tag, immer mehr arbeiten, immer mehr produzieren, immer mehr … Abends dann erschöpft vor dem Fernseher landen und Channelsurfen. Alle Energie ist im Kopf („Feuer am Dach"), das Wasser verdampft – mit einer starken Erde wäre das nicht passiert! (siehe Erdungs-Notfälle!)

Und dann sind wir voller Neid: wenn wir an den griechischen Fischer denken, der den ganzen Tag in der Taverne am Meer sitzt und mit den anderen Fischern die „wichtigen" Dinge des Lebens bespricht, am Abend in aller Ruhe seinen Schafkäse mit Oliven und Weißbrot isst und dazu sein Gläschen Wein trinkt.

Genießen statt konsumieren

Wie beim Feuer das Nehmen der ausgleichende Aspekt ist, ist es bei der Erde das Genießen! Ohne Mitte wird Genießen zur leeren Sucht. Die Freude über die Belohnungen, die du dir zugestehst (Einkaufen, Abendessen in einem guten Lokal, Fernsehen, Sex etc.), dringen nicht bis zu deiner Seele durch und nähren dich nicht. Daraus entsteht Hunger und Sucht nach mehr. (Die Erde ist das Element der geistigen, seelischen und körperlichen Verdauung!) Die hungrige Katze beißt sich in den Schwanz: Weil du nicht wirklich genießen kannst, wird die innere Leere immer größer, auch wenn du im Außen immer mehr konsumierst. Nach dem An-Nehmen des Feuers kommt das Genießen der Erde. Ein Genießer braucht nicht viel. Er schätzt und achtet, was er hat, ohne sich permanent nach mehr zu verzehren. Bewusster Genuss macht satt und glücklich, Genießen ent-spannt!

ERFAHRUNGEN/ÜBUNGEN

- Die beste Medizin für alle Erdungs-Notfälle ist AfroDance! Wie immer du Afro tanzt, improvisiert oder nach Anleitung: Nach 15 Minuten hast du Erde unter den Füßen und erst, wenn deine Fußsohlen Erde spüren, kann der Rest des Körpers loslassen und zu seiner Mitte finden. In der anschließenden Ruhe und Stille einer Meditation oder beim einfachen Liegen am Boden fühlst du, wie du wieder in deinem Körper angekommen bist. Der Atem findet seine Mitte und dein Geist wird ruhig. Nebeneffekt von Afro: Schlechte Laune verschwindet und kann nicht zurückgeholt werden! Du spürst den Boden unter den Füßen und wirst grundlos (!) glücklich und eins mit dir.
- Qigong & Taiji bringen dich mit deiner Mitte in Kontakt, nach und nach werden die Bewegungen mühelos, der Geist kommt zur Ruhe und wird klar.
- Stehen wie eine Kiefer. Werde für fünf Minuten zu einer Kiefer. Lass von deinen Füßen Wurzeln in die Erde wachsen. Lass sie so tief und dick werden, dass dich nichts mehr erschüttern kann. Dann lass dich sanft vom Wind bewegen.
- Lerne zu genießen. Der Schlüssel dazu sind Zeit und Achtsamkeit. Nicht die Menge macht den Genuss, sondern deine vollkommene Anwesenheit bei der Sache. Koche dir selbst etwas Gutes. Wenn du ein absolutes Antitalent bist, lass dich von einer lieben Person bekochen. Nimm dir Zeit – koste und schmecke alle Nuancen dessen, was da vom Teller in deinen Mund wandert. Trinke ein edles Getränk – auch guter Tee oder frisches Quellwasser wird durch Achtsamkeit ver-edelt! Höre bewusst Musik, folge den Tönen, spüre den Rhythmus. Du wirst entdecken, dass Musik, von der du dich gerne berieseln lässt, beim näheren Hinhören fade und flach werden kann. Andere Stücke, die dir schwer oder anstrengend erscheinen, werden plötzlich leicht und heiter oder spannend.

ERFAHRUNGEN/ÜBUNGEN IM SINGEN

• Setze dich gemütlich auf den Boden und beginne sanft den Vokal O zu tönen/singen, nimm den erstbesten Ton, der dir spontan „zufällt", versuche dabei sanft deinen Bauch, deine Mitte zu spüren, achte auf das Vibrieren und verfolge es in diesen Bereich hinein.

Weniger ist mehr! Wenn du es noch einmal probierst: Bitte atme langsam, ruhig und ohne Hektik ein.

• Schau dich in den Spiegel (jede Tageszeit ist dazu geeignet) und singe fünf Mal das Wort „Ja", wie immer es dir mit Tönen beliebt zu spielen; singe es aus ganzem Herzen nur für die Person, die du im Spiegel erblickst.

• Setze dich auf den Boden und beginne, dich auf deinem Popo zu drehen, wie ein Kreisel, der sich in den Boden dreht. Wenn du genug hast, ändere die Richtung und drehe dich wieder heraus, dein Gefühl wird dir alles weitere verraten. Dazu singst du die Vokale U, O und A in einer dir spontan zufallenden Reihenfolge und Tonhöhe.

METALL
ABSCHIED VOM ALTEN

weiß

Die letzte Prüfung im Lebens ist für jeden von uns das Loslassen und Ausatmen. Das Sterben ist die extremste Ausprägung des Metall-Elements. Im täglichen Leben begegnet es uns als Abgrenzung, um den notwendigen Eigenraum zu schaffen. Ein klares Ja braucht auch ein klares Nein.

⬤ ⬤ ⬤ ⬤ ⬤

Ein weiser Mönch wurde gefragt: „Meister, was ist der Tod?" Der Gefragte schwieg lange und antwortete dann verständnisvoll: „Du atmest ein, du atmest aus, du atmest ein, du atmest aus …"

⬤ ⬤ ⬤ ⬤ ⬤

AUSATMEN

ist das Letzte, das wir in diesem Leben tun werden. Aus Angst vor dem letzten Atemzug, dem letzten Loslassen, klammern wir uns an das Leben und an das, was wir eingeatmet haben. Wir atmen nie ganz aus, wir halten das „Verbrauchte" fest, wir hetzen uns zum nächsten Einatmen.

Es kann leicht sein, dass wir in unserem Lebensrucksack viele überflüssige Dinge mitschleppen, die wir schon lange nicht mehr benötigen und die unseren Lebensweg schwer und mühsam machen. Falsche Grenzen, die uns gesetzt wurden oder die wir uns selbst gesetzt haben, beengen uns und verhindern unser Wachstum. Auch Vor-urteile schneiden dich regelrecht von deinen möglichen Erfahrungen ab. Sie haben immer etwas Trennendes an sich.

Du hast auch dir selbst gegenüber Vor-urteile, die verhindern, dass du dein Leben genießt, Neues erfährst oder Verhaltensmuster änderst.

Kennst du folgende oder ähnliche Sätze in dir?

❁ ❁ ❁ ❁ ❁

Ich bin unmusikalisch.
Ich werde das nie können!
XY ist an allem schuld!
Ich bin ungeschickt!
Ich brauche niemanden.

❁ ❁ ❁ ❁ ❁

VOLUMEN kontra LAUTSTÄRKE

Volumen benützt den inneren Raum, Lautstärke nützt körperliche Kraft. Die so genannte „Stütze" des Atems ist die „Mutter aller Irrtümer": Gestützt werden Dinge, die drohen zusammenzubrechen!

Jeder Körper hat genug Vitalität, um die Atmung angemessen zu verwenden. Der aus der italienischen Sprache stammende Terminus „appoggiare" wurde leider viel zu sehr mit „stützen" übersetzt, einem Wort, das an Arbeiter denken lässt, die mit hochrotem Kopf und geschwollenen Adern auf der Stirn eine Stahltraverse hochhieven.

Für die natürliche Stimmarbeit wird lieber der Begriff „Anlehnen" verwendet – klingt das nicht nach Ent-Spannung?

Natürlichkeit ist wie Wasser, das sich im Fließen den Umständen anpassen kann. Ruhig, weich und doch kraftvoll bahnt es sich neue Wege und erschließt neue Räume.

ERFAHRUNGEN/ÜBUNGEN

• Entspanne dich im Sitzen oder Liegen, lass deinen Atem ruhig werden. Dann lenke deine Aufmerksamkeit auf das Ausatmen. Atme alle Luft aus und warte mit dem Einatmen ein wenig. Bleib dabei entspannt: Es gilt nicht, einen neuen Rekord aufzustellen! Atme alle Luft aus und stelle dir vor, wie du auch deine Vergangenheit ausatmest. Atme Dinge, Erinnerungen und Erlebnisse aus, die du schon viel zu lange mit dir herumträgst. Lass sie los und schaffe freien Raum für neue erfrischende, belebende Erfahrungen. Male dir aus, welche Erfahrungen du machen möchtest, und atme sie mit einem klaren inneren „Ja" ein. Wende diese Übung auch im Alltag an.

- Nach einer unangenehmen Situation oder einem Streit atme bewusst aus und lass die Erinnerung an das Gewesene los. Dann achte auf den Leerraum, der entsteht, und fülle ihn bewusst mit frischer Luft und einer neuen Situation!
- Setzte dich vor dem Schlafengehen an einen Platz, den du gern hast. Lass den vergangenen Tag Revue passieren und beschließe ihn mit einem wohl wollenden Dankeschön. Er ist einmalig gewesen, du wirst keine Chance haben, ihn zu wiederholen. Lass ihn los und sei für seine Einmaligkeit dankbar.
- Schreibe deine Wünsche oder Sorgen auf ein Blatt und baue ein Papierschiffchen daraus. Setze es ins Wasser (Bach, Teich etc.) und beobachte, wie es sich wandelt, wegschwimmt oder untergeht. Schau einfach zu, denke an nichts, sei nur da; lass deine Gedanken los!
- Nimm einen Faden, identifiziere ihn mit einer Sache, die du durchtrennen möchtest. Erst wenn du im Nachdenken auch etwas Gutes an der Sache gefunden hast, darfst du den Faden durchschneiden. Dann vergiss den Faden und setze dein Leben wie gewohnt fort.

ERFAHRUNGEN/ÜBUNGEN IM SINGEN

- Lass deinen Atem frei und ungehindert ein- und ausströmen. Wenn die Luft deinen Körper verlässt, hänge einen kleinen Seufzer oder einen Ton an den Atem dran; mindestens fünf Mal.
- Singe dann beim Ausströmen deines Atems einen sehr hohen Ton und lass ihn tiefer gleiten und „zur Erde fallen"; hilf mit den Händen mit; mindestens fünf Mal.
- Beginne dann „im Keller", also sehr tief, zu singen und lass den Ton so hoch, wie du möchtest steigen; hilf mit den Händen nach; mindestens fünf Mal.

Die Praxis

ÜBUNGEN ZUM MITMACHEN

Am meisten Spaß machen Übungen, die sofort neue Erfahrungen, körperliche und mentale Erfrischung und innerliche Gelassenheit erschließen können. Das sind dann auch die Übungen, die zuhause ohne spezielle Aufforderung des

Lehrers und ohne, dass man sich dazu „aufraffen" (wienerisch etwa für „moti-vieren") muss, gemacht werden.

Bei folgenden Erfahrungen/Übungen wird der Menschen in seiner Gesamtheit berührt, bewegt und erfahren. Als kleine Orientierungshilfe für Wissbegierige sind die Wandlungsphasen, die dadurch zum Vorschein kommen, in Klammer angeführt.

VIBRATIONEN (Wasser, Metall)

Eine Erfahrung zu zweit – einmal probiert, kann man davon nicht mehr genug bekommen. Du brauchst dazu schöne tibetische Klangschalen, die du dir auf jene Körperstellen legen lässt, an denen du Unterstützung und Vibration möchtest. Nun beginnt deine Partnerin/dein Partner, die Klangschale/n zu spielen, so wie es ihm spontan notwendig erscheint. Nehmt euch Zeit zum Aus-klingen; eine Schale guten Tees vorweg erhöht die Wirkung. Was passiert, wenn die Klangschalen ein wenig mit warmem Wasser gefüllt werden?

DIE ZAUBERFLÖTE (Holz)

Kaufe dir eine ganz einfache und billige Holzflöte; um sie zu einer Zauberflöte zu machen, hauche sie drei Mal an und sage ihr (über deine Gedanken), dass sie dich in einen ruhigen und fröhlichen Menschen „verzaubern" soll. Suche dir nun einen Park, einen Wald oder eine kleine Gruppe von Bäumen, setz dich dorthin und versuche anfänglich, Melodien mit nur drei unterschiedlichen Tö-nen zu erfinden. Schon mit drei Tönen kannst du eine Fülle von „zauberhaf-ten" Melodien spielen.

DAS INNERE LÄCHELN INS HERZEN SCHICKEN (Feuer, Wasser)

Bringe deinen Herzbereich mit dem Vokal A zum Vibrieren (ca. fünf Minuten). Stelle dir vor, dass dieser Vokal eine Flüssigkeit ist, und gib ihr die Farbe, die im Moment für dich passt. Stell dir nun vor, wie diese tönende Flüssigkeit alles Düstere und Schwere aus deinem Herzen spült und es mit Liebe und Lebendig-keit erfüllt. Nimm dir mindestens fünf Minuten Zeit dafür. Wenn du möchtest, kannst du mit deinen Händen unterstützende Bewegungen für das Wegspülen bzw. Auffüllen machen. Schicke dann ein wohl wollendes Lächeln zu deinem Herzen und bedanke dich still für seine „lebenslange" Arbeit.

„WUZELN" – Wälzen (Erde)

ist eine Erfahrung, die mit der Schwerkraft, deinem Körper und deiner Auf-merksamkeit spielt. Alleine oder zu zweit macht es viel Spaß und bringt dich dazu, Körper und Geist l-o-s-z-u-l-a-s-s-e-n. Lege dich auf den Boden und beginne, der Länge nach seitlich zu rollen. Verwende möglichst wenig Muskeln. Stell dir vor, jemand rollt dich, und lass dich von dieser unsichtbaren Kraft weiterbewegen. Mit einer Partnerin/einem Partner, die dich bewegen, geht es natürlich noch „schwereloser".

DIE WELTRAUMATMUNG (Metall)

Schüttle im Stehen deinen Körper ca. drei Minuten aus und klopfe anschließend deine Arme, deinen Körper und die Beine ab. Stehe dann für ca. fünf Minuten still in deiner Mitte und stelle dir vor, dass du über alle Poren deines Körpers das Weltall einsaugst. Mach das ganz sanft und freue dich auf ein tolles Gefühl!

DIE FÜNF TIERE AUS DEN WUDANG-BERGEN (alle Fünf Elemente)

Die Übungen der fünf Tiere zeigen eine starke Wirkung auf die Körperhaltung, den Atem und die mentale Klarheit. Darüber hinaus stellen sie durch das „Hineinleben" in das jeweilige Tier eine besondere Art von Trance her, die für das Singen in jeglicher Form von großem Nutzen ist. Wer die entsprechenden Qigong-Übungen nicht kennt, kann sich durch die Beschreibungen der Tiere inspirieren lassen und eigene Übungen und Bewegungsabläufe erfinden.

WANDLUNGSPHASE:	**HOLZ**	**TIER: DRACHE**
Organbezug:	Leber, Gallenblase	
Emotion:	Wut und Zorn	
Augen:	stechender, wütender Blick	
Körperausdruck:	wachsen, sich aufrichten	
Nutzen für das Singen:	emotional aus sich herauskommen wollen	

Der Drache hält ein gemütliches Mittagsschläfchen in der Sonne. Plötzlich nähert sich eine Hummel und setzt sich auf die Nase des Drachen. Er erschrickt, springt auf, flattert mit den Flügeln und speit Feuer. Die Hummel sucht schleunigst das Weite, der Drache ärgert sich noch ein wenig und rollt sich dann wieder friedlich zusammen, um weiterzuschlummern. Im Traum singt er das Lied „I can't get no satisfaction" und tanzt dazu wilden Rock'n Roll.

WANDLUNGSPHASE:	**FEUER**	**TIER: TIGER**
Organbezug:	Herz, Kreislauf, Dünndarm	
Emotion:	feurig, kraftvoll	
Augen:	funkelnd, blitzend	
Körperausdruck:	Wechsel von schneller Bewegung und Ruhe	
Nutzen für das Singen:	zur Stärkung des gesamten Körpers	

Der Tiger kommt von der Jagd nach Hause und schärft an einem Baumstrunk seine Krallen für den nächsten Tag. Er tanzt einen chaotischen Tiger-Rag und singt „I feel free", dabei blitzen seine Augen voll Vergnügen.

WANDLUNGSPHASE:	**ERDE**	**TIER: BÄR**
Organbezug:	Milz, Magen	
Emotion:	ein bejahendes Lebensgefühl	
Augen:	lustig, zuversichtlich	
Körperausdruck:	rund, Bewegungen in und aus der Mitte	
Nutzen für das Singen:	lässt den ganzen Körper „mitsingen"	

Der Bär sitzt auf seinem dicken Hinterteil gemütlich in der Sonne vor seiner Höhle und schleckt einen Honigtopf aus. Er brummt zufrieden vor sich hin und denkt voll Wärme und Zuneigung an seine Freunde. Beim Genießen fällt ihm das Lied von den Salzburger Nockerln ein und er plant ein Festmahl für seine Freunde.

WANDLUNGSPHASE:	**METALL**	**TIER: SCHLANGE**
Organbezug:	Lunge, Dickdarm	
Emotion:	listig, schlau, loslassen	
Augen:	verführerisch	
Körperausdruck:	den Brustkorb verengend und ausdehnend	
Nutzen für das Singen:	ein weiter Brustkorb, freie Atmung	

Die Schlange hat sich lässig um einen Ast gewickelt und singt mit einer langen, schwarzen Zigarettenspitze im Mundwinkel „Männer umschwärmen mich wie die Motten das Licht!", wobei sie sich lasziv windet.

WANDLUNGSPHASE:	**WASSER**	**TIER: KRANICH**
Organbezug:	Nieren, Blase	
Emotion:	Innigkeit, Gelassenheit	
Augen:	„nach innen schauend", wissend	
Körperausdruck:	erhaben, anmuthig, fließend	
Nutzen für das Singen:	authentischer Körperausdruck	

Der Kranich steht im Abendrot an einem See und putzt sein Gefieder. Er ist glücklich, dass er sich sowohl auf der Erde als auch im Himmel bewegen kann. Beim Fliegen singt er: „Über den Wolken muss die Freiheit wohl grenzenlos sein!"

DIE HARMONIE DER FÜNF ELEMENTE (alle Fünf Elemente)

Eine subtile Qigong-Übung von Gitta Bach/Hamburg verschafft ein harmonisches Körpergefühl, balanciert Emotionen aus und bringt „klare Verhältnisse" im Kopf.

- Beginne mit erhobenen Händen, den Körper aus der Mitte heraus zu beugen: WASSER.
- Lass zuerst deine Fingerkuppen, dann den ganzen Körper nach oben wachsen und öffne dann die Arme zur Seite wie ein mächtiger Baum: HOLZ.
- Umarme die Kraft deines Herzens, so als würdest du einen Baum umarmen, schicke mit den Händen und deinen Gedanken dein Herzensfeuer aus, sammle es wieder ein und bewahre es vor dem Herzen: FEUER.
- Nun drücke deine Hände vor der Körpermitte sanft nach unten und deute die Verbreiterung deiner Mitte an, hebe die Hände wieder bis zum Herzen und stärke ein zweites Mal deine Mitte und deine Basis: ERDE.
- Zeichne abschließend mit den Armen einen großen Kreis in die Luft, schaffe dir Raum; mach einen zweiten Kreis in die andere Richtung und fühle dabei, dass dein Körper die Mitte bewahrt: METALL.

TANZ DER JAHRESZEITEN (alle Fünf Elemente)

Suche dir eine ruhige Musik für deine Tanzimprovisation. Sie sollte ca. zehn Minuten lang sein, evtl. drücke „repeat" bei deinem CD-Player. Beginne zusammengekauert auf dem Boden liegend mit dem Element Wasser und beende nach dem ganzen Zyklus diese Übung wieder in diesem Element. Tanze frei und ohne langes Überlegen, nimm jede Bewegung als tollen Zufall an und drücke die einzelnen Zyklusteile spontan aus. Nimm dir für jedes Element die Zeit, die du dafür brauchst!

Winter/Wasser

Ziehe deine Kraft in deine Mitte zurück, bringe jede Bewegung zum Stillstand, sammle dich.

Frühling/Holz

Spüre, dass deine innere Kraft nach außen will, lass dich langsam erwachen aus dem Schlaf, tanze die Auferstehung, komme aus dir heraus.

Sommer/Feuer

Die Hitze kann der Ausdruck für Sommer sein, Spiralentanz nach oben gerichtet, springen, drehen jubeln – lebe deine Lebendigkeit.

Spätsommer-Ernte/Erde

Genieße deine Atemkraft, erlebe die Fülle deines Atems, entdecke deine Dankbarkeit, JETZT leben zu dürfen, sag JA zu deinem Leben.

Herbst/Metall

Verspüre natürliche Müdigkeit, lass deine Hände wie Blätter vom Herbstwind bewegen; lass alles los, gibt dem Erlebten die Möglichkeit, Vergangenheit zu werden.

Winter/Wasser

Tanz deine letzten Schritte und erlaube deinem Körper, wieder zu seiner Mitte zurückzukehren. Erlebe und genieße die Ruhe und Stille, spüre, wie wichtig Innehalten ist.

GOOD VIBRATIONS
DIE FÜNF VOKALE U-O-A-E-I LASSEN DEINEN KÖRPER VIBRIEREN

Diese Übung erhöht in kurzer Zeit und sehr effizient das Stimmvolumen. Der Körper fühlt sich leicht und frei, die Gedanken werden klar, der Geist wird ruhig und gesammelt. Eine wirklich tolle Erfahrung nach einem langen schweren Arbeitstag.

VOKAL: U   BEREICH: Beckenboden

Bewege die Hände und Arme beim Singen in der Mitte des Körpers sanft nach unten, dann nach außen, hebe beim Einatmen die Hände wieder zum Herzbereich.

VOKAL: O   BEREICH: Bauch/Solarplexus

Umarme beim Singen einen Baum, öffne die Arme beim Einatmen zur Seite.

VOKAL: A   BEREICH: Herz/Brustkorb

Öffne beim Singen die Arme seitlich, die Handflächen sind nach außen gerichtet. Beim Einatmen schließe die Arme, richte die Handflächen nach innen, die Fingerspitzen zeigen zum Herzen.

VOKAL: E   BEREICH: Kehlkopf/Hals

Lass beim Einatmen deine Hände in der Mitte des Körpers nach unten fallen, hebe sie dann seitlich und überkreuze sie beim Singen des Vokals vor dem Kehlkopfbereich.

VOKAL: I   BEREICH: Kopf

Hebe beim Singen eine Handfläche zum Himmel und die andere zur Erde, beim Einatmen bringe sie wieder in Brustkorbhöhe.

VARIANTEN

A) Singe jeden Vokal mit den passenden Hand- und Armbewegungen im zutreffenden Bereich.

B) Singe bei einem Ausatmen alle Bereiche durch und mache die entsprechenden Bewegung; das muss etwas schneller als die Variante A ausgeführt werden.

C) Komm über die Vokale, Bewegungen und deinen Atem ins Tanzen und Improvisieren, lass dich inspirieren und folge deinen spontanen Eingebungen!

VOICE VIBRATION
EIN WEG ZUR SELBST-BE-STIMM-UNG

Die von mir entwickelte ganzheitliche Methode der „VoiceVibration" hat zwei Ausrichtungen: die stimmliche und die gesundheitliche.

Stimme als berufliches (Sprach-)Instrument und als Ausdruck der Persönlichkeit

Meine persönlichen Erfahrungen reichen von meiner ersten Gesangausbildung, die zu einer Stimmbandlähmung führte, bis zum erfüllenden Gebrauch meiner Stimme. Letzteres verdanke ich der berühmten Sängerin und Stimmpädagogin Svanhuit Eggilsdottir. Die Unterrichtstradition der so genannten „Mailänder Schule", die ich von ihr übermittelt bekam, führe ich in meinen internationalen Bel-Canto-Instituten fort. Als Voraussetzung zur Stimmentfaltung dient hier weniger die muskuläre „Stütze" – stützen muss man nur etwas, das droht, zusammenzubrechen, wie etwa Mauern, Brücken oder in zivilisationskranken Ländern leider oft auch alte Menschen –, sondern Elastizität und Verbindungen im Körper. Durch Entspannung erschließen sich neue Resonanzräume wie von selbst. Daher setze ich in der Stimmarbeit auch Qigong-Übungen ein – und umgekehrt! (Siehe weiter unten!)

Die Stimme ist ein Ausdruck unserer Ganzheit. Sie steht in direktem Zusammenhang mit einer natürlichen Atmung, die wiederum ein Parameter für Gesundheit ist. Besonders wichtig ist eine natürliche, entspannte Stimme für Menschen, die diese beruflich einsetzen, z. B. um Vorträge zu halten, zu unterrichten, zu verkaufen, und natürlich für Schauspieler und Sänger. Diese Menschen müssen sich darauf verlassen, dass ihnen nicht plötzlich die Stimme versagt, sie zu stottern beginnen oder ihnen die Luft ausgeht.

Vor einigen Jahren kam eine ca. 40-jährige Frau in meine Praxis, ich nenne sie Barbara Stummvoll. Sie arbeitete als Filialleiterin einer Bank und hatte große Probleme im Gespräch mit Kunden und bei Besprechungen mit Kollegen. Die Stimme war kindlich und dünn, immer wieder stockte beim Reden der Atem und die Kehle wurde eng. Barbara trug sehr enge Kleidung und sehr hohe Schuhe, wodurch der Körper immer eingeengt war. Nach dreijährigem Einzelunterricht und einigen Stimmworkshops hatte ihr Stimmumfang sich um über eine Oktav ausgedehnt, aus der Mädchenstimme wurde eine be-stimmte, souveräne Frauenstimme. Heute ist Barbara beruflich äußerst erfolgreich und führt Schulungen durch. Beim Sprechen gönnt sie sich jetzt Pausen, dadurch können ihre Reden besser wirken und sie kann von Zwischenrufen nicht mehr aus der Fassung gebracht werden. Barbara versteht es jetzt, Stimm-ung zu machen, ihre Stimme für etwas einzusetzen und be-stimmt zu sprechen. Aus Barbara Stummvoll wurde Barbara Stimmvoll! Sie schickt mir immer wieder Berufskollegen, die ihre Stimme optimieren wollen.

Ein wichtiger Punkt beim Sprechen ist die Wahrhaftigkeit. Lügen wirken sich stark auf den Stimmcharakter aus, daher ist mein Tipp bei Workshops mit Verkäufern: Sagen Sie die Wahrheit! Nur so können Sie Ihre Stimme authentisch einsetzen.

Die Stimme als Energieüberträger/Heilinstrument

Man kann die Stimme auch einsetzen, um im eigenen oder einem fremden Körper Energie gezielt in bestimmte Bereiche zu lenken und dort die körpereigene Heilungskräfte anzuregen.

Durch eine bestimmte Kehlkopfhaltung wird ein Ton erzeugt, der über die Resonanzkörper der Wirbelsäule und der Knochen in alle Körperteile geschickt werden kann. Das kann im eigenen Körper oder bei anderen Menschen spezielle Wahrnehmungen (Qi-Gefühl) erzeugen. Die Vibrationen erreichen auch Stellen, die blockiert sind und durch die die Energie nicht fließen kann.

Eine einfache Möglichkeit, ähnliche Resultate zu erzielen, ist die Arbeit mit Klangkörpern. In meinen Workshops arbeite ich hauptsächlich mit meiner Stimme, darüber hinaus auch mit vielen Instrumenten wie Klangschalen, Gongs, Glocken und allem, was vibriert und zum Vibrieren bringt.

Die Möglichkeit, in bestimmten Energiebereichen bei anderen Menschen lokale sensorische Wahrnehmungen hervorzurufen, setze ich auch bei meinen Schülern im Qigong- und Taiji-Unterricht ein, wenn es darum geht, ihre Aufmerksamkeit in „bedürftige" oder blockierte Bereiche zu lenken.

Auch bei Qigong-Behandlungen arbeite ich mit bestimmten heilenden Lauten und Tönen, um Patienten zu beruhigen, zu mobilisieren oder Energieblockaden aufzulösen.

Die Workshops

Alles ist möglich, wenn wir das Alte los- und Neues zulassen können.

● ● ● ● ●

Suche zuerst das Kleine,
ohne Mühe wird sich dir das Große erschließen.

● ● ● ● ●

Die Verwandlungen in meiner Arbeit geschehen durch das bewusste Erfahren der dem jeweiligen Element zugeordneten Bereiche. Den Weg durch diese Wandlungen bestimmt der Schüler selbst mit seinen anstehenden Problemen. Oft ist es notwenig, einige Aspekte des Element mit anderen zu kombinieren oder manchmal einige Erfahrungsmöglichkeiten aus der Stimmarbeit auszuklammern, um Sicherheit in anderen Bereichen zu erleben.

Die ständige Wandlung ist die Essenz des Lebendigen. Lösen wir uns ein wenig vom Festhalten unsere Alltagsstrukturen, gelingt uns mit Sicherheit auch der nächste Schritt zu uns selbst und das macht immer eine gute STIMMung!

Folgende fünf Eigenschaften sind für meine Arbeit und für meine eigene Lebensqualität besonders wichtig:

KONTINUITÄT
NATÜRLICHKEIT
ANGEMESSENHEIT
ACHTSAMKEIT
SCHÖNHEIT

Spielerisch bewegen wir uns durch die Evolution der Fünf Wandlungsphasen und erfreuen uns an verschiedenen traditionellen Gesangstechniken.

Der erste Schritt in meiner Stimmpraxis basiert auf einer Kleinform der traditionellen chinesischen Praxis des Suchens nach dem eigenen Ton. Ein Brummen, Knurren, Japsen, Bellen, Keuchen, Schnaufen, dann ein Vokal, der sich seinen Weg durch den Körper bahnt. Dann ein Spüren, ein Erleben, den Ton weiter wandern lassen, begleitet von einem wohl wollendem Lächeln, tief im Körper das sanfte Vibrieren.

Die Singstimme benötigt ein anderes Muskelmuster als das alltägliche Sprechen, darum ist für viele der erste Versuch, die Stimme zum Klingen oder Vibrieren zu bringen, oft ein spannendes Erleben. Der natürliche Atem ist die Basis allen Entdeckens und Enthüllens der eigenen Stimme. Über den Atem begegnen wir unserem Körper, unseren Emotionen und unseren Gedanken über uns und unser Sein. Für viele Menschen ist es förmlich ein „Geburtserlebnis", wenn sich die Stimme enthüllt und erstmals frei tönt. Welche unglaublich kraftvolle und freudige Energie da frei wird, kann nur nachvollziehen, wer es schon erlebt hat!

In den Workshops verwende ich Elemente aus den verschiedensten Kulturkreisen der Welt:
- Durch das gemeinsame Singen von einfachen Melodien und Texten ergeben sich Obertöne ganz natürlich – auch ohne besonderer Gesangstechnik. Sehr leicht kommt es vor, dass es gerade diese Melodien und Texte sind, die den Teilnehmern wirklich nicht mehr aus dem Sinn gehen wollen und lange Zeit als „Ohrwurm" ihre Nachwirkung haben.
- Auch einfache Varianten des gregorianischen Chorals sind immer wieder Mittelpunkt von Workshops.
- Jiddische Lieder kombiniere ich gerne mit einfachen Gruppentänzen: Ein Fest für Körper und Seele!

Wer singt, ist im Vibrieren mit allem Lebendigen im ganzen Universum verbunden, denn Leben ist Vibration. Geist und Körper können sich frei entfalten. Kein Gott hat jemals ein aufrichtiges Gebet überhört. Heilung, Ganzheit und befreiende Einsicht in alle Wesenheit ermöglicht der Sängerin und dem Sänger, das Leben als erfüllendes Jetzt zu erleben. Frei von begabt und unbegabt, kann jeder Mensch einstimmen in das ewige Vibrieren gesungener Worte.

Die Vision

Meine Vision ist eine Stiftung, die TCM, Qigong, tibetische Energie-Arbeit und die Heilkraft der Stimme Menschen zugänglich macht, die in dieser ganzheitlichen Methode ihren körperlichen und mentalen Gesundheitsweg erkennen. Ein großes Haus, in dem eine Qigong-Klinik, eine chinesische und tibetische Kräuterapotheke, Ärzte, Therapeuten und anderes hoch qualifiziertes Personal untergebracht sind, um gemeinsam ihr Wissen dazu einzusetzen, Menschen wieder zu ihrer körperlichen, geistigen und seelischen Gesundheit zu verhelfen.

Die Voraussetzungen sind Unabhängigkeit, Seriosität und effektive Zusammenarbeit, die etwas entstehen lassen, das größer ist als die einzelnen Bereiche zusammen – zum Wohl der Patienten und Klienten.

Das Ziel: In unserem Kulturkreis Vertrauen schaffen in die Heilkraft dieser Methoden. Der Weg dorthin: Das Vertrauen auf Hilfe, wie auch immer sie uns zufällt: morphogenetisches Feld, Unterstützung vom Universum – oder von dir?!

MIT AUF DEN WEG

Vieles gibt es für uns noch zu entdecken auf unserem Lebensweg. Die Stimme ist ein wichtiger Begleiter, sei es, dass wir uns ausdrücken (oder auch bewusst schweigen), sei es, dass wir durch die Stimmen anderer weiterkommen.

Dieses Kapitel sollte dich nicht belehren – dein einziger Lehrmeister bist du selbst! Im besten Fall hat es dich neugierig gemacht. Nur deine eigenen Erfahrungen können über tatsächlichen Nutzen und Gewinn für dich entscheiden und deine Sehnsucht nach einem erfüllten Leben stillen. Nicht das Zusehen oder Lesen bringt die Vibration des Lebens in dir zum Erklingen – Lebensfreude, Erotik, Sinnlichkeit und die Lust auf Neues –, sondern das Mitmachen!

Ein einziger Tanzschritt, eine einzige Berührung und ein einziger Ton können das ganze Universum, die Welt und unser Leben zu einem außergewöhnlichen Erlebnis machen – ein Erlebnis, das sich alle Mal lohnt, entdeckt, gelebt und geliebt zu werden. Der Weg hat 100 000 Schritte, beginne ihn mit dem ersten. Als Reisegepäck benötigst du nur drei Dinge, alles andere lass zurück:

● ● ● ● ●

MUTH – MUTH – MUTH!

● ● ● ● ●

LITERATUR

ferment-Bildband Jahrbuch 1988, *Alles ist Klang*

Pier Francesco Tosi; Johann F. Agricola, *Anleitung zur Singkunst*

Lucie Manén, *Bel Canto*

Willi Lambert, *Beten im Pulsschlag des Lebens*

Anette Cramer, *Das Buch von der Stimme*

Lama Dagsay Tulku, *Das Praxisbuch der tibetischen Meditation (& CD)*

Esther Salaman, *Die befreite Stimme*

John Blofeld, *Die Macht des heiligen Lautes*

Cornelius L. Reid, *Funktionale Stimmentwicklung*

Ulrich Warnke, Gehirn-Magie, *Der Zauber unserer Gefühle*

– " –   *Die Geheime Macht der Psyche, Quantenphysik und Urmedizin*

Ernst Pöppel, *Lust und Schmerz*

Lutz Berger (Hrsg)., *Musik, Magie & Medizin*

Olivea Dewhurst-Maddock, *Selbstheilung durch Klang und Stimme*

Frederick Husler/Yvonne Rodd-Marling, *Singen*

Yan d´Albert, *Das spirituelle Song-Book*

Wolfgang Zielke, *Sprechen ohne Worte – Körpersprache*

Ulli Olivedi, *Yi Qigong – Das Stille Qigong*

KAY HOFFMAN

NLP
PHILOSOPHISCHE PRAXIS UND DIE
FÜNF-ELEMENTE-LEHRE DER TCM

Entgegen des weit verbreiteten Vorurteils lässt sich NLP, das Neurolinguistische Programmieren, nicht nur dazu verwenden, andere Menschen zu programmieren, sprich zu manipulieren, sondern auch als äußerst erfolgreiches Mittel einer differenzierten Selbsterkenntnis einsetzen. Es hilft, sich selbst bzw. den eigenen Programmen, den unbewussten Verhaltensmustern und eingefleischten Gewohnheit, den so genannten Konditionierungen, auf die Spur zu kommen. Durch das Erkennen alter, unbewusst getroffener Entscheidungen, wie es bei Konditionierungen der Fall ist, können diese „erlöst", d. h. als vorläufige, vorübergehende und oft veraltete Lösungen losgelassen werden und neuen, bewussten Entscheidungen Raum geben. Konditionierungen gehören zu unserer menschlichen Ausstattung, ohne sie gibt es kein Lernen – nur geschieht dieses Lernen unbewusst und verfügt nicht über die Auswahlfreiheit des Bewusstseins, das mehrere Optionen erwägt und optimale Lösungen anstrebt. Auch sind nicht alle Gewohnheiten grundsätzlich abzulehnen – Gewohnheiten lassen uns im Leben und in der Welt wohnhaft werden, sie sind wie Wohnstätten. Und manchmal ist es an der Zeit umzuziehen. Philosophische Praxis besteht für mich in der Kunst, das Leben bewusst zu gestalten. NLP in Verbindung mit der Fünf-Elemente-Lehre kann eine wertvolle Unterstützung bedeuten und den wichtigen Kick zur Veränderung, die richtige Starthilfe geben.
NLP ermöglicht es, das Zustandekommen von Programmierungen zu erkennen und bewusst zu machen. Die unbewussten „Strategien" werden als Muster er-

kannt und eventuell durch bessere Muster und Strategien ersetzt. Besser heißt: dem Kontext angemessen; ökonomisch (mit einem Minimum an Aufwand) und ökologisch (auf das System, etwa die Familie oder das Team, aber auch eine bestimmte Umwelt, innerhalb derer das Verhalten wirksam ist, abgestimmt, sodass möglichst geringe Belastungen entstehen); ästhetisch insofern, als sich wache Sinnlichkeit, Genuss, Lust und Lebensfreude ergeben; ethisch insofern, als die Gemeinschaft ebenfalls bedacht wird. NLP unterscheidet sich von vielen anderen Psycho-Techniken durch die differenzierte Kenntnis neuronaler Prozesse, die unsere subjektive Wahrnehmung bedingen, ebenso wie durch die Kenntnis von linguistischen Gesetzen, die die Macht der Sprache und ihre Auswirkung auf unsere Beziehungen zu anderen Menschen beschreiben. Mehr dazu später anhand von Beispielen, die das praktische Vorgehen veranschaulichen werden. Das „P", das in NLP für „Programmieren" steht, möchte ich ersetzen durch ein „P" für „Philosophieren". Das Neurolinguistische Philosophieren ist eine sinnlich geistige Tätigkeit, die mit dem Erforschen einer Landschaft, einer Kultur, einer Geschichte verglichen werden kann. Die Neugier des Forschers führt durch Gebiete des Unbekannten; die Liebe zur Weisheit, die den Philosophierenden drängt, erschließt neue Perspektiven, die bisher weder gedacht noch geträumt noch erahnt wurden. Jedes Erlebnis bringt Neues, und alles, was neu ist, ist auch frisch. Die Unvoreingenommenheit des offenen Blicks ist vielleicht die wichtigste Voraussetzung für das Gelingen des Experiments.

Ich möchte in diesem Zusammenhang einige NLP-Techniken vorstellen und die Möglichkeit einer kreativen Verbindung mit der Fünf-Elemente-Lehre der TCM aufzeigen. Im Mittelpunkt steht ein Fallbeispiel, auf das ich immer wieder zurückkommen werde, da es mir sehr am Herzen liegt. Es ist meine eigene Geschichte. Es ist die Geschichte einer Entwicklung, die ich mit Hilfe der Fünf-Elemente-Lehre und des NLP machen konnte und die mein Leben positiv verändert hat. Ich hatte damals, als ich zum ersten Mal von dem System der Fünf-Elemente-Lehre hörte, gerade meine Forschungen im Bereich der afroamerikanischen Besessenheitskulte beendet und war auf der Suche nach neuem Stoff. Mein Interesse galt vergleichbaren Systemen mit archetypischem Inhalt, wie es etwa in polytheistischen Religionen und deren Mythologien, Ritualen und Kulten gegeben ist. Waren die fünf Elemente als archetypische Grundformen des Unbewussten zu bezeichnen bzw. zu erleben? Zunächst schienen mir die Zuordnungen – Windrichtungen, Farben, Organe, Gerüche, mythische Tiere und deren Eigenschaften, Emotionen, Stimmungen, Bewusstseinszustände – zu fremd, um in Zusammenhang mit den Formen des europäischen kollektiven Unbewussten, wie es C. G. Jung erforscht hat, gebracht zu werden. Dann aber, als ich mich länger und ausführlicher damit zu beschäftigen begann, wurden die anfänglich für mich bedeutungslosen Zusammenhänge immer besser nachvollziehbar, weil das ganze System an sich in seiner Geschlossenheit eine Logik zu entfalten begann. Es war wichtig, im System selbst zu bleiben und keine Vergleiche mit anderen Systemen (etwa der Astrologie, der Kabbala oder anderen esoterischen Traditionen) anzustellen oder Querverbindungen herstellen zu wollen, um einen (europäischen) Sinn zu erzwingen. Die Logik zeigte sich mir nur dann, wenn ich ganz in das System eintauchte und mich darin zu bewegen begann. Die Elemente eines Systems enthalten nämlich alle Informationen über sowohl das ganze System mit seinen Wechselwirkungen und Bezügen als auch über die Zusammenhänge, die die einzelnen Elemente verknüpfen. Ich kann über die einzelnen Elemente selbst genug über das ganze System erfahren und muss das System nicht mit anderen Systemen vergleichen, um mehr über die Bedeutung seiner Bestandteile zu wissen. Die Bedeutung ergibt sich innerhalb des Systems, ich brauche zunächst nicht die Perspektive von außen. Auch geht es darum, das System anzuwenden und nicht nur auf Theorie zu reduzieren.

Meine Zusammenarbeit mit Franz Redl – wir arbeiteten ein Kursangebot aus, in dem die Fünf Elemente dem Anfänger durch Formen der Trance-Induktion und des Tanzes kinästhetisch, d. h. körperbewusst, lustbetont und bewegungsorientiert, nahe gebracht werden sollte – ließ mich am eigenen Leibe erleben, wie das System funktioniert und auch im persönlichen Alltag seinen persönlichen und praktischen Wert erhält. Dies entsprach unserem Ziel, denn wir wollten die Fünf-Elemente-Lehre nicht nur als theoretischen Hintergrund benutzen, sondern als ein System vermitteln, mit dem sich experimentieren und selbst kreativ werden lässt.

Als ich mehr und mehr in das System einstieg, konnte ich es bald als Mittel der Diagnostik auf mich selbst anwenden. Seit einiger Zeit hatte ich mich schon geschwächt und irgendwie in einem allgemeinen Mangelzustand gefühlt. Nun erkannte ich: Mein inneres Feuer war, wenn nicht ganz erloschen, so doch sehr klein und unregelmäßig geworden. Nichts machte mir mehr so richtig Lust, ich konnte mich für nichts begeistern und engagieren, alles bereitete mir Mühe und war anstrengend. In den Jahren, in denen ich Tanz unterrichtet hatte, war ich für viele ein Vorbild an Vitalität gewesen, jetzt fiel es mir schwer, diesen Erwartungen gerecht zu werden. Ich nehme an, ich war ausgebrannt. Da das Element der Bewegung und der Vitalität Holz ist und dem Feuer vorangeht, es also hervorbringt und nährt, überlegte ich mir, warum sich aus der sprudelnden Vitalität nicht von selbst Freude und Begeisterung, die Merkmale des Feuers, ergeben hatten. Vielleicht war die Vitalität selbst schon eine Flucht nach vorne gewesen – Auswirkung einer Schwäche im Element Wasser, das den Emotionen von Angst und Vertrauen zugeordnet wird. Vielleicht hatte ich mich verausgabt, nur um mich den zu Grunde liegenden Konflikten nicht stellen zu müssen. Vielleicht war die Power, um die mich so viele Menschen immer beneideten, nur eine Maske, und die vitale Ausstrahlung ein hoher Preis, den ich dafür zahlte, um meine Angst und mein tief sitzendes Misstrauen nicht wahrzunehmen. Ich powerte einfach darüber hinweg. Nun war ich ausgepowert, der Übergang von der Triebkraft junger frühlingshafter Sprossen zur ersten Blüte nicht gelungen, das Aufblühen verpasst. Daher auch meine Wehmut, mein Weltschmerz, dieses Gefühl, nicht meiner Bestimmung gemäß zu leben und zu keiner Reife, zu keiner echten Fruchtbarkeit zu gelangen. Ich verstand immer besser die Wechselwirkungen zwischen den Elementen, die wie die Phasen im Jahreskreislauf aufeinander folgen und sich gegenseitig bedingen. Wo sich keine Frucht bilden konnte, kann auch keine Frucht sich lösen und zu Boden fallen, die Abschiedsgefühle sind ohne einen konkreten Inhalt, sie bleiben abstrakt und auf das ganze Leben bezogen, das durch eine undefinierbare Trauer, durch ein Gefühl von Verlust überschattet ist. Kein Wunder, dass ich immer dem Winter mit seiner Kälte entgehen wollte. Ich war dem Winter in Europa nicht gewachsen. Winter entspricht dem Element Wasser und diesem Element werden die Nieren zugeordnet. Ich fühlte, wie sich die Kälte über die schwachen Nieren in meinen Organismus einschlich, meine Widerstandskraft schwächte und mich anfällig machte für Krankheiten. Wenn ich meine Alltagsprobleme lösen und mein Leben in Griff bekommen wollte, stand eine Generalüberholung meines Systems an. Ich schob es lange hinaus, weil ich mich nicht der Einsicht stellen wollte, etwas würde mit mir nicht stimmen. Schließlich ging ich zu einem Heilpraktiker, der mir eine Moksa-Behandlung gab. Er setzte direkt an den Nieren an. Sofort veränderte sich mein Lebensgefühl. Etwas in mir nahm wie ausgehungert gierig die Wärme in sich auf. Der Heilpraktiker war erstaunt, dass ich die Hitze kaum spürte, er hatte Angst, meine Haut zu versengen. Ich empfand die Hitze nicht, sie wurde sofort absorbiert. Etwas in mir lud sich wie eine Batterie auf; an einem bestimmten Punkt reichte es mir, und jetzt brannte die Stelle höllisch. Nach der Behandlung fühlte ich mich ausgeglichen, körperlich wie seelisch. Ich hatte wieder Hoffnung. Etwas hatte in mir hatte sich grundlegend verändert. Ich hatte zum ersten Mal in meinem Leben einen Geschmack für Ausgeglichenheit bekommen. Früher war für mich Ausgeglichenheit etwas Ähnliches wie Resignation, ein resignierter Rückzug auf ein gesundes, aber langweiliges Mittelmaß, gewesen. Nun erfuhr ich eine süße Milde, die mich nährte und mütterlich umsorgte. Ich bezeichnete es als „Heilung der Erde", denn plötzlich hatte ich Boden unter den Füßen gewonnen. Integration war geschehen, ich hatte meine Mitte gefunden.

Durch diese Erfahrung in meinem Vertrauen gestärkt, nahm ich mir vor, meinen Gefühlshaushalt einer Prüfung zu unterwerfen. Ich meditierte über die Gefühle, die den fünf Elementen zugeordnet sind, und beobachtete, in welchem Zustand sie waren. Ich behandelte sie wie psychische Organe, die das psychische Geschehen regulieren, ähnlich wie die physischen Organe die physischen Prozesse des Organismus regeln. Sie „wissen", was ihre Aufgabe ist, sie „wissen" auch voneinander, insofern sie „wissen", was nicht ihre eigene Aufgabe, sondern die Aufgabe der anderen ist, ebenso wie sie darüber „informiert" sind, worin die gemeinsame Aufgabe besteht und wie ihr Zusammenwirken „funktioniert". Dieses Wissen wird metaphorisch als Weisheit des Organismus umschrieben. Es gibt – und diese Unterscheidung wurde von einigen wenigen abendländischen Philosophen lange noch vor den wissenschaftlichen Erkenntnissen der heutigen Neurobiologie formuliert – jedoch zwei Arten eines sich selbst regulierenden Systems, das sich auf diese Weise organisiert. Es gibt den physischen Organismus und den psychischen Organismus. Erstes betrifft den Körper als System, zweites die Psyche. In der westlichen Metaphysik gehört die Psyche zu jenem Teil des Menschen, der der Vergänglichkeit anheim fällt, während die Seele den unsterblichen Teil bildet. Die unsterbliche Seele des Menschen geht in die Weltseele ein. In der indischen Philosophie wird von *atman* und *brahman* gesprochen, auch in der chinesischen Philosophie des Daoismus wird die Unterscheidung zwischen sterblichen und unsterblichen Anteilen getroffen. Das Besondere, das sowohl die indische wie auch die chinesische Philosophie von der des Abendlandes unterscheidet, ist der achtsame und ökologische Umgang mit den sterblichen Anteilen, die Einfluss haben auf die Unsterblichkeit eines Menschen. Im Christentum ist die Aufspaltung in Körper und Geist drastisch vollzogen worden; immer wieder haben Asketen, Märtyrer und Mystiker den Eingang in die Unsterblichkeit durch frühzeitig Abnutzung des Körpers gesucht. Die Körperfeindlichkeit ist in der westlichen Zivilisation trotz aller Aufklärung immer noch ein Thema von höchster Aktualität. Der achtsame Umgang mit der Lebensenergie, wie er in der Fünf-Elemente-Lehre gelehrt wird, war für mich Balsam nach all den Jahren versteckter Ablehnung meines Körpers und meiner Lebendigkeit. In meiner „Meditation", die ich als Heilmittel für meinen verstörten Gefühlshaushalt und meinen geschundenen Körper entwarf, verstand ich, was es bedeutete, dass Energie – und auch meine eigene Lebensenergie – nicht unerschöpflich ist und dass es darum geht, sorgsam mit Energie umzugehen, statt sie sorglos zu verschwenden – dass sich zu verschwenden nicht ein Zeichen von Vitalität, sondern einfach von Unkenntnis der wahren Verhältnisse zeugt. Gemäß der Fünf-Elemente-Lehre ist nämlich die Lebensenergie in den Nieren gespeichert, und genau dort spürte ich meine tiefe Erschöpfung, die sich als Ergebnis meiner achtlosen Lebensführung erwies. Dort setzte auch die Heilung an. Aber was genau hatte mir geholfen? Es begann mit der Zufuhr von Wärme. Fortan achtete ich also darauf, warm zu sein und zu bleiben. Ich aß wärmende Speisen, ich änderte meine Essgewohnheiten, ich gewöhnte mir die Unmengen Salat, die Massen von Joghurt und Orangensaft ab, die ich bislang als besonders gesund eingeschätzt hatte. Ich trank heißes Wasser, toastete das Brot. Aber darüber hinaus freundete ich mich mit dem Element Feuer an. Bislang verzichtet ich gerne auf einen „feurigen Charakter", weil ich darin ausschließlich ein impulsives Temperament gesehen hatte. Nun aber stellte ich mir die Wärme und das Licht einer ruhig brennenden Flamme vor – und sofort durchströmte mich körperlich jene Wärme und die stimmungsaufhellende Wirkung von Licht, die mich leicht und heiter machte. Freude stellte sich ein. Begeisterung. Ich konnte mich wieder begeistern, ich fand wieder einen Bezug zu Dingen und Menschen, ich kam aus meinem Zustand des Burn-out heraus. So führte die Krise zu einem Neubeginn.

Ich möchte NLP-Techniken vorstellen, die sich meiner Meinung nach sehr gut mit der Fünf-Elemente-Lehre kombinieren lassen und die ich selbst an mir ausprobiert habe.

Das Neurolinguistische Programmieren basiert auf einem Lernmodell, das aufzeigt, wie grundlegende geistige Gesundheit und Intelligenz sich in einem lebenslangen Prozess immer neu generieren kann. Solange wir leben, haben wir an keinem Punkt und in keinem Augenblick ausgelernt. Intelligenz ist nicht etwas, was in sich abgeschlossen als Gabe von Geburt an mitgegeben wird, sondern sich im Rahmen der vielen Lebenssituationen und im Zuge der Lebensaufgaben innerhalb eines Lernprozesses herstellt. Wie lernen wir im Leben und durch das Leben? Gibt es Lernstrategien, die besser sind als andere? Und können wir von anderen lernen, das Leben voller auszuschöpfen, mehr zu leben, mehr zu lernen? Warum behindern wir uns? Warum ziehen wir es vor, lieb gewordene Gewohnheiten beizubehalten, auch wenn sie uns schwächen, einschränken und behindern? Was hält uns davon ab, Erkenntnisse und Einsichten in die Tat umzusetzen? Warum fällt es uns so schwer, neue Wege zu gehen, und was kann uns dabei helfen, den Sprung in das neue Unbekannte zu schaffen? Ohne allzu sehr auf die Lerntheorie, die den Lernmethoden des NLP unterliegt, eingehen zu wollen, möchte ich kurz aufzeigen, warum NLP in der Praxis tatsächlich hält, was es in der Theorie verspricht, nämlich Erfolg. Der Erfolg zeigt sich in der erfolgten Veränderung, wobei diese Veränderung nicht die Umstände oder Lebensbedingungen betrifft, sondern die Einstellung dazu. NLP bietet nicht Inhalte an, sondern Strukturen und Strategien, Möglichkeiten, eine

Form zu finden, um mit Inhalten umzugehen. NLP bietet Perspektiven an, die aus dem Bannkreis der Gewohnheiten herausführen und Ebenen des Lernens erfahren lassen, die das „sture" Erlernen von kontextgebundenen Einzeldetails, einem Lernen also, das jedes Mal neuvollzogen werden muss, überwindet. NLP bewirkt eine Erweiterung des Bewusstseins. Es geht dabei nicht inhaltlich gebunden, sondern formal vor. Ausgehend von der Annahme, dass es so etwas wie Objektivität und objektive Wahrheit, objektive Veränderung nicht gibt, befasst sich NLP ausschließlich mit der Art, wie Wirklichkeit im Subjekt abgebildet wird. Das Subjekt erfährt die Welt nie direkt, sondern immer schon als Repräsentation, als etwas, das für etwas anderes steht, als Übersetzung in eine Sprache der Zeichen und Bedeutungen. Veränderung wird immer subjektiv erlebt, und Veränderung vollzieht sich in jenem System, das das Subjekt als bedeutungsvolles Zeichensystem anerkennt, in seiner „Sprache" – wobei Sprache im weitesten Sinne als System bedeutungsvoller Zeichen funktioniert. NLP befasst sich ausschließlich mit jenen subjektiven Wahrheiten, mit jenen Strukturen, die ein Subjekt als Sinn und Ordnung, als Modell der Welt anerkennt. Jeder Mensch hat seine eigene Welt, seine eigenen Sprache, und wenn Begegnung möglich ist, so geschieht dies auf Grund einer Übereinkunft, sich über einen gemeinsamen Sinn und eine gemeinsame Sprache zu verständigen. Dieser Sinn wird immer neu ausgehandelt, auch wenn dies meist nicht bewusst geschieht. Ein bestimmtes Wort kann in einer bestimmten Gruppe in einem bestimmten Zusammenhang und in einer bestimmten Epoche einen bestimmten Sinn haben, der sich wandelt, wenn sich die Zeiten, die Menschen, der Kontext wandelt und eine neue Übereinkunft getroffen wurde. Die Bedeutung eines einzelnen Zeichens wird gleich einem Destillat gewonnen aus jenen vielen Informationen, die ein lebendes intelligentes System verarbeiten muss, um sich ein Bild zu machen, das wiederum „Sinn macht". Der Sinn ist nicht einfach gegeben, er wird „generiert", erzeugt, geschaffen, erfunden. Er ist eine Konstruktion. Das gilt für alle menschlichen Systeme. Der Sinn beruht auf einem sinnvollen Bild, das jemand sich von der Wirklichkeit macht, sodass er überzeugt ist und sagen kann: „Das ist wirklich." Wirklichkeit ist im Subjekt nur subjektiv abgebildet, im NLP wird von Repräsentationen gesprochen. Alles ist repräsentiert, alles ist eine Repräsentation, sowohl die Inhalte des Bewusstseins als auch des Unterbewussten wie auch des Unbewussten. Repräsentationen sind zunächst gleichzeitig und gleichwertig vorhanden, erst später werden sie ausgewertet und zu Konzepten verarbeitet, die wiederum den einzigen Zweck haben, Sinn zu erzeugen. Menschen tendieren dazu, das für wirklich zu halten und ihre Wirklichkeit so zu finden bzw. zu erfinden, wie es für sie subjektiv Sinn ergibt. Sinn jedoch ist nicht „an sich" gegeben, sondern ist ein Konzept, das früher gebildet wurde.

Konzepte können sich von Generation zu Generation vererben und Völker, Nationen, Klassen und Rassen vereinen – oder trennen. Für mich ist NLP dort besonders interessant, wo die Vorbedingungen der Erzeugung und Aufrechterhaltung von Konzepten, seien sie subjektiv oder intersubjektiv, untersucht werden, um eventuell – im Sinne einer Ökologie und systemischen Betrachtungsweise – zu „besseren" Konzepten zu gelangen, die für alle Beteiligten ein Gewinn sind.

Aus dieser Gleichzeitigkeit und Gleichwertigkeit der Repräsentationen im subjektiven Erleben – sei es bewusst oder unbewusst – folgen einige ebenso erstaunliche wie entscheidende Unterscheidungen:

- Vergangenheit und Zukunft sind als Repräsentation „gleich".
- Körperliches Erleben und Vorstellung im Geist sind als Repräsentation „gleich".
- Es ist „gleich", ob ich etwas selbst erlebt habe oder jemand etwas erlebt hat, das ich in einem Maße miterlebt und nachvollzogen habe, als hätte ich es selbst erlebt hätte.
- Das subjektive Erleben ist an einen bestimmten Kontext gebunden. In einem Kontext mag etwas Sinn machen, in einem anderen nicht. Es gibt keinen absoluten Sinn, sondern immer nur den Sinn, der sich innerhalb eines bestimmten Zusammenhangs ergibt. Sinn ist also immer relativ.
- Subjektives Erleben ermöglicht Lernfähigkeit. Das Subjekt lernt aus dem, was ihm widerfährt. Es ist jedoch darüber hinaus auch fähig, aus dem Lernen zu lernen, indem es weniger das Was als das Wie beobachtet und zu „Meta-Konzepten" gelangt, d. h. sich ein Bild darüber machen kann, wie es zu Bildern kommt bzw. wie es sich diese Bilder macht.
- Diese reflektierte Lernfähigkeit, die sich selbst zum Gegenstand hat, ermöglicht eine „Multiperspektivität", die viele Möglichkeiten und Ebenen des Lernens einschließt, ohne sich darauf versteifen zu müssen, was das „Richtige" oder „Wirkliche" ist, das gelernt wurde. Relativierung (z. B. der eigenen oder der gewohnten Standpunkte, die absolut gesetzt wurden) ist als kontinuierlicher und weiterführender Prozess ein Tor zu einer Toleranz, die nicht aus Resignation, sondern als Akt der kreativen Weltweitsicht gelebt wird.
- Lernen geschieht auf vielen Ebenen, da Information wie Kommunikation auf vielen Ebenen auf vielfältige Weise zu Stande kommt. Es gibt nicht nur einen Kanal, auf dem gesendet und empfangen werden kann – je mehr Kanäle ich zur Verfügung habe, desto mehr Information erhalte ich oder kann ich vermitteln.
- Metaphern, Symbole, Archetypen und Mythen sind Zeichen, die Informationen auf besonders vielschichtige Weise enthalten und vermitteln. Sie er-

reichen den Empfänger auf den tiefen Schichten seines Seins, wo ein Gefühl für Sinn entsteht. Rituale als bewusstes Vollziehen magischen Handelns und als festliches Feiern gemeinsamer Bedeutungen sind wichtige Formen der Verbindung – sie verbinden Menschen untereinander, sie verbinden Menschen mit Zielen und Visionen, sie verbinden Menschen mit einem gemeinsamen Sinn, für den es sich zu leben lohnt. In unserer Zusammenarbeit haben Franz Redl und ich die Entwicklung von festlichen Ritualen in den Mittelpunkt unserer Praxis der Fünf-Elemente-Lehre gestellt.

Manche dieser Punkte mögen zunächst unwahrscheinlich klingen – wir, die Subjekte, erleben uns selbst nicht als ein Terminal von Informationen, die als Repräsentationen vorhanden und durch Programme gleich einer Software organisiert werden. Gehen wir aber einmal davon aus, dass Teile unserer selbst ähnlich wie eine Software funktionieren und dass die Erforschung menschlicher Intelligenz der Ausgang für die Entwicklung von künstlicher Intelligenz, von Rechenmaschinen und Computer war, dann können wir ruhig einmal annehmen, dass bestimmte Vorgänge „gleich" sind, insofern sie auf eine ähnliche Weise funktionieren. Die Herkunft des NLP aus der Kybernetik bestimmt den technizistischen Stil, der dem NLP so oft vorgeworfen wird. Nehmen wir es jedoch als Experiment, das uns im besten Fall großen Gewinn bringen und im schlimmsten Fall nichts ausrichten kann, dann haben wir die beste Voraussetzung dafür, im Rahmen eines „Als-ob-Tuns" fröhlich mit den NLP-Techniken umzugehen. Nun zu den Techniken, die ich als Übungen beschreiben möchte.

1. Die Entdeckung und Nutzung von Ressourcen (*Circle of Excellence*)
2. Die Erfahrung und Verankerung der Ressourcen mit allen Sinnen (V. A. K. O. G.)
3. Die Erfahrung ressourcevoller Zustände auf vielen Ebenen (*Logical Levels* nach Dilts)
4. Integration von Ressourcen und Ausgleich von Defiziten (*Collapsing Anchors*)
5. Ressourcen im Kontext des Lebenszusammenhangs (Öko-Check)
6. Ressourcen im Kontext der eigenen Biografie (*Time-Line, Re-Imprinting, Future-Pace*)
7. Die fünf Elemente als Teile eines Systems (*Voice Dialogue, Parts Party*)
8. Die fünf Elemente als Phasen eines Prozesses (*Rites of Passage*)

Bei dem *Circle of Excellence* geht es darum, einen Kreis zu ziehen, ihn mit Ressourcen aufzufüllen und sich dann feierlich in diesen Zauberkreis hineinzubegeben. Alle Ressourcen werden nun als ressourcevolle Informationen – bewusst oder unbewusst – körperlich erlebt oder als geistige Konzepte in der Vorstellung, als eigene oder von anderen übernommene, als kontextgebundene oder auch kontextunabhängige – aufgenommen und verarbeitet von dem ganzen System „Subjekt" (wir können auch vom Selbst, vom Organismus oder von unserem System sprechen). Lernen geschieht durch Aufnahme von Informationen. Diese werden vom Organismus verarbeitet und verdaut, Nützliches wird verwertet, Nutzloses wieder ausgeschieden. Den Vorgang der Aufnahme von Informationen in ein System nennt man Verankerung (*anchoring*), beim Computer spricht man von Speichern. Ich bereite also einen Ort (einen potenziellen Raumanker) vor, indem ich die zu speichernden Informationen bereit stelle und sie zum Beispiel auf Zettel aufschreibe und in den Kreis hinein lege. Nun kommt der eigentliche Prozess der Verankerung: Ich gehe in Kontakt mit den Informationen, die ich verankern will. In diesem Falle trete ich in den Kreis hinein und stelle mich auf die Zettel. Natürlich reicht diese Handlung allein nicht aus, um ein bedeutungsvolles Ritual zu vollziehen. Ich muss mir die Bedeutung, die das Ritual für mich haben soll, vergegenwärtigen. Das kann mir niemand abnehmen oder für mich machen. Ich muss also innerlich bereit dafür sein und meine Einwilligung gegeben haben – auf dieser Ebene finden die so genannten Manipulationen von außen statt. Das menschliche System, das grundsätzlich aufnahmebereit ist, um aus Erfahrungen zu lernen, nimmt auch dann Informationen auf, wenn diese bewusst nicht „gelernt" werden sollen. Gerade in der heutigen Welt sind wir mit einer Flut von Informationen konfrontiert, aus der wir nicht lernen, sondern die wir automatisch ausblenden, weil unser System überfordert ist. Im magischen Kreis aber haben wir eine bewusste Auswahl getroffen. Die Anker, die wir uns hier „anziehen", sind bewusst als Lerninhalte individuell auf unsere Bedürfnisse, für die Lernkapazität unseres Systems und für die Situation, in der wir uns gerade befinden, zugeschnitten worden. In meinem besonderen Fall wollte ich einen Kreis des inneren Feuers erbauen, um mich in der Mitte des Kreises mit meinem eigenen Element Feuer zu verbinden. Ich schrieb also auf Zettel auf, was dieses „Feuer" für mich bedeuten sollte. Einige Bedeutungen kamen von selbst, andere waren durch die chinesische Lehre beeinflusst. Feuer ist ja zunächst nur ein Wort. Dieses Wort kann sehr verschiedene Assoziationen auslösen und individuell sehr verschieden gedeutet werden. Bei mir war da zuerst das Gefühl von Wärme, ich fühlte es im Bauch. Es tat gut, es regte unter anderem die Verdauung an, mein Stoffwechsel kam in die Gänge. Damit verband sich ein Gefühl, wieder in Kontakt mit der Welt zu sein, im Austausch zu sein mit den Menschen, die mir begegneten. Sie interessierten mich plötzlich, ich hatte ein „brennendes Interesse". Das trug dazu bei, das Burn-out-Syndrom zu mildern oder sogar ganz aufzuheben. Nun wusste ich ja, dass das Element Feuer sich im chinesischen Denken mit dem Herzen verbindet. Sofort sah ich ein brennendes Herz vor, das ich aus der christlichen Ikonografie und aus dem Sufismus kannte. Das Bild, das ich mir machte, führte zu weiteren Gefühlen, die durch das innere Bild ausgelöst wurden. Einerseits dachte ich: „Die Passion Christi" und „Christus war von leidenschaftlicher Liebe zu uns Menschen bewegt" (das hatte ich im katholischen Katechismus gelernt – oder hatte ich auf den Heiligenbildchen etwas gesehen, was ich in diesen Satz übersetzte?), andererseits fühlte ich diese Leidenschaft, die keine sexuelle Leidenschaft ist, aber doch viel damit zu tun hat. Ich erinnerte mich an erste Erfahrungen des Verliebtseins, an dieses brennende Verlangen. Nun spürte ich es auch im Herzen, dessen Schlagen mir mit einer Deutlichkeit bewusst wurde, so, als hätte es eben erst zu schlagen begonnen. Ich war in Kontakt mit meinem „Herzen, das für etwas schlägt". Für was schlägt mein Herz? fragte ich mich. Was ist mir im Leben eigentlich wichtig? Diese Fragen wühlten mich auf. Hand aufs Herz – am wichtigsten im Leben waren jene Erfahrungen der Liebe, aber nicht der aufopfernden Nächstenliebe, sondern der körperlich erlebten Liebe. Also nicht der Gedanke war es, der mich entbrennen ließ, sondern das körperliche Erleben von Sehnsucht, Begehren, Verlangen. Es ist für mich tröstlich zu wissen, dass in vielen mystischen Schulen eben jene körperliche Erfahrung der Liebe die Grundlage bildet, auf der sich dann die mystische Gottesbegegnung aufbaut. Nicht das Konzept ist es, was meistens und am meisten überzeugt, sondern die sinnliche Ausstattung der repräsentierten Vorstellung. Ich denke: „Das Feuer der Liebe" und ich sehe: „funkelnde Augen", „lodernder Blick". Ich denke: „Angenommen, ich wäre die Person, die da so schaut, angenommen, ich sähe jene Augen und jenen Blick in meinem Spiegelbild?" Und ich erlebe die Erregung, die solche Augen und solches Blicken verursacht. Die Erregung zeigt sich nicht nur in den Augen und wird nicht nur hervorgerufen durch etwas, das ich sehe. Es gibt eine bestimmte Art zu sprechen, die erotisch ist. Ich höre jetzt erotische Stimmen, und eine von diesen Stimmen ist meine eigene. Es gibt auch Musikstücke, die mich erotisch berühren. Sie wühlen mich auf, führen mich in einen Zustand der Anspannung. Alles in mir ist darauf abgestimmt, selbst zu Feuer zu werden. Die Erregung ist umgeschlagen in Bewegung, Impulse drängen mich, Körpersensationen melden mir „Die Flamme ist entzündet worden, das Feuer ergreift alles, was es verzehren kann, es schwillt an, beginnt zu brausen, greift über, breitet sich aus ..." Plötzlich habe ich ein anderes Körpergefühl. Ich dehne mich aus, ich überschreite bisherige Grenzen, ungeahnte Räume eröffnen sich mir. Ich habe ein anderes Verhältnis zum Raum – ich gehe hinein. Ich habe ein anderes Verhältnis zur Zeit – ich lebe sie, ich bin mitten drin. Daraus ergibt sich ein Geschmack im Munde, ein Geruch in der Luft. Geruch und Geschmack sind schwer zu beschreiben, aber ich denke an Situationen, in denen ein bestimmter Geruch oder Geschmack da war und ich „entbrannte". Vielleicht gibt es etwas Bestimmtes zu essen oder zu riechen, das mich in diesen Feuerzustand bringt. Und dann, nachdem ich alle möglichen „Feuer-Informationen" auf Zettel geschrieben und diese in den magischen Kreis gelegt habe, trete ich ein. Oder ich setze mich auf einen Stuhl, den ich „Feuerstuhl" genannt habe und den ich mit den Informationen „imprägniert" habe. Ich nehme die Information in mich auf – ich „atme sie ein", ich „trage sie als Heilsalbe auf und lasse sie einwirken", ich „ziehe sie an wie ein Kleid", ich „trinke sie als Krafttrank", ich übertrage sie auf mich selbst oder auf andere durch „eine heilende Berührung", ich flüstere sie mir zu „als Lied", „als Reim", den ich mir auf Ungereimtes mache, „als Motto oder Zauberformel". Auf diese sinnliche Weise lässt sich auch gut mit Kindern arbeiten, die ja noch kein Verständnis für Konzepte haben. Sie sind besonders empfänglich für Spiele, die die Sinne ansprechen – die meisten Erwachsenen übrigens auch.

Die chinesische Lehre ordnet jedem Element Informationen auf allen Sinneskanälen zu, sodass das Element nicht nur als Konzept gedacht, sondern auch geschaut, gehört, körperlich gefühlt, geschmeckt und gerochen werden kann. Viele Verschreibungen, die gemäß der chinesischen Lehre erteilt werden, beruhen darauf, sich etwas zu veranschaulichen (als Bild), zu bestimmten körperliche Ausdrucksweisen zu gelangen (als Stimmausdruck, als Bewegungsart), etwas zu essen (Speisevorschriften) oder zu riechen (Räuchermittel). Genauso werden diese Zuordnungen auch zum Zwecke der Diagnose verwendet. Ich beobachte mich selbst und frage mich: Welches Element in mir ist überbetont, welches zu wenig ausgelebt? Diese Diagnose kann ich eventuell auch in der Begegnung mit anderen Menschen oder in bestimmten Situationen anwenden. Ich frage mich: Was fehlt hier? Wovon gibt es hier genug, vielleicht sogar zu viel? Und vielleicht werde ich dann das als Information „in den Raum geben", was zu wenig oder gar nicht vertreten war, ohne das, was überbetont ist, explizit kritisieren zu müssen. Ich schaffe Ausgleich durch den Fokus auf das, was fehlt. Was wird vermieden? Ich muss es nicht ansprechen. Ich lasse die Information (eine Farbe, eine Musik, einen Duft, ein Gewürz, eine Bewegung, eine Berührung) einfach in die Atmosphäre, die die Menschen wie ein Kraftfeld umgibt, einfließen.

Im NLP sprechen wir vom Visuellen, Auditiven, Kinästhetischen, Olfaktorischen und Gustatorischen, kurz V.A.K.O G., wodurch alle fünf Sinne erfasst sind. Die meisten Menschen haben sich aus Gewohnheit auf ein oder zwei Lieblingskanäle beschränkt und empfangen nur Botschaften, die sie auf diesen Kanälen erreichen. Das Bewusstsein ebenso wie der Horizont ist deshalb beschränkt. Erweiterung ist möglich, wenn wir bewusst auf allen Kanälen sowohl senden (uns ausdrücken) als auch empfangen (uns beeindrucken lassen).

Ausdruck ebenso wie Eindruck vollzieht sich auf vielen Ebenen. Ein sehr gutes Modell für die Vielschichtigkeit des Menschen stammt von Robert Dilts. Die *Logical and Neurological Levels* werden in einer Pyramide abgebildet. Sie heißen „logische Ebenen", weil sie ähnlich wie in der Logik zwischen Klassen der menschlichen Erfahrung unterscheiden. (Die Zuordnungen von bestimmten Syndromen und psychosomatischen Reaktionen zu diesen Ebenen beschreiben mögliche neurologische Konsequenzen. Hier sehe ich einen besonders interessanten und originellen Ansatz von Dilts im Umgang mit Krankheitsbildern. Ich halte eine Zusammenarbeit zwischen den Vertretern der Fünf-Elemente-Lehre und der Lehre von den Dilts'schen neurologischen Ebenen für viel versprechend, wenngleich ich selbst dieses Feld nicht weiter erforscht habe.) Die oberste Klasse (oder „Menge") enthält alle unteren Klassen (oder „Mengen"), weshalb das Umgehen mit der Klasse der spirituellen Erfahrungen besonders effektiv und wichtig ist. Alle anderen Erfahrungen sind untergeordnet, wenngleich nicht unbedeutend.

Ich kann bei allen Ebenen ansetzen, denn alle Ebenen sind gleich wichtig und bedeutend. Jede Erfahrung – wo, wann, wie oder warum auch immer sie geschieht – kann die entscheidende Wende in einem Veränderungsprozess bringen. In meinem „Feuer-Fall" habe ich zunächst begonnen, mich mit dem „Spirit of Fire" auseinanderzusetzen. Es ist auffällig, wie oft das Wort „Spirit" in der Werbung gebraucht wird – das ist der beste Beweis dafür, dass die Erfahrung von „Spirit", und sei es nur im Kauf von Waren, die mit „Spirit" bezeichnet wurden, dem Menschen am Herzen liegt. Was also ist dieser Feuergeist, um den es gehen soll? Ich muss es offen lassen, denn meine Feuererfahrungen sind noch unvollständig, ich kann mir kein Bild machen, die fremden Konzepte reichen nicht aus, um den Feuergeist wirklich zu erfassen. Ich steige also auf die nächste Ebene herab. Die Ebene der Zugehörigkeit wurde von dem deutschen NLP-Trainer Bernd Isert dem Dilts'schen Modell zugefügt. Angenommen, es gäbe eine Gruppe von Menschen, die sich dem Feuergeist verschrieben hätten – wie würde es sich anfühlen, ihrer Gruppe (Religion, Partei, Lobby, Verein, Team, Familie) beizutreten

Spiritualität
Zugehörigkeit
Identität
Wertvorstellungen
Fähigkeiten
Verhalten
Umweltbedingungen

und sich ihrem Feuerprogramm verpflichtet zu fühlen? Wie würde sich eine solche Zugehörigkeit anfühlen? Aha, jetzt komme ich mir selbst auf die Spur! „Feurig" habe ich immer als männlich und aggressiv eingeschätzt, als Fanatismus und/oder Macho-Gebaren. Kein Wunder, wenn ich bislang auf „Feuer" verzichtete, zumal die italienischen Faschisten die Flamme als ihr Symbol ausgewählt hatten. „Mit Feuer und Schwert" – dieser Spruch kommt mir in den Sinn. Auch würde ich einem Team, das „Feuer und Flamme" ist, nicht beitreten, da bei mir sich damit die Vorstellung eines Strohfeuers verbindet. Ich verbinde eben „Feuer" mit bestimmten geschichtlichen und politischen Kontexten, und diese Verbindung hat zu einer radikalen Ablehnung geführt. Ich kann mir aus dieser Verfestigung meiner Anschauungen helfen, indem ich den Kontext wechsle. Der Kontext der Fünf-Elemente-Lehre eröffnet mir neue Möglichkeiten, „Feuer" für mich zu deuten und in meinem Leben als wichtige Kraft zu nutzen. Dank der Zuordnungen der Elemente zu bestimmten Jahreszeiten gelingt es mir, ein neues Verhältnis aufzubauen. Feuer ist jener Zeit zugeordnet, da in der Natur alles zur Blüte kommt und in voller Pracht sich zeigt. Der Frühsommer, der ja in unseren Breitengraden sich durchaus auch unfreundlich kalt und grau zeigen kann, wird für mich zur Metapher „Blüte". Und natürlich möchte ich mich damit identifizieren, denn auch ich will im Leben erblühen. Wer wollte das nicht? Und was hat mich bislang gehindert, das Aufblühen, das Heraustreten aus dem Unscheinbaren, die Attraktivität meiner Erscheinung zuzulassen? Wenn ich mich bewusst mit der Phase des Blühens identifiziere, fallen mir sogleich auch die Verhaltensweisen und die Fähigkeiten, die dazu gehören, ein. Die Umwelt ist durch den Kontext bedingt. Im Kontext der wechselnden Jahreszeiten kommt es in einer bestimmten Phase eben zur Zeit der Blüte. Daraus ergibt sich der Glaubenssatz „In jedem Leben gibt es Zeiten des Aufblühens – also auch in meinem Leben". Bis jetzt hatte ich nämlich unbewusst an einschränkenden, sich negativ auswirkenden Glaubenssätzen gehangen, etwa „Wer sich zeigt, wird gesehen und setzt sich den Angriffen anderer aus". Oder: „Wer aufblüht, der welkt – lieber bleibe ich auf demselben Niveau, sodass der Schmerz des Vergehens nicht so groß ist." Oder: „Die Zeit der Blüte ist kurz, die darauf folgende Phase, in der die Früchte ausgetragen werden, birgt unberechenbare Konsequenzen und entzieht sich der Kontrolle. Lieber also sich den Gesetzen der Fruchtbarkeit entziehen, um alles im Griff zu behalten." Wenn ich aber das Experiment einer neuen Identifikation einging und bewusst mich dem Risiko des „Blühens" aussetzte, flogen mir ungeahnte Kräfte zu. Das Leben erhielt einen Sinn, der nicht auf einem Konzept beruhte (in der Art: „Es ist sinnvoll im Leben …"), sondern der meine Sinnlichkeit ansprach. Das Leben sah neu aus, roch anders, schmeckte frisch und klang verheißungsvoll.

Durch die Veränderung der Glaubenssätze vollzog sich auch auf der untersten Ebene der Umwelt, also des konkreten Lebenszusammenhangs, des Alltags, eine entscheidende Veränderung. Der Kontext veränderte sich nicht, wohl aber meine Einstellung dazu. Und siehe da, meine eigene Veränderung begann sich auch auszuwirken. Da in allem, was ich erlebte, immer das Versprechen auf Blüte enthalten war, strahlte ich wohl mehr Zuversicht, Hoffnung, und Freude aus. Man konnte mir wahrscheinlich anmerken, dass mir die Dinge und Menschen nicht gleichgültig waren, sondern dass ich mich für sie engagierte. Das Engagement, das ich „investierte", kam als Bestätigung wieder zu mir zurück. Ich hatte meine distanzierte und misstrauische Haltung aufgegeben und stand nun vielem offener gegenüber. Ich erlebte viele kleine Blütezeiten und es freute mich, dass diese Blüten Frucht trugen. Ich begann, etwas von dem Geist, der hinter all diesen Phänomenen stand, zu begreifen. Ich konnte mir vorstellen, dass dieser Geist Menschen miteinander verband und Gemeinschaften unter diesem Zeichen entstehen ließ. Mythen und Märchen erzählten von diesem Geist, Symbole versuchten, sein Wesen zu erfassen, Rituale bestätigten ihn und sorgten dafür, dass er im Gedächtnis lebendig blieb.

Als Nächstes fragte ich mich, wie ich diese neue Qualität in meinem Leben verwirklichen konnte, und suchte nach jenen Situationen, die ich bislang als besonders freudlos erlebt hatte. Wo brauchte ich diese grundsätzliche Lebensbejahung besonders stark? Wo hatte ich ein Defizit und in welchem Kontext zeigte es sich? Mir fiel dazu ein, dass ich mich immer dann, wenn von mir erwartet wurde, mich (öffentlich) strahlend zu zeigen, verweigerte und in eine muffige Abwehrhaltung verfiel, selbst dann, wenn ich auch kurz zuvor noch voller Begeisterung gewesen war. Zu dieser Begeisterung wollte ich mich nicht bekennen. Nun führte ich also eine neue Angewohnheit ein. Immer vor einem öffentlichen Auftritt oder vor einer Situation, die Begeisterung und Engagement von mir forderte, räumte ich mir eine kurze Pause ein, die ich dazu nutzte, meine Gedanken auf das Sinnbild „Blüte" zu richten. Ich roch den Blumenduft eines Sommermorgens, ich fühlte die weiche Luft auf meiner Haut, die mich einlud, mich zu öffnen und tiefer zu atmen. Ich konzentrierte mich auf das Körpergefühl der freudigen Ausdehnung, das mich dazu drängte, nach außen zu gehen, meine Freude auszudrücken. Ich sah den lodernden Blick vor mir, vor dem ich mich bisher immer ein wenig überfordert gefühlt hatte und vor dem ich zurückgewichen war. Nun empfand ich ihn als Aufforderung – die Herausforderung, an meine Grenzen zu gehen, tat mir gut. Sie regte mich an, sie brachte das Beste in mir heraus. Dies hatte jedoch nicht zur Folge, dass die Begeisterung nun immer da war und mein ganzes Leben bestimmte. Sie kam „zu ihrer Zeit", genau wie die Blütezeit. Mein Leben verlief im Ganzen gesehen ruhiger – etwas hatte sich ausgeglichen. Ich fiel nicht mehr in die tiefen Löcher der freudlosen Lethargie, die durch Abwehr, Angst und Flucht bedingt waren. Ich musste nicht genau wissen, woher diese Angst eigentlich kam, um eine erste Veränderung zu bewirken.

Später fragte ich mich jedoch oft, wie mein Leben verlaufen wäre, wenn ich schon viel früher die Ressource „Blüte" für mich entdeckt und genutzt hätte. Ich verfolgte also meinen Lebenslauf und ging in die Vergangenheit zurück. Wann hatte ich zum ersten Mal das Defizit an Freude bewusst erlebt? Ich sah mich als Kind alleine und fröstelnd am Meer stehen, es war bewölkt, das Wasser grau. Das Leben schien mir endlos. Weit und breit keine Aussicht auf so etwas wie ein Fest oder einen Höhepunkt, das Leben erstreckte sich als gleichmäßiges Ödland und machte mich gleichgültig, ja, unempfindlich für alles, was mit mir geschah. Ich hatte mich abgekoppelt. Sollte das Leben doch verlaufen, wie es wollte, ich war nicht mehr dabei. Statt mich jedoch von der Faszination dieser düsteren, heroischen Stimmung überwältigen zu lassen, konzentrierte ich mich darauf, in meiner Vorstellung, in der mein bisheriges Leben repräsentiert war, eine Veränderung vorzunehmen. Ich stelle mir nämlich vor, dass ich schon damals als Kind insgeheim wusste, dass es irgendwann einmal anders werden und ich zur Blüte gelangen würde, genau in der Weise, wie es den Protagonisten in den Märchen widerfuhr. Ich musste nur abwarten, die Hoffnung nicht verlieren und bereit sein für die Chance, die das Leben mir bot. In meiner Vorstellung spulte ich also den Lebensfilm nun wieder nach vorwärts, begleitet von dem neu installierten Wissen „Meine Zeit wird kommen". Es dauerte allerdings noch ein paar Jahre, bis ich an die Stelle in meiner Vergangenheit kam, an der ich anhielt, weil ich wusste: „Das ist die Chance aufzublühen." Es war in einer Schule, in der wir Jugendlichen Theater und im Orchester spielten, und ich genoss meine Auftritte. Ich war richtig gut, in dem was ich tat, und ich erntete Erfolg. Wie hatte ich das nur vergessen können? Offensichtlich passte es nicht in mein Konzept. Ich tat es als nebensächlich ab. Auch als ich mich verliebte, war das „nicht so wichtig", weil ich ein Konzept hatte, das besagte „Alles ist mir gleichgültig". Ich wollte keine Unterschiede machen, aus Angst, etwas an dem Konzept verändern und die Konsequenzen dieser Veränderung aushalten zu müssen. Jetzt aber bemerkte ich, dass die Freude immer schon da gewesen war, ich sie aber nicht zugelassen hatte. Durch diese Wahrnehmung veränderte sich mein gegenwärtiges Selbstbild – es war also nicht so, dass ich von Natur aus ohne Freude und Möglichkeit zur Selbstentfaltung geboren worden war, sondern bislang einfach die Chancen, die sich boten, nicht wahrgenommen hatte. Dazu ist es aber nie zu spät, denn im Leben gibt es immer die eine oder andere Weise aufzublühen und sich vollends zu entfalten.

Und was löst diese Veränderung in mir und meinem Leben aus? Wie betrifft diese Entscheidung meine Beziehung, meinen Beruf, meine Werte, für die ich einsetze? Welche Auswirkungen hat es auf meinen Partner, meine Familie, meine Kollegen, meinen Chef, meine Nachbarn, ja, vielleicht sogar auf meine Rivalen und geheimen Feinde? Ist diese neue Entscheidung, die Gelegenheiten des Blühens wahrzunehmen, „ökologisch" im dem Sinne, dass sie auch anderen Beteiligten die Möglichkeit des Blühens gibt? Schließt meine Freude die Freude der anderen aus? Was verändert sich in dem Rollenspiel zwischen Partnern und im Team? Was geschieht mit den Rollenerwartungen und Rollenverteilungen, wer übernimmt jetzt die Rolle des muffigen Nörglers? Wer lebt die bremsende Lethargie jetzt aus? Dort, wo dieser Platz von mir besetzt war, entsteht eine Leerstelle. Wer wird dort hinein fallen? Oder ist es möglich, ohne diese Rolle des ewigen Widersachers auszukommen? Das alles sind Dinge, die ich mit meinem Partner oder mit meinen Teammitgliedern besprechen möchte. Und wie wird sich meine eigene Zukunft gestalten, wenn der depressive Anteil in mir einfach wegfällt? Ich mache einen Schritt in meine Zukunft und schaue mein Leben an, wie es sich in einem Jahr gestaltet haben wird. Ein Jahr der Lebensbejahung, des Engagements, der aktiven Teilnahme an Unternehmungen, der Begeisterung für Ziele und der Freude liegt hinter mir. Wie fühle ich mich? Wie ist mein Energieniveau? Bin ich voller Kraft oder erschöpft? Es scheint, dass die Ökologie stimmt und ich mehr Kraft habe als vorher, als ich glaubte, mich schonen zu müssen, und deshalb mich auf nichts ganz einlassen wollte. In dieser vorgestellten Zukunft geht es mir psychisch wie physisch gut, ich fühle mich fit, lebendig, erotisch und immer gespannt, wie es weiter geht. Ich bin neugierig. Offen. Mein Geist ist klar, mein Bewusstsein weit, ich habe viel Raum in mir. Eine bestimmte Art unbestimmter Angst ist weg. Die Energie, die in dieser Angst gebunden war, steht mir nun zur Verfügung. In dem ganzen Jahr habe ich mich nicht ein einziges Mal überfordert gefühlt, obwohl es viele Schwierigkeiten gab. Ich nahm sie als Herausforderungen an. Das ist also eine Zukunft, in die ich wohlgemut hinein wachsen kann. Ich versetze mich wieder in die Gegenwart, ich starte im Hier und Jetzt.

In Gruppen und Teams gibt es eine Dynamik, die dem naiven Beobachter verborgen bleibt. Die oberflächlichen Anliegen und Zweckorientierungen bestimmen die Vorstellung von dem, worum es hier geht. Aber das geübte Auge erkennt in der Vorgehensweise, in der Art, wie ein Team zusammenarbeitet, ein Muster, das Aufschluss gibt über die Rollenverteilung innerhalb des Teams. Wer mit Teams arbeitet, sollte sich dessen bewusst sein, dass Rollen verteilt werden, ob dies bewusst und mit Einwilligung der Betroffenen geschieht oder sich unbewusst und deshalb auch unfreiwillig vollzieht. Jedes System hat seine Anteile, die dazu beitragen, dass das Ganze als System funktioniert. Damit dieses Funktionieren gewährleistet ist, muss eine Art von Absprache erfolgen, wer was wie und wann macht. Meist erfolgt diese Absprache „automatisch". Die Rollen in dem Stück werden vergeben, und die Rollenempfänger agieren gemäß ihren Funktionen, die sie durch ihre Rollen erhalten haben. Angenommen, ich gehe von dem System der Fünf Elemente aus. Dann habe ich fünf Rollen bzw. fünf Anteile, sei es innerhalb eines Teams oder auch innerhalb einer Persönlichkeit. Die Dynamik ergibt sich dadurch, dass zwei Anteile sich gegenseitig anstacheln und es zu einer gewissen Eskalation kommt. Je mehr der eine Anteil zum Beispiel „sich gehen lässt", desto mehr wird der andere Anteil aktiv und entpuppt sich als „Aktivist". Gemäß dem Prinzip des Dao sollten sich Yin-Phasen mit Yang-Phasen abwechseln, aber nur zu oft wollen beide Teile gleichzeitig zum Zuge kommen. Dasselbe geschieht innerhalb von Partnerbeziehungen. Je mehr der eine Partner ausschließlich eine Rolle, etwa die des „Yang-Aktivisten", übernimmt, desto mehr geht der andere Partner ins entsprechende Extrem, nämlich in einen Yin-Zustand. Die Eskalation bewirkt, dass immer mehr Energie in diese Dynamik gebunden und aufgebraucht wird, sodass für äußere Ziele keine oder nur wenig Energie übrig bleibt. Auch innerhalb der eigenen Persönlichkeit gibt es solche Prozesse, die sich als Selbstsabotage auswirken. In einer Technik der Familientherapeutin Virginia Satir werden deshalb alle Persönlichkeitsanteile (*parts*) zu einer Party einberufen, sodass sie sich gegenseitig kennen lernen, ihre Aufgabengebiete klären und sich darüber absprechen, wie ein gemeinsames Ziel mit vereinten Kräften zu erreichen sei. Jeder Anteil hat etwas dazu beizutragen. Ich wandle die Technik der *Parts Party* für mich so ab, dass ich für jeden Anteil einen Stuhl im Kreis bereitstelle und mich abwechselnd auf jeden Stuhl einmal setze. Auf diese Weise stelle ich einen Kontakt mit meinen inneren Anteilen her, ich kenne meinen „Feuer-Teil" oder meinen „Wasser-Teil", und ich kann dann mit diesen Teilen in Kontakt treten, wenn es die Situation erfordert. Schließlich setze ich mich in die Mitte des Kreises und übernehme die Moderation des Gruppenprozesses, der sich zwischen den einzelnen Anteilen entwickelt hat. Diese Aufgabe kommt dem Ich zu, das eine integrierende Funktion innerhalb des psychischen Geschehens hat. Das Ich ist wie der Dirigent eines Orchesters, wie der Präsident, der einem Parlament vorsteht, oder eben wie ein Moderator, der dafür sorgt, dass alle zu Worte kommen und das Tagesthema bearbeitet werden kann. In der Fünf-Elemente-Lehre gibt es kein Element, das besser, nützlicher, intelligenter oder gesünder wäre als ein anderes. Nur entsprechend dem Kontext lässt sich entscheiden, welches Element jetzt angesprochen und gefordert ist, so dass es seine besonderen Qualitäten, seine Kräfte und Fähigkeiten der Situation angemessen einsetzen kann. Um herauszufinden, was in welcher Situation angemessen ist, bietet sich die Fünf-Elemente-Lehre als Phasen-Modell an. Phase reiht sich an Phase, genau so wie eine Jahreszeit die andere ablöst. Was aber in der Natur von selbst geschieht, verursacht uns Menschen jene Wachstumsschmerzen, die wir so gerne vermeiden möchten. Die notwendigen Übergänge können durch Rituale erleichtert werden. So war es für mich wichtig, ein Ritual zu finden, das die ungeduldige und stürmische Vitalität des Frühlings, in dem alles zum Aufbruch drängt (Element Holz), in eine Phase der Blüte (Element Feuer) überleitet, um so fruchtbar zu werden, zu reifen (Element Erde), statt in der unbewältigten Trauer von Resignation und Enttäuschung (negativ gelebtes Element Metall) zu versumpfen (Element Wasser). Mein Ritual bestand aus einem gelegentlichen Innehalten und der Erinnerung an den festlichen Ausdruck, den Höhepunkt eines Schaffens, das darin gipfelt, das Werk anderen zu zeigen und sie daran teil haben zu lassen. Erst durch die Resonanz, die das von Vitalität angespornte Tun und Machen bei den anderen hervorruft und als Feed-back rückgemeldet wird, wird Reife ermöglicht. Das Werk profitiert davon, weil es mehr ausgereift wird, und auch die Persönlichkeit, die sich durch ihr Werk verwirklicht, gewinnt an Reife. Integration (Element Erde) findet nicht nur im binnenpsychischen Raum des eigenen Selbst statt, sondern umfasst das ganze Umfeld, innerhalb dessen ein Mensch lebt und wirkt.

Ich gestalte diese wichtigen „Rites of Passage" (wie die Rituale, die von einer Lebensphase in eine andere überleiten, genannt werden) durch ein rituelles Abschreiten des Kreises, der alle Elemente als Phasen enthält. Wo der Übergang stockt, muss nachgearbeitet werden. Jeder Mensch kann sich seine eigenen Übergangsrituale entwerfen und sie im Alltag für sich anwenden. Ein großer Teil der beratenden Begleitung in Entscheidungsprozessen (Coaching) befasst sich mit dem Herausfinden, wo es „hakt", um dann das passende Ritual dafür zu gestalten. Auch die Prozesse innerhalb von Teamentwicklung lassen sich unterstützend begleiten (Supervision), wobei die Verbindung von NLP und Fünf-Elemente-Lehre eine große Bereicherung darstellt.

Zum Einlesen in meine Arbeit empfehle ich meine Bücher *Das Arbeitsbuch zur Trance* (Kailash Verlag 1996) und *Das Arbeitsbuch zum NLP* (Kailash Verlag 1998).
Wer sich für meine NLP-Coaching-Konzepte interessiert, kann ein ausführliches Programm bei mir anfordern.
Neue Veröffentlichungen zum Thema: *Aristoteles statt Aspirin*, Ariston Verlag, Frühjahr 2001
Das Anima-Orakel, Bacopa Verlag, Frühjahr 2001

Gitta Bach

Medizinethnologin, hat während mehrerer, jahrelanger Forschungsaufenthalte in Südostasien asiatische Medizinsysteme studiert. Taiji- und Qigong-Lehrausbildung in Singapur. Zehn Jahre lang leitete sie das „TIAO-Zentrum für Gesundheitsförderung" in Hamburg und unterrichtete als Gastdozentin in Deutschland, Österreich und der Schweiz. Jetzt lebt und arbeitet sie nahe der französischen Grenze in den spanischen Pyrenäen und gibt dort Fortbildungen und Ferienseminare in Qigong und anderer Energiearbeit.
Programme können unter folgender Adresse angefordert werden:
C/ Figueres 10 · E-17723 Les Escaules, Provinz Gerona, Spanien · Tel/Fax: 0034/972/569219

Claude Diolosa

absolvierte sein Studium in TCM an der Université de la Médicine Chinoise in Paris und wurde an der Chengdu University of TCM in China diplomiert. Er gründete 1984 das Avicenna Institut, Stuttgart, und unterrichtet TCM auf den Gebieten der Pharmakalogie, Diätetik, Akupunktur, Astrologie und Meditation. Er fährt regelmäßig nach China und Tibet, um dort sein Wissen bei alten Meistern zu erweitern und vertiefen und ist daher ein westlicher Lehrer, der die Zusammenhänge und Geheimnisse der ursprünglichen TCM kennt und im Westen weitergibt.
Adresse: Avicenna Institut · Blausiegelweg 5b · D-44269 Dortmund
Tel.: 0049/172/28336675 bzw. 0033/553508602 · E-Mail: claude.diolosa@wanadoo.fr

Ina Diolosa

hat ihre Ausbildung in ganzheitlicher chinesischer Medizin am Avicenna Institut absolviert und wurde an der Chengdu University of TCM/China diplomiert.
Adresse: Avicenna Institut · Blausiegelweg 5b · D-44269 Dortmund
Tel.: 0049/172/28336675 bzw. 0033/553508602
E-Mail: claude.diolosa@wanadoo.fr

Achim Eckert

Dr. med., Ph.D., geb. 1956 in Baden bei Wien, ist Autor und Forscher im Bereich der chinesischen Medizin. Er leitet Seminare und Ausbildungen in Posturaler Integration (struktureller Körperarbeit) und chinesischer Medizin mit Schwerpunkt auf der Fünf-Elemente-Lehre, chinesischer Diagnostik, Meridianmassage, Akupressur und daoistischer Meditation. Aus der Verbindung von Shiatsu, struktureller Bindegewebsmassage und Reichianischer Körperarbeit hat er eine den heutigen Bedürfnissen entsprechende Form der Meridianmassage entwickelt, eine Verbindung von Ost und West, von chinesischer Tradition und abendländischen Formen der Körperarbeit. 1992 bis 1995 leitete er ein Forschungsprojekt, in dem er die klassischen 361 Meridianpunkte auf ihr geistiges, emotionales und energetisches Wirkungsspektrum bei Akupressur und Akupunktur hin untersuchte. Die Ergebnisse dieser Forschungsarbeit wurden 1996 in *Das Tao der Medizin* und 1997 in den *Tafeln der Traditionellen Chinesischen Medizin* veröffentlicht.
Adresse: Josefstädterstr. 43/1/25 · A-1080 Wien · Tel: 0043/1/4052328
Homepage: www.heilendestao.at

Kay Hoffman

geb. 1949 in Basel, Amerikanerin, aufgewachsen in Deutschland. Studium der Philosophie, vielseitig ausgebildet in Atem-, Bewegungs- und Tanztechniken, Meditation, körperbezogenen Therapiemethoden. Ausbildung in systemischer Therapie, Hypnose-Therapie nach Milton Erickson, Neurolinguistisches Programmieren. Als Autorin, Gastreferentin, Trainerin und Coach in freier Praxis tätig.
Adresse: Freischützstr.110/803 · D-81927 München · Tel: 0049/89/952336
WWW: www.KayHoffman.de · E-Mail: kay.hoffman@t-online.de

Zhichang Li

1942 in Beijing geboren, begann schon als Sechsjähriger mit seiner Ausbildung in Qigong, Gongfu und Taijiquan. Sein Großvater mütterlicherseits war sein Lehrer, der ihn auch in die chinesische Medizin und Pharmakologie einführte. Auf Reisen durch Nordchina, die Innere Mongolei und Tibet studierte er dann bei insgesamt elf Qigong-Meistern. Er arbeitete über 20 Jahre lang als Akupunktur-Arzt und Qigong-Heiler am Andingmen-Krankenhaus in Beijing. 1988 kam er nach Deutschland, um dort die Qigong-Lehre zu verbreiten. 1990 eröffnete er das Qigong-Institut Li in Reutlingen, das nun in München weitergeführt wird.
Adresse: D-81735 München · Karl-Marx-Ring 41 · Tel: 0049/89/6934100-2
Fax: 0049/89/6934100-3 · E-Mail: qigong@a2e.de · WWW: http://qigong.a2e.de

Sabrina Mašek

Dr. phil. (Biologie), Werbetexterin, Journalistin im medizinischen Bereich, Shiatsu-Ausbildung, Coaching-Ausbildung, Arbeit mit den Chakra-Tieren nach dem „Personal Totempole Process" von Steve Gallegos. Fortbildungen in Rhetorik, Körpersprache, Reinkarnationstherapie, schamanischen Techniken. Langjährige Praxis fernöstlicher Kampfkünste und Bewegungsformen (Jujitsu, Taiji, Qigong). Drei Jahre Stimmbildung, begeisterte Chorsängerin.
Kontakt über Tai Chi Verein Shambala · Josefstädterstr. 5/13, 1080 Wien
Tel.: 0043/1/4084786; Fax ***+4

Wilhelm Mertens

geb. 1951, unterrichtet seit vielen Jahren Taijiquan und Qigong in Hamburg. Er ist in vielen Städten im In- und Ausland als Gastdozent tätig und wirkte maßgeblich sowohl in Taijiquan- als auch Qigong-Ausbildungen mit. Seine Ausbildung zum Bioingenieur und seine zehnjährige Tätigkeit im sozialpädagogischen Bereich kommen seinem Unterricht zu Gute. Viele Jahren übernahm er das Amt als Vorsitzender des Netzwerk für Taijiquan & Qigong in Deutschland.
Adresse: Rehmstraße 20 · D-22299 Hamburg · Tel/Fax: 0049/40/4602047
E-Mail: mertens-hamburg@T-online.de

Franz P. Redl

Begründer des Tai Chi Verein Shambhala Wien 1984, Taiji und Qigong Lehrer, Co-Autor von *Tao-Tanz, Fünf Wandlungsstufen menschlichen Bewußtseins* (Octopus Verlag, dzt. vergriffen), und *Tao des Feierns* (Kolibri-Verlag); Ausbildungsleiter der Shambhala-Qigong-Lehrerausbildung; Ausbildung in TCM in Österreich und auf der TCM-Universität Chengdu/China; „Festepulsator", arbeitet seit 16 Jahren mit Gruppen in Österreich, Italien und Griechenland mit Trancetanz, Archetypen und Ritualen; Ausbildung zum Wilderness-Trainer bei Meredith Little und Steven Foster in Kalifornien.

Adresse: Neustift 26/3 · A-3123 Obritzberg · Tel.: 0043/2786/290964, Fax: **/290966

E-mail: franz.redl@netway.at

Oder: Tai Chi Verein Shambhala · Josefstädterstr. 5/13 · A-1080 Wien

Tel.: 0043/1/4084786; Fax ***+4 · E-mail: info@Shambhala.at

Johannes Romuald

Koch, Musiker, Dirigent, staatl. gepr. Musikpädagoge, Dipl. Qigong- & Taiji-Lehrer. Unterricht, Workshops und Vorträge in In- und Ausland zu den Themen Taijiquan, Tuishou, medizinisches Qigong, Stimme & Qigong, Schamanismus; Leiter des „Internationalen Institut für traditionelles Bel Canto" in Wien und München und der eigenen Praxis für Medizinisches Qigong und Fengshui in Wien.

Adresse: PF 12 · A-2326 Maria Lanzendorf · Tel: 0043/2235/47068

Hans-Peter Sibler

Taiji seit 1975 bei verschiedenen Lehrern in Europa, Amerika und Asien. Ausbildung in Körper- und Energiearbeit. Ab 1972 eigene Kurse und Gruppen in kreativer Kommunikation, Körper- und Energiearbeit in ganz Europa. Seit 1976 vermitteln von Taiji auch in Firmen und Institutionen. 1977 Gründer und Leiter der „Schule für Taiji und Qigong" in Zürich, des ältesten auf diesem Gebiet spezialisierten Institutes in der Schweiz. Mehrere Veröffentlichungen. Autor des Buches und des Lehrvideos: *Yi Jin Jing: Gesundsein lernen – Stärke entwickeln*, Verlag Hermann Bauer, Freiburg.

Adresse: Höhenweg 23 · CH-8032 Zürich · Tel./Fax 0041/1/4228646

E-Mail: hp@sibler.ch · Homepage der Schule für Taiji und Qigong: taiji-qigong.ch